山东省社会科学规划研究项目文丛·青年项目（项目编号：1...

STUDY ON THE LONG-TERM
MECHANISM OF GREEN FINANCE
DEVELOPMENT IN CHINA

我国绿色金融发展的长效机制研究

王 波／著

企业管理出版社
ENTERPRISE MANAGEMENT PUBLISHING HOUSE

图书在版编目（CIP）数据

我国绿色金融发展的长效机制研究/王波著. ——北京：企业管理出版社, 2019.4
ISBN 978-7-5164-1929-8

Ⅰ. ①我… Ⅱ. ①王… Ⅲ. ①金融业-经济发展-研究-中国 Ⅳ. ①F832

中国版本图书馆 CIP 数据核字（2019）第 057885 号

书　　名	我国绿色金融发展的长效机制研究
作　　者	王　波
选题策划	周灵均
责任编辑	周灵均
书　　号	ISBN 978-7-5164-1929-8
出版发行	企业管理出版社
地　　址	北京市海淀区紫竹院南路 17 号　　邮编：100048
网　　址	http：//www.emph.cn
电　　话	编缉部（010）68456991　发行部（010）68701073
电子信箱	emph003@sina.cn
印　　刷	河北宝昌佳彩印刷有限公司
经　　销	新华书店
规　　格	170 毫米 ×240 毫米　　16 开本　　19.75 印张　　270 千字
版　　次	2019 年 4 月第 1 版　　2019 年 4 月第 1 次印刷
定　　价	78.00 元

版权所有　翻印必究·印装有误　负责调换

前　言

党的十九大报告对生态文明建设着墨颇多,"生态文明"被提及多达12次,"美丽"被提及8次,"绿色"被提及15次,更是首次提出建设富强民主文明和谐美丽的社会主义现代化强国的目标,提出现代化是人与自然和谐共生的现代化。习近平总书记在党的十九大报告中指出,要加快生态文明体制改革,建设美丽中国。他强调要推进绿色发展,加快建立绿色生产和消费的法律制度和政策导向,建立健全绿色低碳循环发展的经济体系;构建市场导向的绿色技术创新体系,发展绿色金融。新时代,要贯彻新发展理念,绿色发展作为新发展理念主要内容之一,已经成为习近平新时代中国特色社会主义思想的重要组成部分。

改革开放40年来,我国经济长期快速增长主要依赖于传统产业,"两高一资"行业所占比重较高。这种以资源消耗和高环境成本为代价的粗放型发展模式在加强生态文明建设、追求可持续发展的今天难以为继,结果必然导致传统动能作用衰减,新型动能培育不足。随着我国经济步入"新常态",发展绿色经济成为破解当前资源环境瓶颈制约的必然选择,也是推动我国经济结构转型升级、加快新旧动能转换、实现可持续发展的内在需求。课题组调研发现,我国许多地区发展绿色经济遭遇资金短缺的严重困扰,尤其是众多中小企业普遍存在融资难、融资贵的问题。为消除资金缺口,就需要发展绿色金融,调动巨大的银行资金、社会闲散资金和民间资本进入绿色新兴产业,这样既对培育绿色新兴产业具有服务作用,又对传统产业转型升级具有引领作用。另外,绿色金融还可以通过补资金短板和发挥信息优势等手段,助力形成区域规模经济、范围经济、集聚经济等，对新动能的快速传导和全面提升具有积极的推动效应。总之，发展绿色金融可以激发培育我国经济发展的新动能，对从金融层面推进供给侧结构性改革，促进金融服务实体经济，实现"转方式、调结构、增效益"发挥重大作用。

然而，当前我国绿色金融的发展既面临着负外部性、期限错配、信息不对称、绿色定义缺失和缺乏分析能力等现实障碍，又面临着缺乏清晰和持续的政策信号、方法论和相关数据缺失、金融机构能力不足、投资条款和绩效激励不足等诸多问题，同时还存在着"金融"逐利本质与"绿色"社会责任、理论上"市场驱动"与实践上"政府主导"两大矛盾悖象。这一系列障碍问题涉及政府、市场和社会多个层面，但本质是机制问题。

本课题研究以习近平生态文明思想为指导。首先，对绿色发展和绿色金融的基础理论进行了系统阐释，对绿色信贷、绿色债券、绿色基金、绿色保险、碳金融等绿色金融工具做了详细介绍。其次，对绿色金融的国际实践进行了梳理，总结了其中的经验和启示，并在此基础上结合我国绿色金融的实践经历，对我国绿色金融发展的现状、困境及经验教训进行了全面的梳理、总结与反思。最后，本研究提出了建立"政府引导、市场运作、社会参与"的绿色金融发展的机制框架，指出要实现我国绿色金融的健康发展，需要我们厘清并平衡好政府、市场和社会三者的关系。既要借助政府这只"看得见的手"完善政策激励机制，有效引导金融资本投向绿色产业，又要利用市场这只"看不见的手"引入市场化机制，构建多层次、多元化的绿色金融市场；同时还要发动全社会力量广泛参与，让社会参与成为政府引导和市场运作之外的有力补充。

王波

2019 年 1 月

目 录

第一章 绪论 ··· 1
 第一节 研究背景和意义 ··· 2
  一、研究背景 ··· 2
  二、研究意义 ··· 3
 第二节 研究内容和研究方法 ······································· 5
  一、本研究的主要内容 ·· 5
  二、本研究的主要研究方法 ······································ 6
 第三节 绿色金融的相关研究综述 ································ 7
  一、绿色金融的相关研究 ··· 7
  二、研究进展述评 ··· 17

第二章 绿色发展的理论基础 ··· 19
 第一节 绿色发展的系统理论框架 ································ 20
  一、基于经济系统的绿色发展理论 ··························· 20
  二、基于环境系统的绿色发展理论 ··························· 26
  三、基于社会系统的绿色发展理论 ··························· 33
 第二节 习近平生态文明思想的理论内涵和实践基础 ······ 39
  一、习近平生态文明思想的理论渊源 ························ 39
  二、习近平生态文明思想的实践基础 ························ 42
  三、习近平生态文明思想的时代背景 ························ 44

四、生态文明思想的丰富内涵 …………………………………… 46

第三章 绿色金融的基础理论与主要工具 …………………… 55

第一节 绿色金融的基础理论 ………………………………… 56
一、绿色金融的概念和内涵 …………………………………… 56
二、绿色金融的相关理论 ……………………………………… 58
三、绿色金融的经济学基础 …………………………………… 65
四、绿色金融、气候金融和可持续金融的关系 ……………… 69
五、绿色金融对绿色发展的影响路径 ………………………… 72

第二节 绿色金融的主要工具 ………………………………… 74
一、绿色信贷 …………………………………………………… 75
二、绿色债券 …………………………………………………… 82
三、绿色基金 …………………………………………………… 86
四、绿色保险 …………………………………………………… 91
五、碳金融 ……………………………………………………… 94

第四章 绿色金融的国际实践、经验与启示 ………………… 99

第一节 国际绿色信贷 ………………………………………… 100
一、银行业绿色信贷概况 ……………………………………… 100
二、绿色信贷的国际标准：赤道原则 ………………………… 106
三、国际绿色信贷政策案例 …………………………………… 110
四、渣打银行绿色信贷案例 …………………………………… 116
五、瑞穗银行绿色信贷案例 …………………………………… 121

第二节 国际绿色债券 ………………………………………… 125
一、国际绿色债券市场概况 …………………………………… 125
二、国际绿色债券案例 ………………………………………… 128
三、绿色债券的第三方认证及绿色评级 ……………………… 135

第三节　国际绿色基金 ……………………………………… 139
　一、国际绿色基金的发展及案例 ………………………… 139
　二、国际绿色基金的管理经验 …………………………… 147

第四节　国际绿色保险 ……………………………………… 153
　一、欧美环境责任保险的发展 …………………………… 153
　二、欧美环境责任保险的作用、发展趋势及启示 ……… 155
　三、绿色保险及资金运用案例 …………………………… 158

第五节　国际碳金融 ………………………………………… 165
　一、国际碳金融市场概况 ………………………………… 165
　二、碳排放权交易的国际实践 …………………………… 170

第五章　绿色金融的中国实践 ……………………………… 175

第一节　绿色信贷 …………………………………………… 176
　一、我国绿色信贷市场概况 ……………………………… 176
　二、我国绿色信贷政策体系 ……………………………… 177
　三、我国银行业绿色信贷实践 …………………………… 180
　四、我国绿色信贷存在的问题及展望 …………………… 185

第二节　绿色债券 …………………………………………… 187
　一、我国绿色债券的发展历程和相关政策 ……………… 187
　二、我国绿色债券的发展现状 …………………………… 189
　三、我国绿色债券市场的展望 …………………………… 192

第三节　绿色基金 …………………………………………… 193
　一、我国绿色基金政策沿革 ……………………………… 193
　二、我国绿色基金的发展现状 …………………………… 197
　三、我国绿色基金存在的问题及展望 …………………… 197

第四节　绿色保险 …………………………………………… 201
　一、我国绿色保险的范畴 ………………………………… 201

二、环境污染责任保险的中国实践 ………………………… 204
第五节 碳金融 …………………………………………………… 211
一、我国低碳融资实践 ……………………………………… 211
二、我国碳市场的进展及存在的问题 ……………………… 216

第六章 我国绿色金融发展的经验与教训 ………………… 223
第一节 我国绿色金融政策的演进和评估 ……………………… 224
一、我国绿色金融政策的演进 ……………………………… 224
二、我国绿色金融政策的评估 ……………………………… 238
第二节 我国绿色金融的进展和困境 …………………………… 239
一、我国绿色金融的进展 …………………………………… 239
二、我国绿色金融的困境 …………………………………… 247
第三节 我国绿色金融发展的经验和教训 ……………………… 249

第七章 我国绿色金融发展的长效机制 ……………………… 265
第一节 新时代发展绿色金融的重大意义 ……………………… 266
第二节 我国绿色金融发展的现实障碍 ………………………… 271
第三节 我国绿色金融发展的长效机制构建 …………………… 276

第八章 本研究的总结与不足 ………………………………… 283
第一节 本研究的总结 …………………………………………… 284
第二节 本研究的不足 …………………………………………… 286

参考文献 ………………………………………………………… 287

后　记 …………………………………………………………… 307

第一章　绪论

第一节　研究背景和意义

一、研究背景

改革开放40年来,我国经济发展取得了举世瞩目的成就,国内生产总值由1978年的3679亿元增长到2017年的82.7万亿元,年均实际增长9.5%,远高于同期世界经济2.9%左右的年均增速;国内生产总值占世界生产总值的比重由改革开放之初的1.8%上升到15.2%,多年来对世界经济增长贡献率超过30%。然而,我国经济长期快速增长主要依赖于传统产业,特别是"两高一资"行业所占比重较高,付出的环境成本和代价难以估量。世界银行的研究显示,污染造成的环境成本占我国年度GDP的比重高达9%。以2016年为例,我国的GDP增速为6.7%,若将环境成本考虑在内,"绿色GDP"实际上是负增长。在追求经济高速增长的过程中,各级政府采取了诸多不可持续的"激励"措施,包括税收优惠、廉价土地、低廉的资源价格等,吸引了大量低端、污染性的制造业,使高污染的煤炭产业占能源产业的2/3,让高排放的汽车产业以每年20%的速度增长。即使末端治理能够将单位GDP的排放量降低60%~70%,由于高污染的经济活动在成倍增长,总的污染水平也在持续恶化。

近年来,我国政府已经清醒地认识到,过去的先污染后治理、资源消耗型发展模式不可持续,并将绿色发展纳入国家发展战略的顶层设计。2015年4月,中共中央、国务院审议通过了《关于加快推进生态文明建设的意见》,指出"协同推进新型工业化、信息化、城镇化、农业现代化和绿色化",首次提出了"绿色化"概念。党的十八届五中全会提出贯彻"创新、协调、绿色、开放、共享"五大发展理念,把绿色发展提升到一个新的高度。加强生态文明建设被写入"十三五"规划；加快生态文明体制改革，建设美丽中国成为十九大报告的重要内容，绿色发展和生态环境保护逐渐上升为我国经济发展中首要考虑的重要国策。

党的十九大报告对生态文明建设着墨颇多，"生态文明"被提及多达12次，"美丽"被提及8次，"绿色"被提及15次，更首次提出建设富强民主文明和谐美丽的社会主义现代化强国的目标，提出现代化是人与自然和谐共生的现代化。习近平总书记在党的十九大报告中指出：要加快生态文明体制改革，建设美丽中国。强调要推进绿色发展：加快建立绿色生产和消费的法律制度和政策导向，建立健全绿色低碳循环发展的经济体系；构建市场导向的绿色技术创新体系，发展绿色金融。新时代，要贯彻新发展理念，绿色发展作为新发展理念主要内容之一，已经成为习近平新时代中国特色社会主义思想的重要组成部分。

党的十九大报告给出了中国特色社会主义进入新时代新的历史方位。我国经济发展也进入了新时代，基本特征就是我国经济已由高速增长阶段转向高质量发展阶段。新时代，要实现经济高质量发展需要建设现代化经济体系，在资源环境与经济发展矛盾日益凸显的今天，过去以资源消耗和高环境成本为代价的粗放型发展模式难以为继。随着我国经济全面步入"新常态"，发展绿色经济成为破解当前资源环境瓶颈制约的必然选择，也是推动我国经济结构转型升级、加快新旧动能转换、实现可持续发展的内在需求。这其中，绿色金融作为绿色经济发展的核心和利器，是推动绿色经济发展不可或缺的金融制度安排，是落实五大任务、确保传统产业绿色转型以及培育新兴战略产业的支撑力量，也是从金融层面推进供给侧结构性改革、促进金融服务实体经济的内在要求。

二、研究意义

当前，我国面临的严峻环境危机不仅仅是环境的末端治理问题，从根本上来说是经济问题。要从根本上治理环境，需要建立一套科学合理的激励约束机制，使经济资源更多地投入到绿色产业，抑制资源向污染性产业投入。在整个资源配置过程中，绿色金融起着关键作用，只要金融资源流向了绿色产业，其他资源就会随之配置。根据中华人民共和国环境保护部（以下简称环保部）、中国环境与发展国际合作委员会等机构的研究报告，未来五年，我国绿色投资需求为每年3万亿~4万亿元；而据相关部门估算，财政资金最多满足15%的绿色投资需求，85%以上的绿色投资需求必须依靠市场化的融资方式来解决。然而，课题组调研发现，我国许多地区发展绿色产业遭遇资金短缺的严重困扰，尤其是众多的中小企业普遍存在"融资难、融资贵"的问题。为消除资金缺口，就需要建立一个绿色金融体系，通过金融机构和金融市场调动大量的银行资金、社会闲散资金和民间资本进入绿色产业，这样既对培育绿色新兴产业具有服务作用，又对传统产业转型升级具有引领作用。另外，绿色金融还可以通过补资金短板和发挥信息优势等手段，助力形成区域规模经济、范围经济、集聚经济等，对新动能的快速传导和全面提升具有积极的推动效应。总之，发展绿色金融可以培育激发我国经济发展的新动能，对实现"转方式、调结构、增效益"发挥重大作用。

同时，课题组在研究中发现，当前我国绿色金融的发展既面临着负外部性、期限错配、信息不对称、绿色定义缺失和缺乏分析能力等现实障碍，又面临着缺乏清晰和持续的政策信号、方法论和相关数据缺失、金融机构能力不足、投资条款和绩效激励不足等诸多问题，同时还存在着"金融"逐利本质与"绿色"社会责任、理论上"市场驱动"与实践上"政府主导"两大矛盾悖象。这一系列障碍问题涉及政府、市场和社会多个层面，但本质是机制问题。

基于发现的问题，本研究提出建立"政府引导、市场运作、社会参与"的机制框架，旨在从宏观、中观、微观三个层面同时着力，构建含有政策保障机制、市场运作机制、理念培育机制的绿色金融发展的长效机制。这不仅有利于完善有关绿色金融运行机制方面的研究内容，为破解我国绿色金融的发展困境提供研究方向与实现路径，具有一定的理论意义；同时也可以为我国政府部门制定科学合理的绿色金融支持政策提供决策参考，为相关金融机构创新绿色金融商业模式提供指导借鉴，对推动我国绿色金融和绿色经济的可持续发展具有积极的现实意义。

第二节 研究内容和研究方法

一、本研究的主要内容

本研究首先对绿色发展和绿色金融的基础理论进行了系统阐释，对绿色信贷、绿色债券、绿色基金、绿色保险、碳金融等绿色金融工具做了详细介绍。其次对绿色金融的国际实践进行了梳理，总结了其中的经验和启示，并在此基础上结合我国绿色金融的实践经历，对我国绿色金融发展的现状、困境及经验教训进行了全面的梳理、总结与反思。最后构建了"政府引导、市场运作、社会参与"的绿色金融发展的长效机制，并分别从政府引导层面、市场运作层面和社会参与层面提出了具体的建议对策。本书共由八章组成，具体内容如下所述。

第一章，介绍了本研究的研究背景和研究意义，概括了本研究的主要研究内容和研究方法，对绿色金融的国内外相关研究文献进行了述评。

第二章，从经济系统、环境系统、社会系统三个维度对绿色发展的基础理论进行了系统阐释，并对本研究的指导思想——习近平生态文明思想的理论渊源、实践基础、时代背景及丰富内涵进行了深入阐述。

第三章，从绿色金融的概念和内涵入手，梳理了绿色金融的基础理论，并对绿色信贷、绿色债券、绿色基金、绿色保险、碳金融这五种常见的绿色金融工具进行了详细介绍。

第四章，选取典型国家或地区的典型企业及案例作为样本，对绿色信贷、绿色债券、绿色基金、绿色保险、碳金融的国际实践做了梳理及分析，总结了绿色金融国际实践的经验和启示。

第五章，从绿色信贷、绿色债券、绿色基金、绿色保险、碳金融五个方面对绿色金融的中国实践进行了梳理与总结。

第六章，针对我国绿色金融的发展实际，结合绿色金融的国际实践经验及启示，对我国绿色金融实践中的经验及教训进行了总结。

第七章，在深入分析我国绿色金融发展所面临的现实障碍基础上，提出了我国绿色金融发展的长效机制，并分别从政府引导、市场运作、社会参与三个层面提出了具体的对策建议。

第八章，对本研究的内容进行了概况总结，阐明了本研究的不足之处，指出了该研究的未来研究方向。

二、本研究的主要研究方法

本研究综合运用经济学、金融学、管理学等相关知识，在绿色金融国内外相关研究文献的基础上，梳理了绿色金融的国际实践，剖析了典型国家或地区的典型案例，总结了其中的经验及启示，并针对我国绿色金融的发展实践分析了其所面临的现实障碍，进而提出了我国绿色金融发展的长效机制。其中用到的主要研究方法概括如下。

（1）文献研究法。根据拟定的研究目标，通过各种渠道（包括中国知网、中经网、中宏网、谷歌学术等各数据库）检索文献，在大量研读中外文献的基础上，全面掌握绿色金融领域的国内外学术动态，理清现有文献的研究脉络。

（2）理论归纳法。通过对相关文献进行梳理研究，对文献中涉及绿色发展、绿色经济、绿色金融的相关理论进行归纳总结，为本研究的开展提供坚实的理论基础和理论支撑。

（3）案例研究法。本研究选取绿色金融国际实践中的典型国家或地区的典型企业及案例进行了深入的案例分析，为我国绿色金融长效机制的构建提供了经验借鉴。

第一章 绪论

第三节 绿色金融的相关研究综述

一、绿色金融的相关研究

绿色金融是指以改善生态环境、应对气候变化、节约自然资源、支持可持续发展为目的，通过银行贷款、债券发行、私募投资等金融工具引导社会资本流入节能环保、清洁能源、绿色建筑、绿色交通等绿色产业的一系列投融资活动。与传统金融不同，绿色金融把环境保护作为基本出发点，在投资决策中重视潜在的环境影响因素，充分衡量决策的环境风险和成本，通过合理优化资源配置以期实现经济效益的最大化和环境效益的最大化。近年来，我国经济持续稳定增长的同时，资源枯竭、环境污染的形势日益严峻。2016年7月，中央环境保护督察工作全面启动，被誉为"环保钦差"的中央环保督察组先后分批进驻多个省、直辖市、自治区，受理转办群众环境信访举报数万件，赢得全国各界群众拍手称赞的同时也给我们敲响了环境保护的警钟。

与此同时，学者们有关绿色金融的相关研究也在不断加速与深入，将资源环境问题与经济发展联系起来，探讨如何将环境因素纳入金融决策思考过程，实现经济、社会、环境共同可持续发展。绿色金融经过20余年的发展，国内外学者对其研究取得了重要进展。梳理近年来绿色金融的相关研究成果，大致可以从"绿色金融的概念界定与内涵阐释""绿色金融的发展必要性分析""绿色金融的实践效益研究""绿色金融的发展问题研究""绿色金融的发展对策研究"五个角度入手。

（一）绿色金融的概念界定与内涵阐释

国外研究方面，Jose Salazar（1998）最早提出了"环境金融"这一概念，认为环境金融是金融业为迎合环保产业的融资需求而进行的金融创新。2000年,绿色金融被《美国传统词典》(第四版)定义为"环境金融"或"可持续融资",即致力于从金融角度研究如何通过多样化的金融工具实现环境保护。Sonia Labatt 等(2002)认为,环境金融是一种旨在规避环境风险、促进环境保护的融资行为。Scholtens(2006)分析了金融与可持续发展之间的传导机制,指出绿色金融可以通过金融工具的最优组合解决环境资源问题。Scholtens(2007)进一步认为,环境金融是在环境变迁的严峻形势下,金融业促进可持续发展的重要创新手段,主要借助最优金融工程,规制企业的经营决策和运作过程,它有助于解决环境污染、温室效应等问题,促进经济、社会、环境的协调可持续发展。国际发展金融俱乐部(International Development Finance Club,IDFC)在2011年官方报告中对"绿色金融"进行了广义的阐释,即绿色金融包括对一切与环境相关的产品、绿色产业和具有可持续发展前景的项目进行的投融资,以及倡导经济金融可持续发展的金融政策。

国内研究方面,20世纪90年代以前,学者们普遍认为金融投融资系统只作为外生变量在"生产和消费——自然环境——生产和消费"这一循环过程中间接地影响环境因素。后来,于永达等(2003)提出金融活动与自然环境存在密切联系,金融机构对于信贷投资的决策可能会引导资金流向污染产业,造成间接污染,甚至引发严重的环境危机。反之,环境问题的爆发也可能会危及金融机构的运营效益,对其信誉及财务表现产生严重的负面影响。在环保观念不断强化的驱动下,金融业与可持续发展的联系日益成为关注的焦点,"绿色金融"作为金融业的新兴研究领域也应运而生。21世纪以来,国内许多学者对国外环境金融的理论及社会实践进行了研究(周纪昌,2004;朱文,2006;匡国建,2008)。对于环境问题日趋严重、环境产业融资渠道单一的现实困境,各学者开始从金融诱导的因素思考如何进行环境保护(周纪昌,2004;任辉,2009;蓝虹,2012)。学界对于环境金融的持续关注以及"循环经济"一词的提出,也催生了国内绿色金融的相关研究(王卉彤和陈保启，2006；唐斌，2013；刘春彦和邵律，2017）。其中，安伟（2008）综合了国内外学者基于宏微观不同研究视角对于绿色金融的界定，梳理出四种主要观点：一是绿色金融在《美国传统词典》中被称为"环境金融"或"可持续融资"；二是从投融资角度认为绿色金融是以绿色产业为贷款对象，在贷款政策条件、种类方式、期限利率等方面给予第一优先和政策倾斜的金融改革；三是指在环境保护的基本国策指导下，金融机构通过改革创新金融业务来实现经济社会可持续发展的金融业发展战略部署；四是认为绿色金融是金融业践行环境保护基本国策的市场手段，包括绿色信贷、绿色保险等金融工具。方灏（2010）认为，环境金融的本质是基于环境保护目的的金融模式创新。安同信等（2017）认为，绿色金融是以金融支持为杠杆手段，以促进技术创新与产业结构优化调整、实现区域经济可持续发展为目标的金融创新。

从上述不同学者对环境金融和绿色金融内涵的理解可以看出，金融部门是主体、金融工具是主要手段，促进环境保护、实现可持续发展是最终目的，但具体的研究侧重点不同。整体来看，虽然绿色金融已经被业界学者关注，但依旧缺乏规范统一的学术界定。

（二）绿色金融的发展必要性分析

1. 可持续发展的需要

于永达和郭沛源（2003）指出，绿色金融对可持续发展具有促进作用。王卉彤和陈保启（2006）则认为，从制度建设角度设计完善激励性机制以大力发展绿色金融，不仅可以推进金融部门的改革创新，同时也可响应循环经济的政策倡导。邓常春（2008）认为，绿色金融是低碳经济时代背景下，新的经济发展模式催生出的金融领域的改革创新，以期有效促进环境经济的协调可持续发展。阎庆民（2010）进一步提出，由于绿色金融服务体系是低碳经济发展的主要支撑平台，因此亟待对现有金融服务体系进行适应性改革，以支持经济发展模式的低碳化变革。Shahbaz等（2013）认为，金融发展可以通过对清洁环保型技术的研发实践进行投融资支持,以低碳经济发展模式进行快速扩张,即产生金融发展减少碳排放的结构效应。王遥等(2016)研究指出,绿色金融能够优化经济的宏观发展,提高经济的微观效率并与传统经济政策形成互补。冯文芳(2017)认为,绿色金融发展能够有效优化生产要素供给结构,减少传统行业过剩产能,促进经济转型升级和可持续发展。李建强和赵大伟(2017)指出,发展绿色金融就是要通过强化环境质量约束实现去产能、去库存、高效率解决环境问题,培育绿色发展的增长点,推动环境与经济之间形成共赢格局。王波和郑联盛(2018)指出,绿色金融可以通过积极发挥资金杠杆和资源配置作用,去除过剩产能,淘汰落后产能,并通过有效绿色投资,引导错配资源重置,以此来加快绿色产业等新兴产业的发展,帮助传统产业绿色改造升级,促进经济的良性循环和可持续发展。

2. 金融机构风险规避的需要

Chami等(2002)研究指出,金融机构开展绿色金融业务不仅可以提高自身声誉,满足利益相关者提高效益的需求,还能帮助企业提高风险管理水平,及时制定有利于发展的战略决策。王玉蜻和江航翔(2006)认为,金融机构面临两种类型的环境风险:一种是自身运营活动直接造成的环境问题;一种是借款企业的经营投资行为造成环境污染被叫停或惩罚时,将会降低相关经营企业的盈利能力,从而导致偿债风险增加,连累金融机构承担连带责任。Jeucken(2006)指出,因环境风险会对金融机构的投资资金安全构成威胁,发展绿色金融已经成为金融业寻求自身可持续发展的客观需要。刘勇(2007)认为,无论是基于国际对企业经营的环保要求、政府对环境相关法律体系的不断完善、非政府部门对于环保的关注呼吁,还是由于借款企业污染环境的经营活动导致的信贷风险加大、银行间日趋激烈的同业竞争,抑或是为了满足社会公众对于绿色金融产品的需求,商业银行都有必要进行环境风险管理。朱红伟(2008)认为,随着环境恶化的形势日趋严峻,关注并评估环境风险已经成为我国金融机构,特别是银行业的下一步工作重点。

鉴于部分地区污染企业关停造成信贷风险加大的问题较为严重，郝帅等（2017）认为，绿色信贷是管控环境风险的有效手段，并且已经成为银行业发展绿色金融的一大方向。龚晓莺和陈健（2018）认为，绿色金融的发展也将给由于响应产业优化升级号召逐渐脱实向虚的金融机构带来新的发展契机，可以提高金融业的有效供给，缓解金融领域供需错配问题，降低金融机构的坏账率，促进虚拟经济和实体经济并驾齐驱。

（三）绿色金融的实践效益研究

1. "赤道原则"的实践效果

Marcel Jeucken（2001）提出，银行的可持续发展呈现阶段性特点，可分为抗拒、规避、积极和可持续发展四个阶段。然而，绝大多数银行更关注环保政策造成的成本增加、收益减少，从而对环保持防御态度，只有少数接受联合国环境规划署金融行动（UNEP FI）、赤道原则（EPs）等国际金融领域自愿性原则的银行进入积极规避环境风险的阶段并成为绿色金融领域中的领先者。Chami 等（2002）认为，执行赤道原则不仅可以作为承担社会责任的信号，提高金融机构的声望，还有助于促进金融机构及企业等利益相关者重视环境风险的管理监控，在投资决策和生产决策中融入可持续发展因素。Bert Scholtens 和 Lammertjan Dam（2007）通过对比51家赤道银行及56家非赤道银行的行为，发现赤道银行多为大型银行机构，并认为银行履行赤道原则主要是出于主动承担社会责任的声誉需要，而且赤道原则有助于融资活动的可持续性。由于赤道原则是金融机构发展绿色金融的主要标准，众学者开始探讨赤道原则的履行效果，并发表了不同的看法。2005年，在银行监察组织（Bank Track）对赤道银行组织的调查中发现，大多数银行没有按要求进行信息披露且没有健全的环境治理体系和责任制度，甚至部分金融机构只是利用赤道原则"漂绿"，少有银行全面地考虑环境因素。因此，一些具有环境争议的投资项目也有赤道银行的信贷支持。

针对此现状，一些学者从不同角度给出了解释：执行赤道原则的银行由于需要进行管理机制的调整和项目决策的环境评估，可能会因此错失一些存在潜在收益的投资项目。国际金融公司（IFC）的一项调查结果也表明，赤道原则的执行导致部分金融机构短期内成本增加、收益下降；而麦均洪等（2015）运用联合分析法对商业银行推行绿色信贷积极性的影响因素进行了分析，发现金融机构依然以利润最大化为目标，企业的还款能力依然是金融机构考虑的首要因素，自身推行绿色信贷的积极性相对较低。王波和郑联盛（2018）指出，我国绿色金融近年来的发展并非源自地方政府的协同配合和市场主体的主动行为，而是主要依赖于中央政府的行政力量强行推动。加之部分参与主体只热衷追求眼前的短期利益，缺乏对绿色发展理念的长远认识，使得绿色金融发展过程中各利益方博弈激烈，内生增长动力不足。

2. 绿色金融产品工具的实践效益

陈光春（2005）探讨了绿色金融发展的融资策略。王卉彤（2008）总结了国际上为应对环境问题衍生出的巨灾证券、碳信用等金融产品。游春等（2009）则重点分析了绿色保险这一金融创新产物，对其发展脉络以及在我国的应用模式进行了梳理总结。Climent 和 Soriano（2011）发现，环境共同基金虽然回报率偏低，但长线投资者由于更关注企业的声誉及发展前景，将更乐于购买环境共同基金。郭濂（2014）列举了我国对于绿色金融的一些具体实践。翁智雄等（2015）指出环保产业指数类产品在我国尚处于起步阶段，发展前景广大；环保节能融资产品发展迅速，抵押授信方式多样；碳金融领域不断从抵押物、管理、交易等方面进行产品的改革创新。马骏（2016）提出，随着绿色可持续发展理念逐渐成为政策和实践层面的共识，绿色环保领域的发展成为新的热点，由于政策性资金投入已难以满足绿色投资需求，金融市场中的债券、股票、基金、保险及衍生品等金融产品成为补充资金支持的主要工具选择。王波和郑联盛（2018）指出，近年来随着国家有关绿色金融政策制度的不断完善，我国绿色金融发展全面提速，市场机构建设步伐加快，金融产品种类日益丰富，发展成果初步显现。

（四）绿色金融的发展问题研究

1. 政策法规缺位，内生动力不足

Marcel Jeucken（2001）考虑多重动机认为，金融业把环境保护因素纳入内部管理除了基于市场发展潜力和机遇的吸引外，主要还是希望在降低成本、提高收益的同时提升金融机构的社会形象。Chris Wright（2007）通过分析我国清洁发展机制（CDM）发展缓慢背后的原因发现，环保法律法规不够明晰、可操作性差以及地方保护主义是阻碍排放权交易发展的两大主要掣肘。杨小苹（2008）分析认为，政府制度安排不健全、对信贷人的救济保护机制不到位，导致企业因环境问题停产无法偿还贷款时，缺乏强制约束力保护金融机构的利益，从而严重降低了金融机构对环境相关产业发展绿色信贷的积极性。张秀生和李子明（2009）进一步指出，环保信息自身传导机制的低效、地方保护主义导致的地方政府在环境保护方面出现的缺位以及绿色金融领域监管体系的不健全共同造成了绿色金融推行进度缓慢。唐斌等（2009）则更倾向于金融机构是出于应对环境风险可能带来的资金损失和提高收益的需要才主动发展绿色金融的。俞岚（2016）认为，由于支持绿色金融发展的相关政策体系较为薄弱，导致绿色金融发展及产品创新的难度较大，产品创新尚处于初级阶段。刘春彦和邵律（2017）认为，严格依照环保原则进行信贷投资决策可能导致金融机构错失存在潜在收益的投资机会，因此商业银行参与的积极性较低。龚晓莺和陈健（2018）认为，最终由于绿色金融相关法律体系的不健全、监管部门的缺位，以及环境事前、事中、事后检查不规范，导致贷款审核不严，环境污染企业依然可以获取资金支持，绿色经济发展难以实现。王波和郑联盛（2018）认为，由于政府的财税政策跟进不及时、落实不到位，对开展绿色金融业务的企业和金融机构难以形成有效的激励机制，导致其开展绿色金融业务的积极性不高，绿色金融市场的活力难以有效激发。

2. 产品体系不健全，缺乏竞争力

邵律等（2017）认为，虽然绿色金融已经开始被金融业重视，但目前发展尚不成熟,未形成一定的市场竞争力。黄安平(2017)则具体分析了目前制约绿色债券发展的三个因素:一是由于绿色项目投资回收期较长,更偏好以绿色信贷为主要融资工具;二是为保证绿色债券的针对性、绿色性,认证、信息披露等监管举措客观上增加了债券发行成本,使得绿色公司债较普通债券产品无成本优势;三是投资者对于绿色相关产品并无特别偏好。潘锡泉(2017)指出,投资回报期长的绿色项目与融资期限短的银行资金形成了金融资源的期限错配,导致绿色项目陷入融资难困境,阻碍了绿色金融进一步发展;而之前由于政策扶持流向产能过剩行业的资金一时之间难以转至绿色产业,造成了信贷错配,也降低了金融资源配置效率;环保信息共享机制的缺乏使得信息不对称和信息更新滞后成为金融机构发展绿色金融的又一大风险诱因,造成金融机构发展动力不足;除此之外,绿色金融市场机制的不完善也严重拖延了绿色金融产品的创新速度。龚晓莺等(2018)具体指出,虽然已出台相关政策控制"两高一剩"的资金流向,但从国有四大银行的贷款余额占比来看,绿色信贷仍有较大完善空间;2017年3月出台的"绿色新政"鼓励发行绿色债券,证监会实行即报即审,极大地促进了绿色债券的发展;而绿色股票、绿色基金仍然主要由地方政府发起设立,供给严重不足;随着碳交易的发展,碳基金、碳债券等金融产品也开始陆续进入投资者视野,但其发展速度与水平远不及国外发达国家。王波和郑联盛(2018)研究指出,现阶段我国绿色金融主要以绿色信贷、绿色债券两种融资方式为主,其他产品创新不足、发展相对滞后。以绿色保险为例,由于险种单一、覆盖面窄,加之经营主体专业性不强,使得产品吸引力不够,市场推广受阻。其他诸如绿色基金、绿色股票、碳金融等虽有较快发展,但目前就其体量规模和创新能力来看,与国外发达国家相比差距较大。另外,由于信息不对称和缺乏有效的绿色金融识别机制,绿色金融市场上改头换面、非法套利的伪绿色金融屡见不鲜。伪绿色金融的存在不但增加了投资者对绿色资产的"搜索成本",也导致绿色金融市场陷入"绿色信用危机",面临"洗绿风险",

甚至产生劣币驱逐良币的效应。

（五）绿色金融的发展对策研究

1. 发挥政府引导作用，建立绿色金融激励约束机制

蔡芳（2008）利用博弈论模型对企业的环境保护行为进行了分析，结论表明：对企业而言，利润最大化是企业做生产决策时的最大动机，因此企业不具备自发进行环保化生产的动机，需要法律法规、政策调控或经济手段等外部力量的推动；并且金融机构也可以看成是企业的一种，因此结论同样适用。麦均洪和徐枫（2015）认为，目前有助于纠正绿色金融市场失灵的外部手段中，政策引导是首要选择。鉴于此，学者们开始探索政府在绿色金融推动过程中的政策路径。姜再勇等（2017）认为，政府可以对企业进行税收补贴、信贷优惠等政策支持，鼓励企业进入绿色金融市场进行借贷交易，从需求端促进绿色金融市场的发展；同时也可借助PPP等新兴模式引导社会闲置资本进入绿色投资领域，从供给端丰富绿色金融的资金来源。黄安平（2017）认为，政府也可以尽快出台相关规章制度保护金融机构参与绿色金融的商业利益，并对金融机构进行补贴，提高金融机构发展绿色金融的积极性，推动绿色金融市场发展；对于绿色金融产品体系，政府也可考虑允许绿色债券、股票等产品进入抵押品、基金投资备选池等范畴，从而增强绿色金融产品的流动性，提高绿色金融市场的交易频率。陈凯（2017）指出，通过政策激励金融机构开展新能源汽车等的绿色消费信贷，鼓励消费者参与绿色金融业务，实现政府、企业、金融机构及消费者的四方联动机制。严金强等（2018）提出，在完善绿色金融政策体系、重塑价格形成机制、优化资金绿色流向的同时，也需要加强政策之间和政策内外的协调配合，同相关监管部门及科研机构等及时进行评估信息的反馈，建立多元协调共享机制，强化绿色金融整体的政策效果。王波和郑联盛（2018）提出，在政府引导层面，首先要加强顶层设计，健全法律法规和财税扶持体系；其次要成立政策性绿色银行和绿色发展基金，建立健全绿色担保机制；再次要完善信息沟通机制，强化监管考核制度；最后要建立绿色发展业绩评价机制，加快地方绿色金融发展步伐。

2. 创新绿色金融产品，完善绿色金融体系

任辉（2009）认为，构建绿色金融体系，首先应该树立绿色金融基本理念，其次要加强相关法律体系的建设，最后需要积极创新绿色金融工具。在绿色产品创新方面，葛察忠等（2015）进一步提出，未来金融机构应在绿色金融产品的设计中体现出不同的个性需求，使得产品更加多元化，覆盖的投资对象范围更广泛。冯馨和马树才（2017）指出，应该加大信贷领域的绿色创新，大力开发绿色股票、绿色基金、绿色保险以及碳金融的发展空间，加大绿色金融衍生品的创新力度，构建多元化的绿色金融产品体系，满足不同层次的金融需求。蒋先玲等（2017）还特别提出，完善绿色金融体系基础设施的同时也要注重绿色金融体系的法制建设。王波和郑联盛（2018）指出，要适当降低绿色金融领域的准入门槛，鼓励非银行性金融机构以及其他非金融机构积极参与绿色金融的发展，不断扩大绿色金融市场的参与主体，加快绿色金融产品和服务的创新步伐，构建平衡发展的绿色金融市场体系。

3. 引导绿色消费投资，完善绿色金融市场机制

潘锡泉（2017）指出，绿色金融的发展不仅需要政府、企业和金融机构的引导支持，居民的认可度与参与度更是决定着绿色金融的发展深度。因此，相关部门应完善对绿色投资者的服务体系。一方面，重点发挥大型金融机构的示范效应，引导社会资金投资于绿色产品，2017年3月出台的《关于促进绿色消费的指导意见》旨在通过绿色消费倒逼企业进行绿色生产，实现政府、企业、金融机构和消费者的四方联动。冯馨等（2017）认为，政府可以设立更多政策性绿色金融银行，并鼓励发展相关中介机构，以此扩大绿色金融供给主体，完善绿色金融市场体系。除此之外，也要通过职业培训、交流学习等方式加强对绿色金融相关人才的培育，使其具备相应的专业知识和熟练的操作能力，更好地推动绿色金融业务发展。詹小颖（2018）提出，可以借助给予税

收和投资成本优惠、纳入信用评估、享受特殊待遇等经济或信用激励，吸引机构和个人投资者参与绿色投资，提高绿色金融市场的活跃度，同时建议行业组织完善绿色投资者信息交流平台。另一方面，需对投资者进行绿色投资的相关宣传教育，客观分析成本收益，避免由于金融机构粉饰行为造成的投资风险。王波和郑联盛（2018）指出，在社会参与层面，首先要加强绿色发展理念的宣传教育，引导公民的绿色消费行为；其次要启动绿色金融人才培养工程，加快绿色金融专业人才队伍建设；最后要引入绿色金融社会评估机制，鼓励地方成立绿色金融专业委员会。

二、研究进展述评

国内外学者对绿色金融的深入剖析为本研究奠定了坚实的基础，但梳理前期研究发现，国外有关绿色金融的研究和实践大多是以市场经济相对完善的工业化国家为背景展开的，而针对发展中国家或处于经济转轨时期构建政府和市场关系的研究依旧较少。另外，对绿色金融的发展机制仅仅从局部进行了学理阐述，相关研究还不系统、不完善。当前我国绿色金融的发展更多是依赖政府行政力量的强制推动，从长远来看难以持续；同时我国绿色金融市场机制尚不健全，加之绿色领域的外部性，完全依靠市场机制自发转向绿色金融也不现实。我国绿色金融研究起步较晚，与国际水平差距较大，但随着人们生活水平的日益提高，环境问题日益凸显，国内相关政策也更加关切绿色金融的发展，同时在国际相关领域研究高涨的刺激下，国内绿色金融的相关研究正加速跟进。

第二章　绿色发展的理论基础

第一节 绿色发展的系统理论框架

一、基于经济系统的绿色发展理论

在经济系统中,发展总是与增长联系在一起,因此人们对于发展的关注也转化成了揭秘经济增长动因和源泉的不竭动力。

以斯密(A. Smith,1776)、马尔萨斯(T. R. Malthus,1798)和李嘉图(D. Ricardo,1817)为代表的古典经济增长理论运用竞争和均衡的基本研究方法,从资本和人力资本积累的关系、人均收入和人口增长率之间的相互作用,以及劳动分工的深化和生产技术进步等角度分析了经济增长的作用规律。

20世纪50年代,哈罗德(R. Harrod,1939)和多玛(E. Domar,1946)运用投入要素之间缺乏替代性的生产函数,在不考虑技术进步、规模报酬和折旧的前提下,认为经济增长决定于储蓄率和资本产出比的比值,分析了大萧条背景下经济波动的成因,进而论证了资本主义体制所固有的不稳定性。

在哈罗德-多玛(Harrod-Domar)模型的基础上,索罗(Solow,1956)和斯旺(Swan,1956),修正模型中资本产出比不变的假设,提出了索罗-斯旺(Solow-Swan)模型,该模型假设投入要素具有边际报酬递减的特征,投入要素间存在正的平滑替代弹性,他们认为,长期经济增长则取决于外生的技术进步,资本的积累、储蓄率的提升虽然能够推动经济增长,但是在缺乏技术进步的前提下,这种增长终将在长期达到一种平衡增长的状态。

随后,卡斯(Cass,1965)和库普曼斯(Koopmans,1965)在新古典经济增长模型中引入了拉姆齐(Ramsey,1928)的研究成果,将索罗-斯旺模型中的储蓄率内生化,解决了最优经济增长途径问题。

第二章 绿色发展的理论基础

20世纪80年代中期以来，以罗默（P. Romer）和卢卡斯（R. Lucas）为代表的新经济增长理论，打破了"外生技术进步"的假设，开创了内生经济增长理论。该理论运用劳动（L）、资本（K）、技术（A）三个内生变量分析和预测了总产出（Y）增长的原因和趋势，进而得出了"经济增长是经济系统内生因素作用的结果，并非是由外部力量驱动的，内生的技术进步才是推动经济增长的根本原因"这一重要结论。

这使人们对于经济增长有了全新的认识：除了传统经济增长理论关注的资本、人力要素外，技术进步不再是外生变量和"索罗残值"，成为经济增长的内生要素。因此，借助政策手段和制度优化，采取包括支持教育和科技投入、加速人力资本积累、强化知识产权保护、补贴研究开发等在内的一系列措施，能够加速技术进步，从而有效推动经济增长，打破新古典经济增长理论中外生技术进步的局限性。另外，随着资本存量的增加，资本投入和产出的比例也并非总是递减的，同样可能增加。综上所述，随着时间的推移，要素投入增加带来的人均产出收益递减将被打破，从而使经济的长期增长成为可能。从绿色发展的角度出发，经济的长期增长也使经济系统的"可持续"成为一种可能。

（一）可持续发展背景下的最优增长路径

阿吉翁（Aghion，1998）和霍依特（Howitt，1998）基于可持续发展视角对内生增长理论进一步优化。他们借助将治理资本和物质资本进行区分的熊彼特方法，将进行知识生产的技术和进行物质生产的技术也区分开来，从而更好地分析和讨论了可持续发展问题。阿吉翁和霍依特先后将环境污染和不可再生资源引入了经济增长的分析，同时也推导出了包含环境因素在内的经济增长稳态。

1. 生产部门

生产部门的生产函数为式（2.1）。其中，$B(i)$为中间产品i的产出效率，也可以被认为是产品i的质量，即技术进步的体现。中国产品由规模报酬不变的生产函数 $x(i) = K(i)/B(i)$ 生产，$K(i)$ 为用于生产中间产品 i 的实物资本。$B(i)$ 的负效应说明后续换代的中间产品的资本密集度不断增加。

$$Y = L^{1-a} \int_0^1 B(i) x(i)^a di \tag{2.1}$$

2. 中间产品部门

每种中间产品生产数量相同时最优的：$x(i) = x = K/B$，B 表示平均质量，如式 (2.2) 所示，那么生产函数可以改写为式 (2.3)。

$$B = \int_0^1 B(i) \, di \tag{2.2}$$

$$Y = F(K, BL) = K^\alpha B^{1-\alpha} (1-n)^{1-\alpha} \tag{2.3}$$

3. 研发部门

假设研发部门的技术产出服从研究技术参数为的泊松过程（Poisson process），n 为投入研发部门的劳动力，η 为正的研究技术参数，即投入 n 数量的人力资本到研发部门，在 Δt 时间内技术产出的发生概率为 $\eta n \Delta t$。

用 B^{max} 表示已有的 $B(i)$ 中最大的数值，也被称为领先技术。领先技术不断提高是创新所带来的知识长期积累的结果。B^{max} 增长的指数速率与创新频率成比例关系：$dB^{max}/dt = \lambda \eta B^{max}$，其中 λ 表示技术水平的进步。假设每次技术创新对原技术完全替代，即具有熊彼特所谓的创造破坏的性质，并且假设技术水平的增量为 λ，即满足 $B^{max} = (1+\lambda) B$，于是有 $\dot{B} = \lambda \eta n B$。上式表明，技术研发部门的技术产出取决于该部门投入的人力资本、已有的技术知识存量和创新过程的泊松参数。最优增长问题也可以描述为式 (2.4)，其中 ρ 表示正的时间偏好率。

$$\begin{cases} max \int_0^{+\infty} e^{-\rho t} U(C) \, dt \quad U(C) = \dfrac{C^{1-\sigma}}{1-\sigma} \\ s.t. \ \dot{K} = Y - C \quad Y = K^\alpha B^{1-\alpha} (1-n)^{1-\alpha} \\ \dot{B} = \lambda \eta n B \quad \lambda > 0, \ \eta > 0 \end{cases} \tag{2.4}$$

阿吉翁和霍依特证明了模型存在最优稳定状态，此时消费、有形资本 K 和智力资本 B 具有相同的增长速度，如式（2.5）。该式说明了未受到限制的增长是可持续的，因为随着资本积累越来越多，两种资本的共同回报率 $\lambda\eta$ 并不减少。

$$g^* = (1/\varepsilon)(\lambda\eta - \rho) \tag{2.5}$$

4. 引入环境质量要素

假定代表性消费者在无限时域上对消费 C 与环境质量 E 的效用函数如式（2.6）所示，将环境因素引入这个基本模型。其中，$U(C, E)$ 是每个时刻福利的瞬时效用函数，σ 是相对风险厌恶系数，ω 为环境意识参数，反映了对环境质量的偏好程度。

$$U(C,E) = \frac{c^{1-\sigma}-1}{1-\sigma} + \frac{-[(-E)1+\omega-1]}{1-\omega} \quad \sigma>1, \omega>0 \tag{2.6}$$

如果将 E 看作可能随着环境污染耗尽殆尽，但是也具有一定的再生能力的资本，同时假定 E 有一个上限值，且只有当生产活动都被无限期停止时，才能达到这个上限。$\dot{E}$ 表示实际的环境质量与环境质量上限值之差，那么 $\dot{E}$ 总是负值，环境质量随时间变化的微分方程为式（2.7），$\theta>0$ 表示可能的最大再生速度。

$$\dot{E} = -P(Y, z) - \theta E = -Yz^Y - \theta E \tag{2.7}$$

其中，污染流 P 为产出水平 Y 和污染强度 z 的增函数，$P(Y, z) = Yz^Y$。$z \in [0, 1]$ 表示污染强度，用来衡量已有技术的清洁程度。当不考虑环境因素的影响时，$z=1$，实际产出等于潜在产出；当考虑环境因素的影响时，$z<1$，实际产出低于潜在产出。$\gamma>0$ 表示污染程度指数，可以理解为环境标准的严厉程度。$\theta>0$ 表示可能的最大再生速度。

假定存在一个下限值，在该值之下，环境质量将不可逆并累积恶化，则可得到一个临界生态阈值。结合 E 的非正特点，最优增长路径必须遵守如下约束条件，如式（2.8）所示。

$$E^{max} < E(t) < 0 \text{ 对于所有 } t \tag{2.8}$$

5. 引入能源消耗

进一步地模型认为，讨论可持续发展，还应考虑非再生资源存量 S。

这种存量应为非负,其变化率是资源开采流量 R 的负数,即 $S = -R$。模型表明最新开采的资源流量可作为生生技术被采用。于是,总的生产函数可以表示为式(2.9)。

$$Y = F(K, B, R, z) \quad (2.9)$$

6. 最优增长路径

根据代表性家庭效用函数和相关变量约束方程,社会最优化问题可写为:$max\int_0^{+\infty} e^{-\rho t} U(C, E) dt$。其约束条件为:有形资本、智力资本、环境质量和自然资源的初始条件。作为支配这些状态变量变化率的运动法则 K、B、S 必须非负,此外还需考虑生态阈值的限制。

如果通过汉密尔顿方程来求解最优增长路径,可以得到式(2.10),这是一个包含自然资源存量 S、环境质量 E、有形资本 K、智力资本 B 在内的社会总效应最优解。那么,增长是否可持续的问题就转换为是否存在一条能使社会总效应额无限增长的最优路径问题。

$$H = u(C, E) + \lambda K + \mu B + \zeta R + \xi S \quad (2.10)$$

在此后的分析中,阿吉翁和霍依特指出,尽管内生经济增长理论中没有什么因素能保证可持续发展到无限的未来,但如果拥有足够的创新以及正确的创新方向,可持续发展的结果还是可能的。[①]

(二)世界银行绿色增长模型框架

2012年,世界银行在其报告《包容性绿色增长》中设计了一个绿色增长的理论模型框架,用以指导各国绿色发展的政策和实践。报告中的模型是在内生经济增长模型基础上逐步添加绿色增长的关键要素而形成的。

模型假设产出(Y)由技术进步(A)、物质资本(K)和劳动(L)组成,它们之间的关系为式(2.11)。

[①] 菲利普·阿吉翁,彼得·霍依特. 内生增长理论[M]. 陶然,译,北京:北京大学出版社,2004.

第二章 绿色发展的理论基础

$$Y = f(A, K, L) \tag{2.11}$$

在式（2.11）中，产出的增加源于生产要素投入的增加和生产率的提升，而生产率的提升主要源于技术进步，在这种情形下，环境要素并没有纳入生产函数中。报告认为，从马尔萨斯时代开始，关于经济产出也有赖于自然资源存量和环境质量的观点逐步形成，后来在资源与环境经济学的推动下进一步完善。因此，基于这种思路，环境成为自然资本（E），作为投入要素之一被纳入了生产函数，如式（2.12）所示。

$$Y = f(A, K, L, E) \tag{2.12}$$

为了分析绿色增长政策的效果，上述增长模型需要进行修正以包含市场失灵和经济可能达不到最优均衡的情况。第一个修正是将生产前沿替代生产函数，即在效率最大化的假设下，产出的最大化可能与技术水平、物质资本、劳动和环境要素有关，实际的生产函数为式（2.13），其中 ψ（介于 0 到 1 之间）是用来测度生产过程中的效率水平。

$$Y = \psi f(A, K, L, E) \tag{2.13}$$

第二个修正是引入 P_E，该变量可以认为是致力于环境改善的政策，在这种情形下，环境政策可以通过增加生产性资本（K、L 和 E）、提升效率水平（ψ）以及促进技术进步共同创造经济增长的协同效应，如式（2.14）所示。

$$Y = \psi(P_E) f[A(P_E), K(P_E), L(P_E), E(P_E)] \tag{2.14}$$

最后，就是对于福利（或者说是效用 U）的衡量，也就是说这个模型需要考虑产出对福利的影响。投资并不会直接增加效用水平，效用直接取决于当前的消费水平 C 和环境水平 E，可以用式（2.15）表示。

$$U = \mu(C, E) \tag{2.15}$$

在实践中，环境政策可以直接影响效用水平（正负均可），效用函数可以写为式（2.16）。例如，环境政策可以直接影响分配，而分配（总消费是如何在个体之间进行分配）和波动性（总消费是如何随着时间变化进行分配）影响福利水平。

$$U = \mu(C, E, P_E) \tag{2.16}$$

世界银行开发的绿色经济增长模型框架实际上是一个涵盖自然资本（包括自然资源和环境质量）、生产效率、环境政策、社会福利在内的综合性内生经济增长模型，借助资本、劳动、技术、环境资本和环境政策这五个绿色经济增长的要素，最终预期实现全社会福利水平提升的目标。这一框架不仅是对传统的内生经济增长模型的优化和完善，同时包含了绿色发展理论框架下经济、环境、社会三方面内容，因此，该框架的立足点虽然是"经济增长"，但其内涵却已经实现了向"绿色发展"的跨越。[①]

二、基于环境系统的绿色发展理论

与环境系统相关的理论普遍具有"绿色"的特征，但是如果在凸显"绿色"理念的同时也要体现出"发展"的特点，多数研究成果都会选择经济发展作为一种可度量的指标，来刻画发展的水平。因此，基于环境系统的绿色发展理论主要研究环境、资源和生态与经济发展之间的关系。其中以环境库兹涅茨曲线、稳态经济思想和生态资本理论为代表的与绿色发展最为契合。

（一）环境退化与经济发展——环境库兹涅茨曲线

环境库兹涅茨曲线（Environmental Kuznets Curve，EKC）揭示的是，在经济发展的初级阶段即人均国民收入较低的情况下，环境质量会随着人均收入的提高而恶化，当经济发展至一定阶段后，环境质量又会随着人均收入水平的提高而改善，即环境质量与人均收入水平呈现倒"U"形曲线关系，如图 2-1 所示。

---

① World Bank. Inclusive Green Growth: The Pathway to Sustainable Development [J]. World Bank Publishing, 2012.

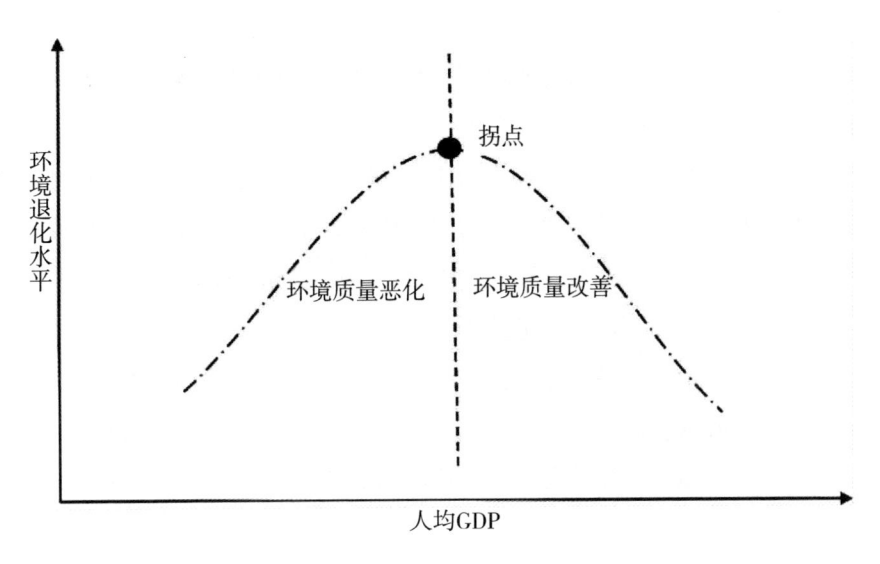

图 2-1 环境库兹涅茨曲线

环境库兹涅茨曲线的提出依据的是美国经济学家库兹涅茨（Kuznets，1955）对于增长和收入差距间变化关系的研究成果——随着经济增长，收入差距会呈现先扩大、后缩小的趋势，即人均收入差距会随着经济增长和经济实力的累积表现为先扩大、后缩小的倒"U"形变化。①

在 20 世纪北美自由贸易的谈判中，针对自由贸易可能会恶化墨西哥的生态环境并影响美国本土环境的担忧，古斯曼和克鲁格（Grossman & Krueger，1991）利用全球环境监控系统（CEMS）的面板数据考察人均国内生产总值与二氧化硫、烟尘、化学需氧量等一系列环境质量指标之间的关系。研究发现，环境质量与经济发展水平之间呈现倒"U"形关系。1992 年，世界银行的《世界发展报告》以"发展与环境"为主题，进一步扩大了环境质量与经济增长关系研究的影响，美国经济学家帕纳尤多（Panayotou，1993）首次将这种环境质量与人均国内生产总值

---

① S. Kuznets. Economic growth and income inequality [J]. The American economic review, 1995 (45): 1-28.

（人均收入）之间的关系曲线称为环境库兹涅茨曲线。①

对于环境库兹涅茨曲线的理论解释，众多学者从经济结构、需求者偏好、国际贸易、国家政策等角度展开。

从经济结构来说，在经济处于起飞阶段，随着人均收入水平的提高，需要的资源投入越来越多，而产出提高意味着经济活动的副产品即环境污染增加，但经济发展到一定阶段，经济结构转向服务业和技术密集型产业时，有助于环境质量的改善。

从需求者偏好来说，环境作为一种商品，当收入水平增加时，人们对清洁环境质量的需求会增加，生产者会因此在生产活动中改进工艺，提高产品的环境效益和社会效益。从国际贸易来说，发达国家通过向发展中国家出口污染密集型产品或通过外商直接投资将高耗能、高污染企业转移到发展中国家，会使发达国家的环境质量好转而使发展中国家的环境质量处于倒"U"形曲线的上升阶段。

从国家政策来说，在经济快速发展阶段，环境政策往往放任或采取先污染、后治理的方式，而随着经济增长至一定阶段，政府加大环境治理力度和环境投资，对改善环境质量起到积极作用。

（二）资源稀缺与经济增长——稳态经济思想

资源的稀缺性是可持续发展和绿色发展理论的重要背景之一。在经济学的研究框架中，经济系统与环境系统是割裂的，因此资源虽然是稀缺的，但是这种稀缺是相对的，是可以通过资源替代得到解决的，所以经济完全可能是无限增长的。

赫尔曼·E. 戴利（Herman E. Daly）则认为，这种忽略资源绝对边界的判断是不准确的。这是因为资源的稀缺既是相对的，也是绝对的。传统经济学只关注资源稀缺的相对性，却没有意识到如果把环境系统视

---

① T. Panayotou. Empirical tests and policy analysis of environmental degradation at different stages of economic development [J]. International Labour Organization, 1993.

作一个封闭的系统，那么由于熵的存在，能量的传递和转化永远会有损耗，如果没有新的资源输入，环境系统中全部资源最终会消耗殆尽。因此，如果认为经济增长是解决一切发展问题的根源，忽视资源的绝对稀缺性，就可能导致以下两种悲剧的发生。

悲剧一：经济增长狂热

社会的需求包含绝对需求和相对需求两个方面，前者是维持经纪人个体生存的基本需求，后者则是基于自我实现和超越社会平均水平预期的其他需求。经济学理论通常认为，由于社会是发展的，人类的欲望是无限的，个体间的差异是绝对的，所以相对需求也是无限的。因此，社会总需求也是无限的。只有无限的经济增长才能与之相匹配，因此，对于经济增长的追求极易陷入狂热的状态。

悲剧二：资源环境危机

在经济系统资源消耗和需求相对环境系统资源供给规模更大的工业社会，忽视环境系统中资源的绝对稀缺性，一味追求经济增长，必然结果之一就是日益严峻的生态环境危机。因此，重新审视增长和发展的实质是必要的。

通常意义上理解经济增长，应当包括数量性的物质资源增长和质量性的非物质效率改进。戴利认为，二者之间的区别实际上是"增长"与"发展"之间的区别，"增长是指用以维持商品的生产和消费的经济活动的物质/能量流量在物理规模上的加剧。……而来源于技术知识的改善或是对目标的更深理解，由既定流量规模构成的使用中的性能改善，才被称为发展"。

当人类的经济系统体量相对于既定的、非增长的、封闭的环境系统而言很小的时候（如原始社会和农业社会），数量性增长是可取的；而当人类的经济规模已经超出了由环境再生和吸收能力决定的生态系统承载能力时，继续推进数量性的增长无疑会加剧环境系统的压力，必然导致环境危机的出现，人类的持续生存和发展将难以为继。

此时，人类社会的发展思路应当由数量性的物质资源增长向质量性的非物质效率改进（发展）转变，进而实现可持续发展——"没有增长的发展——没有超出环境可再生和吸收能力的流量增长"。①

基于对"可持续发展"这一思想的解读，同时结合穆勒的静态经济思想，戴利基于环境系统资源绝对稀缺性假设提出了稳态经济思想——通过低水平且相等的人口出生率和人口死亡率使人口维持在某个合意的常数，同时通过低水平且相等的物质资本生产率和折旧率来支撑恒定的、足够的人造物质财富存量，从而使人类的累计生命和物质资本存量保持持久利用和最大化。②

在戴利看来，经济系统运行的本质是利用资源生产物质资本，在此基础上向人类提供服务，最终满足其需要。因此，如下式所示，经济系统运行的效率可以依据物质资本生产环节和服务输出环节分解为两部分，其中，服务与物质资本存量的比值是服务效率，物质资本存量与资源流量的比值也被称作维持效率。

$$经济系统运行效率 = \frac{服务}{物质资本存量} \times \frac{物质资本存量}{资源流量} = \frac{服务}{资源流量}$$

基于可持续发展的要求和资源的绝对稀缺，经济系统运行过程中，资源流量的消耗应当实现最小化，服务输出应当实现最大化，从而实现经济系统的高效运行。具体而言，可以通过技术进步、市场优化、制度完善，提升服务效率和维持效率，从而在资源流量控制的前提下提高经济系统的运行效率。因此，戴利的稳态经济不是"零增长"的经济，而是追求以效率提升为目标的"发展中"的经济。

基于以上分析，1990年戴利基于能源和开发的要求提出了可持续发展的三个操作性原则：其一，可再生性能源的开发利用水平不能超过其再生能力。其二，污染物的排放水平应当低于自然界的净化能力。其

---

① 赫尔曼·E戴利. 超越增长：可持续发展的经济学[M]. 诸大建, 胡圣, 等译. 上海：上海译文出版社, 2001.

② 保罗·萨缪尔森, 威廉·诺德豪斯. 微观经济学[M]. 萧琛, 等译. 第16版. 北京：华夏出版社, 2002.

三，划拨并留存不可再生性资源开发利用的部分收益，用于投资可再生的替代性资源，以便不可再生性资源耗尽时有足够的资源替代使用，从而维持人类的持久生存。

戴利的思想和理论打破了此前可持续发展研究领域中经济与环境割裂的分析方法。他将环境系统和经济系统同时置于生态系统的大框架内，强调资源的绝对稀缺性；对盲目追求以 GNP 增长为代表的绝对经济增长思想进行了批判；明确指出对经济增长的狂热追求必将导致环境资源恶化；而经济运行效率的提升需要同时从需求侧入手，通过控制物质资本消耗和人口增长，维持人类发展所需的环境资源供给的可持续，进而实现一种发展的稳态。

（三）生态环境与经济增长——生态资本理论

生态资本也应当视作对传统意义上的环境资本和自然资本的一种外延。随着可持续发展理念的兴起，人们对于环境系统的关注不再局限于环境资源自身，而是更多地关注整个生态系统为发展提供的服务，生态资本的概念也应运而生。生态资本的狭义理解可以等同于自然资本或环境资本，但是其概念更加强调生态资源和生态环境的资本化。

一般认为，生态资本包括四项内容：①自然资源总量和环境的自净能力；②自然资源及环境的质量变化和再生量变化（生态潜力）；③生态环境质量；④生态系统作为一个整体的使用价值。同时具备以下四种功能：

（1）支持和满足一切生命活动的生存需求。如气候和生态系统的稳定性、通过臭氧层来抵挡紫外线的辐射等都直接影响地球上所有生命体的生存质量。

（2）提供生产和消费所需的物质资料、燃料、食物等，为经济增长和社会进步提供必要的物质基础。

（3）吸收和处理生产和消费过程中的废弃物，提升生态资本利用效率，同时可能储备新的生态资本，如化石能源等。

(4) 提供能够带来愉悦感受的环境服务，如美丽的风景向人们提供美感、娱乐休闲，以满足人类精神文明和道德需求等生态服务功能。

　　在明确了生态资本的基础概念和功能之后，皮尔（D. W. Pearce, 1990）和透纳（R. K. Turner, 1990）对生存水平（经济发展水平）与生态资本存量之间的关系进行了分析。

　　当生态资本存量较低时，生存水平能够通过生态资本的增加得以提升，从而实现经济系统与环境系统的协调发展。

　　当生存水平达到这一临界点之后，生态资本与生存水平之间可能呈现出如一种非线性变化关系，也可以称为"经济腾飞"，达到这一阶段后，即使保持生态资本存量不变，生存条件也能得到改善。在这一阶段，人们已经充分认识到生态系统的价值，注重累积生态资本存量，不仅能为后代人保留足够的生态财富，也能促进当代人生活水平的提升。

　　然而，还存在当生存水平到达这一临界点之后，生存水平将不再随着生态资本存量的增加而增加，需要牺牲一定的生态资本，才能实现生存水平的改善的情况。这种状态往往与社会生产的结构和模式相关，具有较强的刚性，因此不排除随着生存水平的提高，生态资本可能被消耗至仅能维持生存的水平。

　　通过以上分析可知，在生存水平随着经济发展提升的过程中，存在一个临界点，面临着截然相反的两条发展道路。前者是一种"可持续范式"，即实现经济与生态的良性互动；后者是一种"交换范式"，即以牺牲生态资本为代价获得更多的发展。

　　通过他们的分析可以看出，如果将生态系统提供的服务和资源视为一种资本，把握住选择"可持续范式"或"交换范式"的岔路口，是实现绿色发展的关键点。因此，应当关注和控制经济系统对生态资本的消耗方式和水平，制定经济发展的生态环境标准，保护生态系统的自组织能力，使人类社会能够面对各种变化的环境，引导经济发展向"可持续范式"发展，实现环境系统与经济系统的协调发展。

三、基于社会系统的绿色发展理论

随着经济系统发展的水平不断提高，在人类与瘟疫、洪水和战争的抗争取得阶段性胜利后，人口的爆发式增长对环境系统提出了新的挑战，同时也可能造成包括贫困、饥饿等在内一系列的社会问题。从马尔萨斯的悲观人口增长理论到以人口质量提升为社会发展动力的人力资本理论的提出，理论研究者们对于"人"这一社会系统中永恒的不稳定因素给予了更多的关注。另一项与绿色发展密切相关的社会系统研究成果是"企业社会责任理论"，这一理论关注的是经济系统中最基本的生产单位——企业，在社会系统中承担责任的意愿和作用，由于履行社会责任的过程同时涉及经济系统、环境系统和社会系统三个方面，因此，该理论的研究和实践对于绿色发展同样具有一定的借鉴意义。

（一）人口与绿色发展

绿色发展的根本目的是人的进步和发展，未来全球绿色发展取得成功必须高度重视人力资本的投资和积累，通过提升劳动者素质为绿色经济发展提供坚实的支撑和推动作用。

1. 人口增长理论

马尔萨斯（Thomas Robert Malthus）强调资源匮乏及其承载能力的相对有限性。其认为随着人口数量的不断增长以及人口消费模式发生巨大变化，人类的消费水平会不断提高，但与之相对应的资源，特别是自然资源的数量却会随着时间的推进而持续减少。他指出："人口数量一旦不受限制，将会以几何级数增加；而维持生存的生活资料，只能以算数级数增加。"土地自然产出不易被改变，当人类生存和消费的需求超出土地的粮食供给时，多增加的人口必然将以某种形式被消灭掉，这就是马尔萨斯人口陷阱。同时马尔萨斯认为，要应对这一潜在人类发展灾难的方式，应当从抑制人口增长入手：可以借助"积极抑制"的手段，通过贫困、饥饿、瘟疫、罪恶、灾荒、战争等手段去妨碍人口增加；也可以通过禁欲、晚婚、不生育等预防人口增加,也就是借助"预防性抑制"的手段来实现抑制人口增长的目标。马尔萨斯的人口原理,也被后世的研究者们概括为制约原理、增殖原理、均衡原理。制约原理即"人口的增加,必须要受到生活资料的制约";增殖原理强调"生活资料增加,人口也随着增加";均衡原理则是"占优势的人口增加,为贫穷及罪恶所压抑,因而使现实的人口得与生活资料相平衡"。

马尔萨斯的人口理论奠定了人口与资源间关系的悲观基调,以其观点为代表的人口理论虽然仅从数量角度分析了人口增殖与社会发展间的关系,具有一定的片面性,但是其就人口膨胀后果做出的判断和预测对于社会发展而言具有重要的警示意义。在发展过程中,对于环境和资源的关注需要经历一个从无到有的过程,只有首先意识到环境资源对于人类生存和发展的限制作用,才能约束人类的破坏性发展行为,推动人类环境保护、资源有效利用和其他环境友好的行动,优化资源在代际间的配置,进而实现可持续的、绿色的发展。因此,从这个角度出发,不难理解在18世纪的历史背景下,马尔萨斯的人口理论对于环境与社会的思考已经在一定程度上体现了绿色发展的原理和特征。

2. 人力资本理论

自马尔萨斯之后,人们对人口与自然环境发展关系的认识一直较为悲观,然而从20世纪50年代开始,更多的学者选择将劳动者的质量纳入研究范畴内,进而提出了将人自身视为人类发展的"最后的资源"的人力资本理论。

"人力资本"这一概念最早是费雪(Fisher)在1906年出版的《资本的性质和收入》一书中提出并运用的,而"人力资本"概念被广泛认可和研究得益于美国经济学家舒尔茨(Theodore Schultz)。1960年,他在美国经济学会年会上发表了题为《人力资本投资》的演讲,对于人力资本观点进行了系统的论述。他指出,传统的经济理论对"资本"的理解过于狭隘,只关注物质资本和劳动力数量,而忽略了劳动力质量提升的巨大潜力。人类对外界的认知、解决问题的能力、自身寿命的延续等因素都能对经济发展产生影响，且其贡献通常是独创性的、突破性的、不可替代的，因此，较物质资本和劳动力数量而言，劳动力质量更为重要。

在绿色发展实践过程中，人力资本将在以下几个方面发挥主要的作用：

首先，人力资本的积聚和优化能够促进绿色技术发展和成果转化，进而改善人类生存环境。人力资本的积聚为绿色技术创新和成果的转化、扩散提供了扎实的智力基础，能够助力环境风险管理、新能源开发、环境污染治理等工作的开展。另外，人力资本的优化则可以促进环保技术、产品和服务水平的提升，增强经济发展过程中的防污治污能力，预防和减轻经济增长所带来的环境污染问题。两者的结合，能够减少环境损害，打破环境资源约束，为绿色发展提供有力的环境保障。

其次，人力资本的形成伴随着人口素质的提高、环保意识的增强和环保参与能力的提升。随着人口素质的提高，人们对当代和后代的生活环境关注度更高，环保参与意识逐渐加强，保护环境的行动将趋向自觉和主动。与此同时，环境保护诉求的普及和实践的开展将会刺激企业提供更多符合环保要求的产品和服务，拉动环保产业增长，推动经济社会的绿色发展。

最后，人力资本的产出效率及其财富创造能力的提升，能够加速社会公平的实现。人力资本的提升能够为经济基础较为薄弱的个人和家庭提供新的就业机会，进而改善弱势群体的生存状况。同时，人力资本的投资有助于人们获得身份认同，提升社会地位，适应社会网络，最终促进贫困人口更好地适应和融入社会，有助于社会系统的稳定运行。

（二）企业社会责任与绿色发展

企业是市场行为的主体，同时也是社会行为的重要承载者和实践者，包括污染物排放、高污染能源消耗、温室气体能源排放等典型的负外部性行为几乎都与企业相关。绿色发展很大程度上是为了矫正企业在生产过程中的负外部性行为。随着商誉资产、声誉风险等概念逐渐为公众熟悉和认可，越来越多的企业希望在绿色发展领域展现出负责任的社会形象，进而能够在社会责任方面把握先机，获得比较优势，在市场中赢得更多认可。

1. 企业社会责任金字塔理论

自 1924 年，英国学者欧利文·谢尔顿（Oliver Sheldon）提出"企业社会责任"概念以来，学界尚未就其所包含的具体内容达成一致。较为主流的观点来自阿奇·卡罗尔（Archie B. Carroll）1979 年的研究成果，以及他 1991 年提出的"企业社会责任金字塔"理论。卡罗尔认为，根据企业发展的阶段性特征可以将企业社会责任划分为经济责任、法律责任、伦理责任以及企业自愿执行的其他责任（1991 年，卡罗尔将其升级为慈善责任）四个层级。

其中，经济责任是企业最基本的责任，但是企业在社会系统中应当发挥的作用远不止于此；随着企业发展水平的提升，社会责任进一步表现为在法律约束的框架下开展经营管理活动的法律责任。以上两者都是企业在社会系统中的"必尽责任"。之后，追求社会公平正义、遵守尚未成为法律的社会伦理、道德的伦理责任也成为企业的"应尽责任"。最后，为了实现成为一个优秀的社会公民的发展目标，企业将自愿为全社会承担慈善、公共福利等其他社会责任，这也是企业的"愿尽责任"。

也就是说，企业不仅需要为股东创造利润，同时要兼顾社会系统对其经营行为的法律、伦理和慈善需求。这与绿色发展强调的环境、社会、经济三方面协调并进的理念高度一致。

2. 三重底线理论

三重底线理论，如图 2-2 所示。

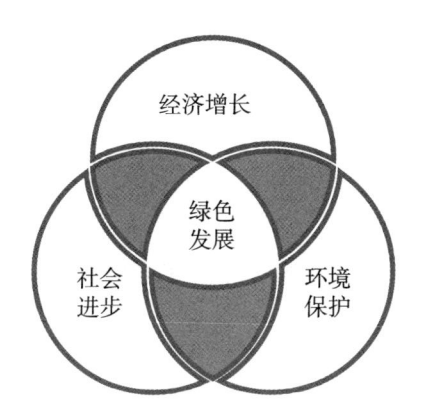

图 2-2 三重底线理论——经济、社会、环境的整合

1997年，英国学者约翰·艾金顿（John Elkington）在其著作《用餐叉食人族：21世纪商业的三重底线》（Cannibals with Forks: The Triple Bottom Line of 21st Century Business）中阐述了在企业社会责任理论体系中影响深远的"三重底线"（Triple Bottom Lines，TBL）理论。围绕企业所面对的来自"市场、价值、透明度、生命周期技术、伙伴关系、时间和公司治理"七个方面的变革，艾金顿认为，在21世纪企业要实现可持续发展，首先应当满足"利润（经济）、人（社会）、星球（环境）"三个底线，同时要将这三个底线融入企业会计计量和财务报告体系，即需要定期对企业的财务、社会和环境绩效进行评估、监督和反馈。

（1）利润（Profit）——经济底线。

经济底线中"利润"的概念不同于传统的财务利润，而是企业在其所处的社会环境中创造的经济利益，其主体不是企业自身，而是整个社会。因此，三重底线理论中的经济底线不能与企业内部的利润混淆，此外，在三重底线理论框架基础上评价企业对经济、社会和环境的全部影响也不能简单地用企业的财务收益加上社会影响和环境影响，而是应当全部基于"社会"的视角进行计量。

(2) 人（People）——社会公平的底线。

三重底线理论认为企业运营需要建立一种互惠的社会结构，在这种结构中，企业、劳工和其他利益相关者是相互依赖的。企业应当尽可能地为利益相关者创造更多收益，而非剥削或威胁任意一方的利益；同时也要在绿色发展的过程中，承担在产品质量安全方面的社会责任，并将所承担的社会责任"内化"为企业文化和外在的行动，并以此作为企业发展的动力之一。

(3) 星球（Planet）——环境底线。

在环境方面，企业运营的底线包括遵守自然规律，不损害或尽可能最小化环境影响，减少生态足迹，减少非可再生能源的消耗，减少生产浪费，以及安全地处理有毒废弃物等内容。从长远来看，履行环境责任是社会对企业的合理期待，保护生态环境是整个社会可持续发展的前提。因此，作为社会中的一员，企业应该从尊重自然、保护生态环境的道德责任出发，以绿色发展作为企业活动的指导原则，以正确处理人与自然的关系作为企业发展的基本宗旨，把保护环境、节约资源的理念贯彻到企业发展的全过程，从根本上解决企业因发展而带来的环境破坏与资源短缺问题，真正实现企业与环境、资源的协调发展。

三重底线理论是建立在弗里曼（Edward Freeman）"利益相关者"理论基础之上的，TBL 理论同样认为企业应当对所有利益相关者负责，而不是单独对股东负责。在这里，利益相关者包含所有直接或间接受到企业经营行为影响的人，具体包括雇员、客户、供应商、当地居民、政府机构和债权人等。

如果说社会责任金字塔理论是从企业社会责任发展的过程出发，那么利益相关者理论强调企业社会责任的主体，三重底线理论则是从企业社会责任的对象角度出发，对"社会责任"的含义进行了更具可持续特征的解读。其突出优势表现在，强调环境、经济和社会利益的协调统一，与可持续发展理念一脉相承，可以直接作为企业绿色发展实践的行动指南。因此，除企业外，三重底线理论很快得到了政府机构和非政府组织的认可。美国马里兰州、明尼苏达州、佛蒙特州、犹他州、旧金山湾区和俄亥俄州东北部等地区都在使用"经济、环境、社会"三重底线进行可持续性行动决策分析。欧盟委员会也运用基于以上三种要素的综合评估框架来确定提议或政策是否能够为社会带来积极的影响。包括福特基金会（Ford Foundation）、RSF 社会融资（RSF Social Finance）等在内的非政府机构也以这一理论框架为运营指南，为一些致力于农业和粮食安全、维持和保护地球生态系统、提升区域教育水平的组织和项目提供资助。

三重底线理论的提出，为企业社会影响的计量提供了新的思路。根据这一理论，企业的收益不仅包括以上传统的财务利润、投资回报和股东价值，同时也囊括了此前一直未能得到充分重视的环境和社会层面的收益。因此，该理论的作用之一就是引导企业及其利益相关者正视环境和社会损益，关注综合收益水平。更为重要的是，三重底线理论所包含的环境、社会和经济要素与可持续发展理念的三要素完全一致，因此诸多可持续发展理论的研究和实践推进者认为，三重底线理论是可持续发展理念在企业和公司治理领域的最佳实践，把握住了可持续发展的本质，使企业行为对全社会可持续发展影响的计量成为了现实。

第二节 习近平生态文明思想的理论内涵和实践基础

一、习近平生态文明思想的理论渊源

（一）马克思主义理论中人与自然辩证统一的关系

习近平生态文明思想的理论渊源之一：马克思主义理论中人与自然辩证统一的关系。马克思认为，人直接地是自然存在物。"人们在生产中不仅影响自然界，而且也相互影响。他们只有以一定的方式共同活动

和相互交换其活动，才能进行生产。"也就是说，人靠自然界来生活，自然界为人类提供了生存和发展的基础，人如果离开了自然界就无法生存和生活。人与自然通过生产实践相互影响、相互作用，两者是辩证统一的关系。同时，马克思提醒我们："我们对自然界的整个支配作用，就在于我们比其他一切生物都强，能够认识和正确运用自然规律。"在《自然辩证法》一书中恩格斯也告诫人们："我们不要过分陶醉于我们人类对自然界的胜利。对于每一次这样的胜利，自然界都对我们进行报复。"人遵循自然规律就会实现人类的可持续发展，反之，就会遭到自然的惩罚。所以说，我们需要精心保护大自然，不能把它当作取之不尽、用之不竭的宝库。人类应该遵循自然规律，使人类社会与自然环境协同发展。

我们对待自然界不能只讲索取不讲投入、只讲利用不讲建设，因为人与自然是相互依存、相互联系的整体。习近平总书记曾指出：你善待环境，环境是友好的；污染环境，环境总有一天会翻脸，会毫不留情地报复你。这是自然界的客观规律，不以人的意志为转移。2015年9月28日，在《携手构建合作共赢新伙伴 同心打造人类命运共同体》中，习近平总书记指出："我们要构筑尊崇自然、绿色发展的生态体系。人类可以利用自然、改造自然，但归根结底是自然的一部分，必须呵护自然，不能凌驾于自然之上。"这些论述都在告诫我们要尊重自然、顺应自然、保护自然。习近平的生态文明思想把马克思主义理论中人与自然辩证统一的关系与中国新时代的发展特征结合了起来，是对马克思主义生态观的回归与发展，是其中国化的最新理论成果。

（二）中国传统文化中人与自然和谐发展的思想

习近平生态文明思想的理论渊源之二：中国传统文化中人与自然和谐发展的思想。我国优秀的传统文化中蕴含着丰富的绿色发展思想，集中体现于古代先贤提出的一系列人与自然和谐共生的思想。如老子曾言："人法地，地法天，天法道，道法自然。"人们根据大地规律而繁衍生息，生活劳作；大地根据上天规律而化育万物，寒暑交替；上天根据大"道"而运行变化，排列时序；大"道"则根据自然之性，顺其自然。孟子强调："不违农时，谷不可胜食也；数罟不入洿池，鱼鳖不可胜食也；斧斤以时入山林，材木不可胜用也。"不违背百姓的农时，粮食就吃不完；不把细密的渔网放入大塘捕捞，鱼鳖就吃不完；按照时令采伐山林，木材就用不完。荀子曾言"应之以治则吉，应之以乱则凶"，旨在说明生态的变化发展遵循着大自然的客观规律。以上这些都告诉我们不要违背自然规律，坚持自然资源的可持续利用，形成人与自然的和谐发展局面。

古人所秉持的人与自然和谐发展的思想对习近平生态文明思想的形成提供了有益借鉴，是习近平生态文明思想不可或缺的重要思想资源。受到中华优秀生态文化精华的影响，习近平总书记多次强调绿色发展就是要人与自然和谐发展。例如，在党的十八届五中全会第二次全体会议讲话中，习近平总书记指出：绿色发展注重的是解决人与自然和谐问题。2015年11月，习近平总书记在新加坡国立大学做《深化合作伙伴关系 共建亚洲美好家园》的演讲中指出："坚持绿色发展，就是要坚持节约资源和保护环境的基本国策，坚持可持续发展，形成人与自然和谐发展现代化建设新格局。"尊重自然、顺应自然、保护自然，习近平总书记对待生态问题和谐平衡的思想，正是根植于生生不息的中华文明中。

（三）历代中共领导人对人与自然关系的探索

习近平生态文明思想的理论渊源之三：历代中共领导人对人与自然关系的探索。中华人民共和国成立后，以毛泽东同志为核心的党的第一代中央领导集体带领中国人民开展了改造环境的实践活动。例如，当时讲卫生、除四害等卫生工作的实施，对林业发展的注重，等等，在实际工作中进行了绿色发展的多方面尝试。但当时的"人定胜天""向自然开战"等激进思想却忽视了自然规律，教训深刻，值得汲取。改革开放时期，以邓小平同志为核心的党的第二代中央领导集体在描绘改革开放和现代化建设的宏伟蓝图时，始终将人口、资源与环境三者关系问题置于经济社会发展的全局中考虑。但是，从总体上来看，环境治理的态度滞后于环境破坏和污染的速度，"先污染后治理""先破坏后恢复"的问题长期得不到有效解决。

世纪之交，以江泽民同志为核心的党的第三代中央领导集体提出了可持续发展战略。可持续发展是在强调经济发展的同时，正确处理经济社会发展与人口、资源、环境的关系，是经济发展与资源、环境相协调，促进人与自然的协调与和谐，实现发展的良性永续循环。这不仅能妥善处理好发展与保护的关系，还能为子孙后代创造良好的生存与发展环境。党的十六大以来，以胡锦涛为总书记的党中央明确提出了科学发展观，坚持以人为本，树立全面、协调、可持续的发展观，促进经济社会和人的全面发展。在科学发展观的指导下，我国先后提出构建社会主义和谐社会、建设资源节约型环境友好型社会等一系列生态保护的新思想、新举措。2011年的"十二五"规划纲要中，"绿色发展"被明确写入国家发展规划。2012年，"绿色发展"第一次正式出现在党的十八大报告中，社会各界广泛认同坚持绿色发展。2016年的"十三五"规划纲要提出了"创新、协调、绿色、开放、共享"五大发展理念。2017年，党的十九大报告指出，要加快生态文明体制改革，建设美丽中国。

从中国共产党对人与自然生态关系的探索历程来看，习近平生态文明思想正是基于继承发展中共历代领导人的绿色发展理念，在一脉相承的思考中，总结经验教训，深化了人与社会、自然关系的认识，形成了独具特色的生态文明思想，标志着中国共产党人对中国及当今世界发展大势的深刻认知与精准把握。

二、习近平生态文明思想的实践基础

伟大的思想总是来自伟大的实践，实践又丰富着思想。习近平总书记是从基层一步一个台阶干上来的，有综合全面的素质和丰富历久的磨砺。他从下乡当上梁家河村的党支部书记起，先后担任河北省正定县委副书记、河北省正定县委书记、浙江省委书记、上海市委书记等多个岗位，到过100多个国家和地区学习先进经验。这样的经历，使得习近平生态文明思想的实践基础扎实而丰富。

（一）萌芽于知青阶段

习近平于1969—1975年在陕西省延川县文安驿公社梁家河大队做知青、党支部书记，在这期间，习近平亲身经历了遍地黄沙的恶劣生态环境。历史上，陕北一直多旱少雨，百姓生活是靠天吃饭。习近平和群众一起参加生产劳动，修梯田、打土坝、植树造林等，带领社员建成了陕西省第一口沼气池，这次建沼气池的绿色实践为习近平生态文明思想的萌芽奠定了基础。

（二）拓展于地方领导人时期

1982—2002年，习近平在河北省和福建省工作期间，始终把经济发展与生态保护作为相互影响、相互制约的有机整体，一如既往地重视生态环境保护，多次批示强调保护好当地生态环境。习近平率先提出建设生态省的任务，福建成为全国第一批生态建设试点省。习近平任浙江省委书记时，他积极推进生态省建设，努力打造"绿色浙江"，并把打造"绿色浙江"作为指导浙江未来发展的总纲领之一。2004年，习近平在《既要GDP，又要绿色GDP》中就提出："不能盲目发展，污染环境，给后人留下沉重负担，而要按照统筹人与自然和谐发展的要求，做好人口、资源、环境工作。为此，我们既要GDP，又要绿色GDP。"习近平又提出"两山论"，即"绿水青山就是金山银山"。2006年，习近平在《从"两座山"看生态环境》中对"两座山"之间关系的认识经过进行了阶段性分析，三个阶段是人与自然关系不断调整、趋向和谐的过程。"两座山"理论标志着习近平生态文明思想在推进生态省建设的实践中迅速发展。

(三) 成熟于任党和国家领导人之后

党的十八大将生态文明建设纳入中国特色社会主义事业总体布局，将"四位一体"上升为经济建设、政治建设、文化建设、社会建设、生态文明建设"五位一体"的发展新思维，这是关乎人民福祉、关乎民族未来生存大计的新思路。2015年10月，党的十八届五中全会《中共中央关于制定国民经济和社会发展第十三个五年规划的建议》提出五大发展理念，即"创新发展、协调发展、绿色发展、开放发展、共享发展"，把"绿色发展"作为五大发展理念之一，这与党的十八大将生态文明建设纳入"五位一体"总体布局一脉相承。2017年10月，党的十九大提出，要加快生态文明体制改革，建设美丽中国。党的十九大报告对生态文明建设着墨颇多，"生态文明"被提及多达12次，"美丽"被提及8次，"绿色"被提及15次，首次提出建设富强民主文明和谐美丽的社会主义现代化强国的目标，提出现代化是人与自然和谐共生的现代化，这标志着习近平生态文明思想走向成熟。习近平生态文明思想是认识上的重大飞跃、理论上的重大创新、实践上的重大举措，反映了习近平对生态文明建设的深邃思考。"生态文明""绿色发展"既延续了对发展目标的追求，又继承了崇尚科学理性的思路，是习近平新时代中国特色社会主义思想的重要组成部分，是中国特色社会主义在全面建成小康社会决胜阶段的发展新思维，引领着中国未来发展。[1]

三、习近平生态文明思想的时代背景

(一) 适应经济新常态的现实需要

改革开放40年来，我国经济发展达到了新高度，迎来了新起点，

---

[1] 薛体伟. 习近平绿色发展观的理论渊源、实践基础及时代背景 [C]. 山东社科论坛——环境治理供给侧改革与绿色发展研讨会论文集 (上), 2017-09.

进入了新阶段。在这种新高度、新起点的新阶段，我国经济发展面临的一系列环境、条件等制约因素都与过去有明显区别，尤其在我国经济已经全面步入增速放缓的新常态的大背景下，基于已经出现的变化和未来的发展趋势判断，我国经济新常态将表现出如下特征：增长速度由高速向中高速转换是经济新常态的基本规律，经济结构由失衡向优化再平衡转换是经济新常态的基本特征，经济增长动力由要素和投资驱动向创新驱动转换是经济新常态的基本内涵。习近平生态文明思想正是指导我们积极应对经济发展新常态，用绿色发展"指挥棒"引领我国发展实践，助力我国经济绿色转型，抓好生态文明建设和实现美丽中国梦的核心利器。

（二）全球环保意识觉醒的国际背景

工业革命以来，全球经济高速增长的同时，资源消耗、环境污染和生态恶化等问题日益严峻，人类的生存环境面临着极大的威胁和挑战。为应对这一问题，1987年，世界环境与发展委员会提出了"可持续发展"的概念，倡导在经济发展的同时注重生态环境的保护，这一理念已成为世界各国的共识。在可持续发展理念影响下，《联合国气候变化框架公约》《京都议定书》等一系列关于绿色环保、可持续发展的国际性文件陆续出台，全球绿色发展的实践不断深化。进入21世纪，世界各国高度认同联合国提出的"绿色经济"，绿色发展和生态文明建设成为各国共识。我国作为世界上最大的发展中国家，在经济飞速发展的同时，也面临越来越重的减排压力，只有按照全球视野、国际担当，走绿色发展之路，积极参与全球生态环境治理，才能维护中国在世界舞台上的大国形象，才能有力抨击国际社会"中国生态环境不负责任"的论调，从而赢得全球话语权，有效应对国际压力。

（三）转变政绩观的迫切要求

近年来，我们党一直要求各级领导干部要纠正"唯GDP论英雄"

的错误认识，要重视生态环境保护和绿色可持续发展，坚决杜绝以牺牲生态环境为代价的短期发展方式。当前，面对人民日益强烈的环保诉求，我们迫切需要一大批具有"绿色领导力"、能应对生态环境风险挑战、担负得起"生态责任"的领导干部。要让领导干部及时彻底转变传统的政绩观，认识到绿色 GDP 比传统意义上的 GDP 更有价值、更有意义，更经得起人民和历史的检验。把"绿色领导力"纳入党的执政能力体系，体现了中国共产党执政理念的与时俱进与高度自省。

四、生态文明思想的丰富内涵

习近平总书记指出，绿水青山就是金山银山。建设生态文明是关系人民福祉、关乎民族未来的千年大计，是实现中华民族伟大复兴的重要战略任务。党的十八大提出了中国特色社会主义"五位一体"总体布局，以习近平同志为核心的党中央把生态文明建设摆在改革发展和现代化建设全局位置，坚定贯彻新发展理念，不断深化生态文明体制改革，推进生态文明建设的决心之大、力度之大、成效之大前所未有，开创了生态文明建设和环境保护新局面。党的十九大明确了到本世纪中叶把我国建设成为富强民主文明和谐美丽的社会主义现代化强国的目标，十三届全国人大一次会议通过的宪法修正案，将这一目标载入国家根本法，进一步凸显了建设美丽中国的重大现实意义和深远历史意义，进一步深化了我们党对社会主义建设规律的认识，为建设美丽中国、实现中华民族永续发展提供了根本遵循和保障。

2018 年 5 月，全国生态环境保护大会召开，首次总结阐释了习近平生态文明思想。这是继习近平新时代中国特色社会主义经济思想、习近平强军思想、习近平网络强国战略思想之后，在全国性工作会议上全面阐述、明确宣示的又一重要思想。认真学习领会习近平生态文明思想，其丰富的内涵主要总结为以下几个方面。

（一）坚持人与自然和谐共生

生态文明是人类社会进步的重大成果，是实现人与自然和谐共生的必然要求。建设生态文明，要以资源环境承载力为基础，以自然规律为准则，以可持续发展、人与自然和谐为目标，坚定走生产发展、生活富裕、生态良好的文明发展道路，建设美丽中国。

人与自然的关系是人类社会最基本的关系。自然界是人类社会产生、存在和发展的基础和前提，人类可以通过社会实践活动有目的地利用自然、改造自然，但人类归根到底是自然的一部分，人类不能盲目地凌驾于自然之上，人类的行为方式必须符合自然规律。习近平总书记指出："人与自然是生命共同体，人类必须尊重自然、顺应自然、保护自然。"人与自然是相互依存、相互联系的整体，对自然界不能只讲索取不讲投入、只讲利用不讲建设。保护自然环境就是保护人类，建设生态文明就是造福人类。

生态兴则文明兴，生态衰则文明衰。古今中外，这方面的事例很多。恩格斯在《自然辩证法》一书中写到："美索不达米亚、希腊、小亚细亚以及其他各地的居民，为了得到耕地，毁灭了森林，但是他们做梦也想不到，这些地方今天竟因此而成为不毛之地。"对此，他深刻指出："我们不要过分陶醉于我们人类对自然界的胜利。对于每一次这样的胜利，自然界都对我们进行报复。"据我国史料记载，现在植被稀少的黄土高原、渭河流域、太行山脉也曾是森林遍布、山清水秀，地宜耕植、水草便畜。由于毁林开荒、乱砍滥伐，这些地方生态环境遭到严重破坏。塔克拉玛干沙漠的蔓延，湮没了盛极一时的丝绸之路。楼兰古城因屯垦开荒、盲目灌溉，导致孔雀河改道而衰落。实践证明，人类对大自然的伤害最终会伤及人类自身。只有尊重自然规律，才能有效防止在开发利用自然上走弯路，这个道理要铭记于心、落实于行。

我们党一贯高度重视生态文明建设，20 世纪 80 年代初，保护环境已成为基本国策。进入 21 世纪，又把节约资源作为基本国策。经过改革开放 40 年的快速发展，我国经济建设取得历史性成就，同时也积累了大量生态环境问题，成为明显的短板。各类环境污染呈高发态势，成为民生之患、民心之痛。近年来。随着社会发展和人民生活水平不断提高，人民群众对干净的水、清新的空气、安全的食品、优美的环境等要求越来越高，生态环境在群众生活幸福指数中的地位不断凸显，环境问题日益成为重要的民生问题。老百姓过去"盼温饱"，现在"盼环保"；过去"求生存"，现在"求生态"。习近平总书记反复强调，环境就是民生，青山就是美丽，蓝天也是幸福，绿水青山就是金山银山；像保护眼睛一样保护生态环境，像对待生命一样对待生态环境；绝不能以牺牲生态环境为代价换取经济的一时发展。

社会主义现代化是人与自然和谐共生的现代化，既要创造更多物质财富和精神财富以满足人民日益增长的美好生活需要，也要提供更多优质生态产品以满足人民日益增长的优美生态环境需要。必须坚持节约优先、保护优先，自然恢复为主的方针，形成节约资源与保护环境的空间格局、产业结构、生产方式、生活方式，努力建设望得见山、看得见水、记得住乡愁的美丽中国。

（二）树立和践行绿水青山就是金山银山理念

金山银山和绿水青山的关系归根结底就是正确处理经济发展和生态环境保护的关系。这是实现可持续发展的内在要求，是坚持绿色发展、推进生态文明建设首先必须解决的重大问题。有人说，发展不可避免会破坏生态环境，因此发展要宁慢勿快，否则得不偿失；也有人说，为了摆脱贫困必须加快发展，付出一些生态环境代价也是难免的、必须的。这两种观点把生态环境保护和发展对立起来了。

习近平总书记很早就用金山银山、绿水青山作比喻，生动形象、入木三分地阐明了经济发展与环境保护之间的辩证关系，提出了"绿水青山就是金山银山"的重要理念，为我们建设生态文明、建设美丽中国提供了根本遵循。绿水青山就是人民幸福生活的重要内容，是金钱不能代替的；绿水青山和金山银山绝不是对立的，关键在人，关键在思路。一些地方生态环境资源丰富又相对贫困，更要通过改革创新探索一条生态脱贫的新路子，让贫困地区的土地、劳动力、资产、自然风光等要素活起来,让资源变资产、资金变股金、农民变股东,让绿水青山变金山银山。

绿水青山就是金山银山的理念,具有重大理论价值和实践价值。人类要过上更好的生活,需要发展经济,过去认为生产农产品、工业品、服务产品的活动才是经济活动,才是发展。但是人类除了对农产品、工业品和服务产品有需求外,还需要生态产品,需要清新的空气、清洁的水源、舒适的环境。过去之所以没有将这些生态产品定义为产品,没有将提供生态产品的活动定义为发展,是因为在工业文明之前以及工业文明的早期,生态产品是无限供给的,是不需要付费就可以自然而然得到的。现在,能源紧张、资源短缺、生态退化、环境恶化、气候变化、灾害频发,清新空气、清洁水源、舒适环境越来越成为稀缺的产品。比如,生产农产品需要耕地,提供生态产品也需要"耕地"。生态产品的"耕地"就是森林、草原、湿地、湖泊、海洋等生态空间,只有保护好这些生态空间,才能提供更多优质生态产品。人民群众对生态产品的需要提出了新的更高的要求,这就必须顺应人民群众对优美生态环境的新期待,把提供生态产品作为发展应有的内涵,为人民提供更多蓝天净水。

自然是有价值的,保护自然就是增值自然价值和自然资本的过程,就是保护和发展生产力,理应得到合理回报和经济补偿。党的十八届三中全会提出编制自然资源资产负债表,党的十九大提出建立市场化、多元化生态补偿机制,就是要探索生态产品价值的实现方式,探索绿水青山变成金山银山的具体路径。

树立和践行绿水青山就是金山银山的理念,必须正确处理好经济发展同生态环境保护的关系。习近平总书记反复强调,经济发展不应是对资源和生态环境的竭泽而渔,生态环境保护也不应是舍弃经济发展的缘木求鱼,而是要坚持在发展中保护、在保护中发展,实现经济社会发展与人口、资源、环境相协调。要坚持和贯彻新发展理念,深刻认识保护生态环境就是保护生产力、改善生态环境就是发展生产力,坚决摒弃以牺牲生态环境换取一时一地经济增长的做法，让良好生态环境成为人民生活改善的增长点，成为经济社会持续健康发展的支撑点，成为展现我国良好形象的发力点，让中华大地天更蓝、水更清，环境更优美，大踏步进入生态文明新时代。

（三）推动形成绿色发展方式和生活方式

推动形成绿色发展方式和生活方式，是发展观的一项深刻革命。习近平总书记指出："绿色发展，就其要义来讲，是要解决好人与自然和谐共生问题。"坚持绿色发展，推进生态文明建设，必须从源头抓起，采取扎扎实实的举措，形成内生动力机制。这就要求我们，必须坚定不移地走绿色低碳循环发展之路，引导形成绿色发展方式和生活方式。

充分认识形成绿色发展方式和生活方式的重要性、紧迫性、艰巨性，把推动形成绿色发展方式和生活方式摆在更加突出的位置。要坚持走绿色发展道路，加快构筑尊崇自然、绿色发展的生态体系，谋取更高质量效益，让节约资源、环境友好成为主流的生产生活方式，使青山常在、清水长流、空气常新，让人民群众在良好生态环境中生产生活，为子孙后代留下可持续发展的"绿色银行"。

推动形成绿色发展方式和生活方式，重点是推进产业结构、空间结构、能源结构、消费方式的绿色转型。要加快产业结构绿色转型，加快建立绿色生产和消费的法律制度和政策导向，建立健全绿色低碳循环发展的经济体系，构建市场导向的绿色技术创新体系，面向市场需求促进绿色技术的研发、转化、推广，用绿色技术改造形成绿色经济。要推进空间结构绿色转型，按照主体功能定位，优化空间结构，形成主要集聚经济和人口的城市化地区、主要提供农产品的农产品主产区、主要提供生态产品的生态功能区，对不同主体功能区要分别实行优化开发、重点开发、限制开发、禁止开发的策略。要促进能源绿色转型，推进能源生产和消费革命，构建清洁低碳、安全高效的能源体系，推进资源全面节约和循环利用，实施国家节水行动，降低能耗、物耗，实现生产系统和生活系统循环链接。要推动消费方式绿色转型，倡导简约适度、绿色低碳的生活方式，反对奢侈浪费和不合理消费，使绿色消费成为每个公民的责任，从自身做起，从自己的每一个行为做起，自觉为美丽中国建设做贡献。

（四）统筹山水林田湖草系统治理

大自然是一个相互依存、相互影响的系统。统筹山水林田湖草系统治理，归根结底是用什么样的思想方法对待自然、用什么样的方式保护修复自然的问题。习近平总书记强调，山水林田湖草是一个生命共同体。人的命脉在田，田的命脉在水，水的命脉在山，山的命脉在土，土的命脉在树。如果种树的只管种树、治水的只管治水、护田的单纯护田，很容易顾此失彼，最终造成生态的系统性破坏。必须按照生态系统的整体性、系统性及其内在规律，统筹考虑自然生态各要素、山上山下、地上地下、陆地海洋以及流域上下游等，进行整体保护、系统修复、综合治理。

统筹山水林田湖草系统治理，需要把加快推进生态保护修复作为一项重点任务。坚持保护优先、自然恢复为主，深入实施山水林田湖草一体化生态保护和修复。生态保护修复的工程与其他工程不同，应更多地顺应自然：少一些建设，多一些保护；少一些工程干预，多借用一些自然力。历史经验证明，过度的大规模工程措施对遏制生态退化的作用往往难以达到预期效果，有时甚至适得其反；而一些依靠自然本身的修复能力，辅以少量人工措施的做法，往往能取得更好的效果。通过划定生态圈保护区域，通过减少人类活动促进自然修复，使被割裂的生态系统逐渐连接起来，使原有的自然生态廊道恢复起来。对自然恢复也要有历史耐心，持之以恒，久久为功，不能毕其功于一役。

加快推进生态系统保护和修复，需要优化生态安全屏障体系，构建生态廊道和生物多样性保护网络。提升生态系统质量和稳定性。建立全国统一的空间规划体系，完成生态保护红线。针对我国缺林少绿的国情，开展国土绿化行动，集中连片建设森林，继续推进沙漠化、石漠化、水土流失综合治理，强化湿地保护和恢复，加强地质灾害防治，为国土增添绿装，扩大退耕还林还草，恢复国土的生态功能。在坚持最严格的耕地保护制度基础上，针对耕地退化问题，扩大轮作休耕制度试点，使超载的耕地休养生息。构建政府主导、企业和社会各界参与、市场化运作、可持续的生态补偿机制。

（五）实行严格的生态环境保护制度

建设生态文明，是一场涉及生产方式、生活方式、思维方式和价值观念的革命性变革。实现这样的变革，必须依靠制度和法治。习近平总书记反复强调，在生态环境保护问题上，就是要不能越雷池一步，否则就应该受到惩罚。只有实行最严格的制度、最严密的法治，才能为生态文明建设提供可靠保障。当前，我国生态环境保护中存在的突出问题大都与体制不完善、机制不健全、法治不完备有关。必须把制度建设作为推进生态文明建设的重中之重，加快生态文明体制改革，着力破解制约生态文明建设的体制机制障碍。

深化生态文明体制改革，需要尽快把生态文明制度的"四梁八柱"建立起来，把生态文明建设纳入制度化、法治化轨道。习近平总书记主持审定的《生态文明体制改革总体方案》，明确以八项制度为重点，加快建立产权清晰、多元参与、激励约束并重、系统完整的生态文明制度体系。要构建归属清晰、权责明确、监管有效的自然资源资产产权制度，着力解决自然资源所有者不到位、所有权边界模糊等问题。构建以空间规划为基础、以用途管制为主要手段的国土空间开发保护制度，着力解决因无序开发、过度开发、分散开发导致的优质耕地和生态空间占用过多、生态破坏、环境污染等问题。构建以空间治理和空间结构优化为主要内容，全国统一、相互衔接、分级管理的空间规划体系，着力解决空间性规划重叠冲突、部门职责交叉重复、地方规划朝令夕改等问题。构建覆盖全面、科学规范、管理严格的资源总量管理和全面节约制度，着力解决资源使用浪费严重、利用效率不高等问题。构建反映市场供求和资源稀缺程度、体现自然价值和代际补偿的资源有偿使用和生态补偿制度，着力解决自然资源及其产品价格偏低、生产开发成本低于社会成本、保护生态得不到合理回报等问题。构建以改善环境质量为导向，监管统一、执法严明、多方参与的环境治理体系，着力解决污染防治能力弱、监管职能交叉、权责不一致、违法成本过低等问题。构建更多运用经济杠杆进行环境治理和生态保护的市场体系，着力解决市场主体和市场体系发展滞后、社会参与度不高等问题。构建充分反映资源消耗、环境损害和生态效益的生态文明绩效评价考核和责任追究制度，着力解决发展绩效评价不全面、责任落实不到位、损害责任追究缺失等问题。

实践证明，生态环境保护能否落到实处，关键在领导干部。一些重大生态环境事件背后，都有领导干部不负责任不作为的问题，都有一些地方环保意识不强、履职不到位、执行不严格的问题，都有环保有关部门执法监督作用发挥不到位、强制力不够的问题。这就需要落实领导干部任期生态文明建设责任制，实行自然资源资产离任审计，认真贯彻依法依规、客观公正、科学认定、权责一致、终身追究的原则；针对决策、执行、监管中的责任，明确各级领导干部责任追究情形；对造成生态环境损害负有责任的领导干部，不论是否已调离、提拔或者退休，都必须严肃追责。最关键的是，各级党委和政府高度重视、加强领导，纪检监察机关、组织部门和政府有关监管部门各尽其责，形成合力，追责到底，决不能让制度规定成为没有牙齿的老虎。①

---

① 中共中央宣传部.习近平新时代中国特色社会主义思想三十讲［M］.北京：学习出版社，2018.

第三章 绿色金融的基础理论与主要工具

第一节　绿色金融的基础理论

绿色金融是指以改善生态环境、应对气候变化、节约自然资源、支持可持续发展为目的，通过银行贷款、债券发行、私募投资等金融工具引导社会资本流入节能环保、清洁能源、绿色建筑、绿色交通等绿色产业的一系列投融资活动。与传统金融不同，绿色金融把环境保护作为基本出发点，在投资决策中重视潜在的环境影响因素，充分衡量决策的环境风险和成本，通过合理优化资源配置以期实现经济效益的最大化和环境效益的最大化。与绿色发展相比，绿色金融是一个更新、更专业的命题。作为经济系统的重要组成部分，金融通过发挥资本积累和资本流动的基本作用、资本配置的核心作用以及宏观调控和风险管理的保障作用推动经济的长足发展。"绿色金融"概念的提出及发展的本意是充分发挥金融在绿色发展中的作用，建立起一套有效的绿色金融体系，应对绿色发展过程中的资本约束和配置机构挑战，实现经济社会的绿色化转型。

一、绿色金融的概念和内涵

关于绿色金融的具体定义，学术界至今尚未达成一致。基于出发点和研究角度的差异，各类研究成果、操作指南和政策报告对于绿色金融的理解也有所不同。

早期的西方研究成果中，并没有明确提出"绿色金融"这一说法，其研究主体多为"环境金融"。考恩（Eric Cowan）认为，环境金融的主要目标是为实现环境保护和环境行动倡议提供资金支持。[1] 萨拉萨尔（Jose Salazar）认为，环境金融是一种基于金融业和环境产业发展需求

---

[1] Cowan E. Topical Issues in Environmental Finance [J]. Eepsea Special & Technical Paper, 1998 (43).

而开展的一种金融创新。① 这也是"金融"与"环境"两个概念最早的结合。

基于对绿色金融主体的判断,一种观点认为,绿色金融是金融业的一种发展战略。如中国人民银行杭州中心支行办公室课题组认为,绿色金融是指在金融部门实施环境保护和节能减排政策,通过金融业务运作来促进经济发展方式转变和产业结构转型升级,并实现金融可持续发展的一种金融发展战略。②

另一种主流观点认为,绿色金融的"绿色化"主要体现在资金投向的领域。如中国人民银行、财政部、国家发展改革委、环境保护部、银监会、证监会、保监会七部委在《关于构建绿色金融体系的指导意见》中明确指出,绿色金融是指为支持环境改善、应对气候变化和资源节约高效利用的经济活动,即对环保、节能、清洁能源、绿色交通、绿色建筑等领域的项目投融资、项目运营、风险管理等所提供的金融服务。这一概念也被广泛地应用于绿色项目的界定和判断。

更为宽泛的一种说法是,能够对环境产生正效益的投融资活动即被称为"绿色金融"。如G20绿色金融研究小组在《G20绿色金融综合报告》中将"绿色金融"定义为可产生环境效益以支持可持续发展的投融资活动。这种定义强调绿色金融带来的环境正外部性,是围绕绿色金融的经济学特征做出的界定。

回归绿色金融的核心和本质———一种金融活动,中国人民银行下设的绿色金融专业研究机构"绿色金融专业委员会"认为,绿色金融是一类有特定"绿色"偏好的金融活动。在这类金融活动中,金融机构在投融资决策中会充分考虑环境因素的影响,并通过一系列的体制安排和产品创新,将更多的资金投向环境保护、节能减排、资源循环利用等

---

① Salazar J. Environmental finance: Linking two word [J]. Eepsea Special & Technical Paper, 1998 (43).
② 中国人民银行杭州中心支行办公室课题组. 绿色金融:国际经验、启示及对策[J]. 浙江金融, 2011 (5).

可持续发展的企业和项目，同时降低对污染性和高能耗企业及项目的投资，以促进经济的可持续发展。

以上概念的界定虽然基于不同的侧重点，但是却基本归纳出了绿色金融应当具备的特点：

（1）绿色金融的本质是一种经济活动和金融服务。

（2）目标是促进环境与资源协调共进，实现社会的可持续发展。

（3）手段是通过金融体制安排和产品创新来引导社会资源。

（4）良好预期是产生正的环境效益。

此外，还有部分专家学者将绿色金融界定为一种单一的金融产品、金融政策或金融工具。与此前提到的概念相比较而言，这种界定方式只是截取了绿色金融的一个侧面，不能系统地展现绿色金融的功能和全貌。另外，虽然绿色金融政策和绿色金融工具在绿色金融实践中发挥了重要的作用，但是如果将金融政策和金融工具包含在"经济活动和金融服务"这一范畴内又不是十分恰当。因此相对于狭义的"绿色金融"概念而言，本研究更加关注广义的"绿色金融系统"——一种以环境社会可持续发展为目标的、预期能够产生正的环境效益的、将社会资本引导到绿色金融发展领域的金融生态系统。[①]

二、绿色金融的相关理论

绿色金融分为广义的绿色金融和狭义的绿色金融。广义绿色金融是指绿化整个金融系统，狭义绿色金融特指对绿色和环保公共物品及服务的投融资。广义绿色金融的理论基础是可持续发展的经济学，狭义绿色金融的理论基础是新公共金融。

（一）广义绿色金融的理论基础：可持续发展经济学

广义绿色金融的理论基础首先来自可持续发展经济学。这门经济学

[①] 赵峥，袁祥飞，于晓龙. 绿色发展与绿色金融——理论、政策与案例[M]. 北京：经济管理出版社，2017.

分支学科的产生其实是建立在对主流经济学基本假设批判和完善的基础上。经济学的核心主题是资源配置，其逻辑体现为技术、制度与经济增长之间的良性互动。在传统经济学的思维中，资源的稀缺都是相对的，因此通过技术革新、制度创新总能解决资源的相对稀缺所带来的经济增长困境，从而刺激经济增长并带来整个社会福利的提升。如果按照传统经济学的逻辑，可持续发展经济学没有存在的必要，因为可持续发展经济学研究的核心问题是如何实现代际公平，即怎样保障自然资源和环境容量不仅在当代获得有效的资源配置，而且还可以实现代际间的有效配置，使我们人类可持续地繁衍下去。在可持续发展经济学产生的初期，自然资源与环境容量的稀缺到底是刚性的、绝对的还是相对的，是经济学家们辩论的主要议题。如果自然资源与环境容量的稀缺是相对的，我们当代人就可以不用考虑子孙后代而尽情享受技术为我们带来的丰盛物质文明，我们子孙后代的福利可以由技术创新来保障新的资源供给他们，那么经济学中的资源配置问题就不用有漫长的时间跨度。但是很多现实的问题使经济学家们开始思考，自然资源与环境容量的稀缺真的是相对的吗？技术创新与制度变革真的能解决一切资源稀缺问题吗？

在经历对自然资源和环境容量从不稀缺到相对稀缺到其有刚性供给边界和阈值之后，可持续发展经济学才得以建立起来。最早对这种自然资源和环境资源刚性稀缺进行较完整论述的是美国的著名经济学家鲍尔丁提出的"飞船经济"理论，该理论将地球视为人类赖以生存的唯一生态系统，其承载人口的能力、自然资源总量和接收消纳废弃物的环境容量是有限的，是具有刚性稀缺特征的，如果我们不受限制地使用这些自然资源和环境容量，地球上人类的生存就不可能持续。[1] 人们总是习惯于认为，技术创新可以通过寻求稀缺资源的替代品来实现经济持续增长，但是我们考虑的是地球上所有资源的总量，当我们开发出越来越多

---

[1] 罗杰·拍曼，詹姆斯·麦吉利夫，等. 自然资源与环境资源经济学 [M]. 北京：中国经济出版社，2002.

的自然资源时，潜在可开发的自然资源就在减少，某种资源在现在的时点也许是相对稀缺的，但是地球上可供开发的资源总量是有限的，如果我们考虑到地球上可供开发资源总量的有限性，技术创新不断开发出新的替代品的过程就是急速消耗地球资源总量的过程。地球资源总量的稀缺是绝对的，在漫漫宇宙中，我们并没有找到地球的替代品，因此，我们必须承认地球上自然资源和环境容量总量的绝对稀缺。

因为自然资源和环境容量有刚性供给边界和阈值，一旦我们当代人过量使用，就会使我们的子孙后代因为缺乏自然资源和环境容量的支撑而无法可持续地繁衍下去。所以，我们对自然资源和环境容量的资源配置，其最优的标准就有了跨代的漫长时间段，不仅是静态的最优还需要是动态的最优，对自然资源和环境容量怎样配置才能既保障当代人的福利又保障我们子孙后代的福利，实现当代人和我们子孙后代共同的福利最大化，这是可持续发展经济学家们必须回答的命题，也是经济学在面临自然资源与环境容量逐渐表现出刚性稀缺特征后必须接受的挑战。

绿色金融的产生，建立在经济学家们对自然资源与环境资源刚性稀缺认识的基础上。金融手段作为宏观经济调控手段之一，主要功能就是在一国范围内，通过货币信贷政策等实现资源在宏观意义上的良性配置。但是，这种对资源良性配置的判断，其时间区间一直是点状的、静态的。然而，如果考虑到自然资源与环境容量稀缺的刚性特征，考虑到一国民众可持续发展需求，金融所支持的资源配置，其最优的判断就应该是跨代际的，是具有较长时间区间的动态分析过程。从理论上说，绿色金融要实现的使命之一，就是如何通过货币信贷政策的引导，帮助国家实现资源在代际间的公平和有效配置。

当经济学家们还在忧虑自然资源和环境容量会在我们的子孙后代中出现刚性稀缺时，当代的人们就已经遇到了自然资源和环境容量刚性稀缺带来的困境。随着工业化的发展，世界范围内环境问题日益凸显，环境污染事件层出不穷，美国、欧洲、日本等国家和地区都爆发了环境污染事件，给人类健康和福利带来了巨大损失，并严重制约着经济增长；

而且环境污染事件还从局部区域性向全球性扩展，导致联合国不得不在1972年专门成立了联合国环境规划署，以统筹全球环境污染问题的控制和解决。预计将在子孙后代出现的自然资源和环境容量刚性稀缺特征在当代的呈现，不仅加强了跨代际配置自然资源和环境容量的紧迫性，更是要求当代人在资源配置中要更加认真地考虑如何实现自然资源和环境容量在当代的有效配置。

这样的现实问题加重了绿色金融的任务，使其与传统金融具有鲜明的差异性，其目标是要运用金融特有的手段和工具实现自然资源和环境容量在代际间配置的公平和效率，以及在当代配置的公平与效率。目标鲜明地不同，必然带来政策制度的差异性，但无论如何，绿色金融是未来金融发展的必然方向，因为地球只有一个是客观的现实，自然资源和环境容量刚性稀缺是全球都逐渐感受到的挑战。因此，提出可持续发展理念，中国的生态文明建设、绿色发展都是为了实现中国民众的可持续发展。在这样的背景下，金融在支撑整个宏观经济调控时要完成的使命，必然是跨代际的，必然是要强调自然资源与环境容量稀缺刚性的。以这样的基本假设构建的所有金融制度政策工具和手段，必然都带有鲜明的绿色特征。

对自然资源和环境容量的稀缺性是相对的还是绝对的刚性的判断，决定了绿色金融到底仅仅是金融的一小部分还是未来整体金融的发展方向。如果自然资源和环境容量是相对稀缺的，我们只需要发展出绿色金融这个部门金融学来解决其相对稀缺问题，不需要整个金融系统的全部绿化；但是，如果我们认为自然资源和环境容量的稀缺性是绝对的，其资源供给是有刚性的边界和阈值，一旦我们的超量使用越过该阈值，就可能导致整个生态系统和经济系统的崩溃，甚至影响到整个民族的存亡。在这样的背景下，金融系统就必须实现全面绿色化，在考虑任何金融法律政策规则的工具和手段时，都要以最有效配置及使用自然资源和环境容量为前提。当然，金融的全面绿色化有个逐渐演进的过程，随着自然资源和环境容量稀缺度的提升而逐渐扩展。

所以，绿色金融理论基础的研究任务是非常艰巨的，需要对传统经济学微观理论基础和宏观理论体系进行整体的突破和完善，并将其作为金融理论体系整体框架的基础进行研究。

（二）狭义绿色金融的理论基础：新公共金融

狭义绿色金融的理论基础是新公共金融。公共金融在学科发展中不断变动并逐步完善。最初的公共金融被界定为政府的财政，其主要框架是财政税收和财政支出。因为公共金融根本的要义，就是如何为公共物品和公共服务融资。在传统的财政学著作中，我们得知，因为公共物品和公共服务的非排他性和非竞争性，因为公共物品供给的外部性特征，导致其无法通过市场供给，只能由财政来提供。因此，政府需要通过征收税来为公共物品和服务融资，通过财政支出的设计来为公共物品和服务投资。

公共物品和服务只能由政府来供给这一论断被科斯的灯塔理论打破。17世纪初期，灯塔是由领港公会负责建造。这是一个隶属政府的机构，专门管理航海事宜。航海业的发展导致船只对建造灯塔以保证航运安全的急迫需求，但领港公会却没有足够的资金建造很多的灯塔。私营投资者有投资的动力，但却寻求不到合适的收费机制，无法保障合理回报。航海中的灯塔在收费机制问题上，无法避免因为公共物品使用中的非排他性特征而导致的"搭便车"问题，如何完善收费机制使私人投资者可以获得合理回报，就成为灯塔这种公共物品民营化的关键。最后的解决方案是由隶属政府的港口解决。港口的公务人员根据船只的大小及航程中经过了多少灯塔来收费，不同航程收取不同的灯塔费用，甚至将其印成了小册子，以完善收费机制并使其正规化。港口的公务人员代收灯塔费后，再转给各个灯塔建设运营商，作为他们投资建设运营和维护灯塔的利润回报。这样作为公共物品的灯塔的供给，就完成了由政府和财政供给向市场和金融供给的转型。

我们需要讨论的关键是，当灯塔转变为由市场供给、由金融融资时，灯塔还是公共物品吗？有研究认为，公共物品和公共服务的认定，应该根据其受益的范围，如果其建设可以造福广泛的人群，且这种收益是无法排他、无法分割的，就应该认为这是公共物品。灯塔虽然是转由市场建设和融资，但是并没有改变灯塔受益者的广泛性和收益的不可分割性，因此，灯塔应该还是公共物品，只是这种公共物品是由市场来提供，由金融来融资。然而，灯塔这种公共物品，即使是由市场提供，它也与一般的经济物品的供给有显著不同，那就是它对政府存在严重依赖，其市场化程度完全取决于政府的扶持程度也就是说，这是政府建立的市场。比如，在灯塔的市场化供给中，如果没有政府的代表（港口的公务人员）帮助私人投资者向船只收费，灯塔的市场化供给是不可能实现的。科斯的不足在于，他发现了灯塔这类公共物品可以由市场供给，却没有发现政府在这类公共物品的供给中，其发挥的作用远远要大于私人物品，这是一种特殊的市场。

之所以政府在公共物品市场化供给中发挥的作用要远远大于私人品的供给，在于由于受益人群的广泛性和不可分割性，公共物品的供给一般具有天然的垄断特征，并具有被规划的需求，无法在运营阶段实现市场竞争。比如污水处理厂，目前在世界很多国家都实现了由政府供给向市场供给的转型。污水处理厂的建设和运营必须是由政府颁发特许经营许可证来规划性管理的，一旦授予特许经营权，政府就要维护公司的垄断地位，不允许其他公司在已授权区域竞争，否则，污水处理厂的建设和运营就会失败，并出现极大的浪费。首先，公共基础设施服务涉及千家万户，污水处理收集管网在地下铺设必须具有规划性，如果很多企业竞争，大家都竞争性地铺设地下管网，城市将会变得混乱不堪。其次，作为可以为广泛人群提供服务的污水处理厂，其建设和运营资金来源是广大的污水排放家庭和企业缴纳的污水处理费，作为大型基础设施，其规模设计都是依据区域污水产生量，如果这样大型的污水处理厂建造运营后，因为竞争而没有那么多污水量送来处理，意味着很大部分设备和处理能力闲置，必然会出现严重亏损。大部分公共物品在建设和运营中都具有天然垄断的需求，自由竞争主要体现在获得特许经营权的招投标竞争中。①

因此，政府对这种市场化公共物品更严格的监管和更深入的参与，是政府和市场双方都需要的。对承担公共物品供给的市场经营者来说，没有政府的参与就无法完成收费，毕竟其收益仍然是无法排他、无法分割的；没有政府参与也无法实现垄断经营，必然会导致经营失败。对政府来说，公共基础设施和公共服务必须规划供给，不能任由市场自由竞争带来各种不确定性，特许经营权的颁发就是这种严格规划的体现，而且公共物品和服务往往关系到广大居民的最基础福利，如果供给质量不好，由于其天然垄断的特征，居民也无法通过选择其他公司来获得有效服务，其服务质量的保障和价格的公平性必须由政府通过严格监管来保障。我们可以看到，没有一个污水处理厂是可以自由定价和提价的，要提高价格，必须与政府协商谈判，政府往往还要召开市民听证会来征求市民对提价的意见。这些特征和私人物品的市场化运作是显著不同的。

由此可见，即使实现了市场化供给，这些公共产品和服务也并没有改变其特性，它们还是公共物品，与私人物品的市场化供给有显著区别。那么这就证明了，公共物品和服务不是只能由财政来融资和投资的，完全可以通过市场和金融实现。其实，开发性金融和政策性金融的出现，已经是金融参与公共物品供给的证明。开发性金融和政策性金融是一种政府性资金，如果所投项目不具有一定的公共物品属性，为什么不使用一般性金融资金，而要使用开发性金融和政府性金融这种政府性金融资金呢？

由此可见，公共金融的现实演进，已经从单纯的财政税收和支出走向多元化。现实显示，公共物品和服务的融资，财政和金融都在承担，

---

① 马中，周月秋，王文. 中国绿色金融发展报告2017 [M]. 北京：中国金融出版社，2018.

而且随着公共事业民营化，金融在公共物品融资中发挥的作用日益加大。

目前，新公共金融虽然将公私合作纳入其中，但是其主体框架还是财政的税收和支出，它们将PPP看作财政支出中的一种。目前新公共金融努力的方向，是如何在全球化中将原来的财政税收和支出模型扩展，但这显然无法追上现实需求。绿色公共物品和环境公共物品的供给，以及绿色金融在全球的兴起是有力的证明，说明金融在公共物品的供给中发挥着越来越重要的作用，甚至在很多领域，财政已经退出，金融在其中发挥着主体供给的作用。

PPP模式有两种界定方式，或者是政府给特许经营权，或者是政府采购。我们分析欧洲和美国的PPP发展史可以发现，如果用政府财政资金的参与来定义PPP项目，那么欧洲和美国的PPP项目，在经历了20世纪的发展高峰期后，目前已经逐渐减少了，也就是说，其很多领域的公共物品供给，已经完成了从全部的财政供给，到财政和私人资本联合供给，到完全的私人资本供给阶段。金融如何更好地供给公共物品，或者金融监管机构如何指导金融机构，更好地参与到这种公共物品供给的融资服务中，并帮助财政资金逐渐退出，就应该成为公共金融研究的重要内容。

相对于财政资金，金融供给公共物品的优势主要体现在以下三个方面：第一，资金使用效率更高；第二，公共物品融资可获得的资金量更大；第三，提高付费者的针对性，从而可以更有效地筹措资金。

绿色金融参与绿色和环保公共物品的供给，急需理论的构建和指导，必须对新公共金融理论框架和范式进行突破，以构建绿色金融理论体系。

三、绿色金融的经济学基础

绿色金融是一个十分复杂的理论和实践命题，目前，围绕这一命题，尚未形成较为完备的理论体系对其予以支撑，但是我们仍然可以借助现有的经济学经典理论，完成对绿色金融实践作用机理的研究和分析。

(一) 外部性理论

外部性理论是关于经济效益的理论。外部性理论认为，市场上各类行为不是独立的，而是相互影响的，当一个主体（可能是个人或企业）的市场行为（生产或消费等）对另一主体的经济效益产生影响，那么外部性就是存在的。外部性又可以分为正外部性和负外部性，正外部性代表他人能够从中获益，负外部性则意味着对他人利益的损害。例如，环境污染行为就是一种典型的负外部性行为，无论是工业有害气体的排放还是未经脱硫处理的化石燃料的燃烧，都将引发他人乃至公共利益的损失。如果缺乏有效的监管和治理措施、财税支持政策以及明晰的产权制度保障，这将是一种个体污染成本极低、社会经济成本极高的负外部性行为。

绿色金融恰好能够通过对污染企业外部性成本的内化来引发污染者对其负外部性行为的关注，从而使其做出环境和社会友好的决策。以绿色信贷为例，对于曾有过污染行为的企业而言，由于面临着更高的环境风险，信贷业务的主办行在风险定价过程中将采取相应措施上浮其贷款利率，导致其融资成本的直接增加；而对于那些完全不能满足环境评价标准的项目，由于在根本上与商业银行"绿色信贷"的经营原则不符，基本上难以获得信贷资金的支持。因此，针对环境污染行为所产生的负外部性影响，可以借助绿色金融手段加以纠正。

(二) 公共物品理论

1. 排他性理论及其绿色金融应用

对于一般物品而言，如果能够借助付费手段有效地限制其他消费者对它的消费，那么对这种物品而言就具有排他性；对于一种厌恶品而言，如果能够通过补偿手段，有效地促使其他的消费者对它的消费，那么这种厌恶品就具有排他性。空气污染和水污染都具有显著的非排他性，所以很难通过价格机制对他们的供给加以限制。因此，如果能够使污染物由非排他性物品转变为排他性物品，就能够借助价格来控制污染物的排放，从而达到减排的目的。

构建一个产权归属清晰的交易市场恰好能够实现这一目标。2008年，科斯特洛等（Christopher Costello et al.）在对全球渔场的数据进行汇总分析后发现，产权管理体系（可交易捕鱼配额）能够扭转渔场资源枯竭的趋势，使渔场具备排他性的特征。同样是借助产权管理手段，绿色金融体系通过建立排放权的市场化交易机制，完成了排放权归属的确定、排放权配额的分配、排放权总量的限制和排放权交易市场的建立四项工作。在这个市场中，获得配额之外的排污权需要支付相应的成本，于是排污权被贴上了价格标签，因此我们可以通过市场价格对其排放规模进行调节，环境污染行为也完成了由非排他性向排他性的转变。

2. 竞争性理论及其绿色金融应用

环境经济学对于竞争性的定义如下："如果对一种物品的消费行为减少了此种物品对于其他消费者的可使用数量，那么这种物品就具有竞争性。如果消费不能减少其他人的可利用数量，那么这种物品就不具有竞争性。"其内涵是一种伴随消费行为产生的机会成本。

化石能源、海洋资源、土地都属于具有竞争性的物品，由于其总量往往是固定的，不同消费者间的消费行为会直接产生个体间的竞争效应。绿色金融则能够通过"开源节流"来应对竞争性的挑战。一方面，通过绿色信贷、绿色债券、绿色产业基金等为新能源、可替代能源开发项目提供资金支持，能够实现资源供给"开源"的目标；另一方面，通过加大绿色资本对高效能产业的投入力度，引导社会资本从"高污染、高能耗"产业流出，则能够提高既有资源的利用效率，从而实现资源供给"节流"的目标。

3. 公共物品理论及其绿色金融应用

围绕物品的排他性和竞争性进行组合，能够得到以下三个结果：①

同时具备非排他性和非竞争性——纯公共物品，如气候、空气、国防等；②具有不完全的非排他性或非竞争性——准公共物品，如矿石能源、渔业资源、森林和土地资源等；③同时具备排他性和竞争性——私人物品。

与环保和绿色相关的自然资源多为公共物品，如不能以外部引导，对于资源的无节制利用和对环境的过度污染终将导致"公地悲剧"的重演。因此通过金融手段实现对资本配置的有效调节，引导资本流向可再生能源、节能减排、污染防治、可持续的自然资源管理、生物多样性保护、清洁交通、应对气候变化等领域，实现资本对绿色发展事业的有效支持，对于实现全社会的可持续发展将发挥积极的作用，而这正是绿色金融的作用机制和最终目标。

（三）环境权益交易理论

科斯（Ronald H. Coase）在其《社会成本问题》一文中提出了一个减少污染物排放、保护环境的新思路。他认为"必须从总量和边际的角度来看待这一问题"。由于污染的治理需要企业支付一定的成本，这无疑会加重企业的经济负担，与其追逐经济利益最大化的目的相冲突，因此企业倾向于低成本的污染排放，而不是高成本的环保技术或污染治理。但是如果在产权清晰明确并能得到有效保护的前提下，排污权就可以视为企业的一种可用于交换获取利益的权利。因此，在市场机制的自发作用下，排污权的价格将成为一种有效的调节手段，引导市场达到最优状态。后来的学者将科斯的这一思路表述为：只要市场交易成本为零，无论初始产权如何配置，市场交易总可以将资源配置达到最优；反之，如果市场交易成本存在，那么产权的初始分配就会影响最终的资源配置结果。基于科斯定理，克罗克（Crocker）对空气污染进行研究，奠定了排污权交易的理论基础。戴尔斯（Dales）提出了通过创建可交易的产权来进行污染物处理，认为政府可以通过控制排污权配额的总量来控制污染水平，使其保持在一定范围内。蒙哥马利（Montgomery）对排污许可证市场进行了理论上的论证，证明了许可证市场在污染控制方面有效率，从而为排污权交易市场的建立提供了理论基础。

绿色金融体系下的排放权交易机制，其目标正是建立这样一种自由、高效的市场交易机制。如果以碳排放权交易市场为例分析其市场结构和特征，就会发现，它与金融市场十分相似，同样可以划分为一级市场和二级市场。一级市场是碳排放权的初级分配市场。参与者包括政府和权益需求者，由政府主导，操作难度较小。政府先确定区域的环境容量，确定环境权益的总额，后有偿或无偿地分配给权益需求者。一级市场中，碳排放权初始分配的方式主要有免费分配、固定价格出售、拍卖、免费与有偿相结合的混合分配四种。二级市场是碳排放权需求者平等地进行交易的市场，是真正意义上的排污权交易市场。在二级市场之中，碳排放权的价格由市场供需主导，通过自发的市场交易行为，实现环境权益的优化配置。由于一级市场和二级市场的功能和参与主体不同，二者所关心的问题也不同。在一级市场上，所要解决的核心问题是公平和效率兼顾，在二级市场上，所要解决的核心问题是提高市场交易的效率；而只有实现一、二级市场的平稳、协调发展，才能充分发挥市场调节机制对环境污染的约束作用。[①]

四、绿色金融、气候金融和可持续金融的关系

绿色金融、气候金融、可持续金融、环境金融等词都与应对环境问题相关，也常常被混用。绿色金融和环境金融尽管说法不同，但是本质并无差别；而可持续金融、气候金融和绿色金融的范畴虽有交叉，但仍需区别。按照覆盖范围的大小排序，应该是可持续金融范围最大、绿色金融次之、气候金融较小。下面将对绿色金融与气候金融、可持续金融的区别与联系分别进行阐释。

[①] 赵峥，袁祥飞，于晓龙. 绿色发展与绿色金融——理论、政策与案例 [M]. 北京：经济管理出版社，2017.

（一）绿色金融与气候金融

气候金融的概念源自应对气候变化挑战的资金需求，从联合国应对气候变化框架公约关于资金机制的谈判中衍生而来（王遥，2013）。从2009年的哥本哈根大会到2011年的德班大会，各方基本确定了到2020年筹集1000亿美元"绿色气候基金"，帮助发展中国家减缓和适应气候变化（UNFCCC，2011）。尽管资金募集来自公共部门和私营部门，但是财政资金的角色更为突出（Figueres，2011），并且资金流向是从发达国家到发展中国家的单向流动。因此，气候金融的定义一开始便被置于联合国气候谈判框架下，以公共部门资金为主要对象，概念相对狭窄。然而，来自气候谈判的气候资金有多少被纳入绿色金融范畴，目前都没有清晰的界定。为了避免卷入狭隘的政策对话和对气候金融的辩论中，应将绿色金融与气候金融严格区分开来（Zadek & Flynn）。

近年来，气候金融的定义在联合国语境外得到了扩展。如世界银行认为，气候金融是为了"向低碳、具有恢复力的经济体转型融资"，并且强调私营部门资金具有关键作用。气候政策倡议组织（Carbon Policy Initiative）提出了资金流动应是多方向的，不仅仅是跨国的，也包括国内的（CPI，2011）。因此，从这个相对广义的角度来讲，气候金融应包括应对和减缓气候变化的一切投融资活动，如可再生能源、节能、清洁建筑、生物多样性等项目。按G20绿色金融研究小组的定义，绿色金融的概念除了包括所有广义气候金融活动之外，还包括减缓和应对温室气体排放活动之外的许多内容，如治理大气污染、水污染、土壤污染的投资融资活动。

（二）绿色金融与可持续金融

可持续金融来自可持续发展的概念，主要是指帮助经济社会实现可持续发展的金融手段和体系。在欧洲和美国，可持续金融已经有几十年的发展历史。开始时，只有一些小型的、专门性的金融机构开展可持续金融业务；如今，全球知名的商业银行、投资银行、保险公司以及基金公司都开始关注可持续金融的发展。

国外可持续金融的起源可以追溯至数百年前，一些西方教会为信徒制定一系列严格的投资准则，这些准则涵盖了人权、和平等内容，严格限制信徒滥用资本从事不道德交易。股票交易所出现以后，一些教会还明令禁止教徒投资"罪恶股票"（Sin Stocks），主要涉及酒精、烟草、赌博和色情行业。这种投资理念被称为"社会责任投资"（Socially Responsible Investing，SRI）。发展至今，社会责任投资得到越来越多的投资者的关注。社会责任投资也从道德层面所划定的边界因素扩展到更多与可持续发展相关的因素。可持续金融与社会责任投资的理念可谓一脉相承，两者都是通过在传统的投资理念中加入环境或社会的考量因素，实现经济与社会的共同繁荣。

金融支持可持续发展，这其中的可持续发展具体指什么？它的范畴在哪里？1987年，世界环境与发展委员会在《我们共同的未来》报告中提出了可持续发展战略，把可持续发展定义为"可持续发展是在满足当代人需要的同时，不损害人类后代满足其自身需要的能力"。这是可持续发展概念的由来。从那时起，可持续发展的概念经过理论和实践的探索，以及联合国带领下的各国协商，不断得到细化。2015年，在第70届联合国大会上，193个成员国共同通过了2030年可持续发展议程，包含17个可持续发展目标，指导未来15年发展工作的政策制定和资金使用。可持续发展从一个笼统的概念被具体化到人类经济社会的各个方面，可持续金融所服务的具体领域也更加清晰。

联合国环境规划署在1992年里约热内卢的地球峰会上成立了金融倡议（UNEP FI），希望金融机构能把环境、社会和治理（ESG）因素纳入决策过程，发挥力量促进可持续发展。其后，在金融倡议支持下建立的联合国社会责任投资原则（UN PRI）、联合国可持续保险原则（UNEP-FI PSI）以及联合国多家机构支持的可持续交易所倡议（SSE）中，都分别提到了投资人、保险机构和交易所应重视ESG因素所带来的机遇和挑战。因此，环境、社会和治理（ESG）因素可以被看作是衡量可持续发展的重要指标。

相较于可持续金融，绿色金融目前更强调 ESG 因素中的环境部分，涵盖范围比可持续金融小，但是随着国际合作加深，ESG 因素中其他两类，即社会和治理因素，比如公平性、包容性、道德守则等（基于不同国家、地区的自身文化与发展特点），也会逐渐体现在各国的绿色金融议题当中。

2016 年 9 月，中国作为轮值主席国主持召开了 G20 峰会。在这一重大历史机遇背景下，中国政府决定借助 G20 平台推动绿色金融领域的国际合作。2016 年 1 月，以中国人民银行和英格兰银行共同担任主席的 G20 绿色金融研究小组正式启动。该小组识别了绿色金融发展所面临的主要障碍，并基于对各国经验和最佳实践的总结，提出了可提升金融系统动员私人部门绿色投资能力的可选措施。这些内容都写入了 G20 峰会公报，成为主要国家的共识。

2015 年 9 月底的联合国成立 70 周年大会上，各国领导人签署了《2030 年可持续发展议程》，为全球发展设立了新目标。《G20 领导人安塔利亚峰会公报》第 19 条称："……我们将在 2016 年制定行动计划，使我们的工作与《2030 年可持续发展议程》更好衔接。"可见，G20 的未来进程将与《2030 年可持续发展议程》紧密结合在一起。在建立这一共识的基础上，我们相信，已经进入 G20 议程的绿色金融将成为推动可持续发展的重要抓手，中国借助主导 G20 绿色金融研究小组工作的机遇，将和世界共同引领绿色金融的迅猛发展，推动实现可持续发展的目标。

五、绿色金融对绿色发展的影响路径

绿色金融作为一种金融生态系统，是由"三大要素、一个市场、三大功能"组成的，具体影响路径如图 3-1 所示。

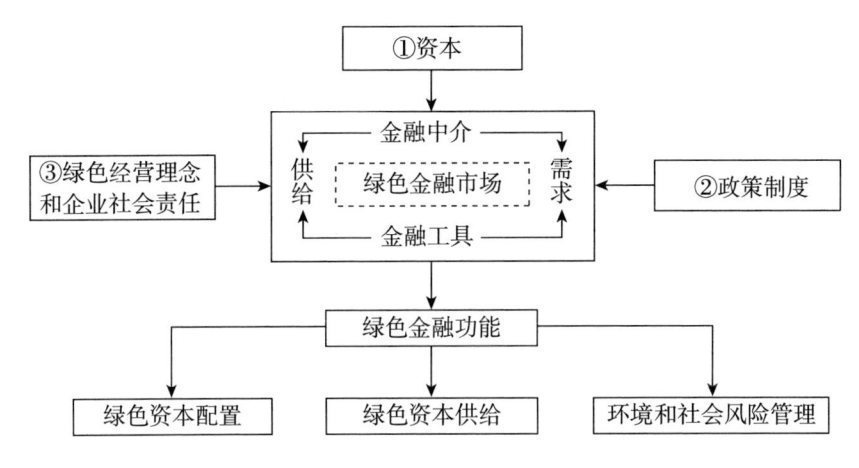

第三章　绿色金融的基础理论与主要工具

图 3-1　绿色金融系统的影响路径

三大要素分别是资本、政策制度以及绿色经营理念和企业社会责任，以上三者分别为绿色金融系统提供了经济保障、政策保障和绿色指引，三者缺一不可。

其一，如果没有资本，资金融通的基本功能都无法实现，金融也就不能被称为"金融"了。

其二，如果没有政策制度的约束和引导，具有较强非排他性的环境产品对于高度自由化的市场而言，污染的成本就会变得极低，其带来的负外部性影响将更加显著。

其三，如果没有绿色经营和企业社会责任理念，那么绿色金融系统就与一般的金融系统无异了，对于市场中的金融机构而言，在信贷审批、投放、产品研发和业务拓展过程中坚持绿色标准，能够充分发挥金融中介的绿色投融资作用，在资本供给端实现对绿色资本流向的有效控制。对于市场中的其他参与者而言，绿色经营理念和企业社会责任是自觉抵制污染行为，坚持对自己负责、对环境负责、对社会负责、对子孙后代负责，坚持"全面、协调、可持续"发展的行动指南。

一个市场即金融市场，其核心功能是实现资金的融通，即通过金融中介和金融工具实现社会总资本的有效循环，来满足资金赤字方的融资需求和资金盈余方的投资需求。在金融市场上，银行信贷、股票、债券、基金和保险等都可以充分发挥其功能。同样是依托金融市场，绿色金融才能从理论走向实践，从而实现绿色金融的三个主要功能。

绿色金融系统的三大主要功能分别是：绿色资本配置、绿色资本供给以及环境和社会风险管理。绿色资本配置是绿色金融系统的核心功能，绿色资本供给是绿色金融系统的基础功能，而环境和社会风险管理则是绿色金融系统区别于其他金融系统最突出的特点。基于以上三种功能的实现，预计绿色金融系统将发挥以下作用：

（1）社会资本被有效地引导到绿色领域。

（2）绿色项目和产业融资效率提高，融资成本降低。

（3）保费和惩罚性费用有助于将污染行为的负外部性成本转化为内部成本。

（4）企业环境和社会风险意识将有所提高。

（5）环境相关事项的风险披露将更加有效。

（6）外部监管日趋严格，从而逐渐改善和消除环境污染的负外部性影响，并在此基础上实现经济和社会的稳定、高效运转。

基于以上三种功能，绿色金融能够较好地解决环境污染治理中的负外部性、环境公共产品供给、绿色产业发展等问题。

第二节　绿色金融的主要工具

近年来，严峻复杂的环境形势、战略高度的生态文明建设、环保督察的高压态势，推动了环境保护与经济政策的实践与探索，推动了我国绿色金融的发展。从发展脉络看，金融政策与环境保护的结合早期主要体现在环境保护投资的制度安排上。随着宏观调控的需要，2007年我国推出了绿色信贷。党的十八大以来，随着生态文明建设的加快推进，绿色金融开始纳入国家顶层设计和战略规划，2016年8月31日中国人

第三章　绿色金融的基础理论与主要工具

民银行、财政部等七部委联合印发了《关于构建绿色金融体系的指导意见》，提出要大力发展绿色信贷，推动证券市场支持绿色投资，设立绿色发展基金，发展绿色保险，完善环境权益交易市场，支持地方发展绿色金融，推动开展绿色金融国际合作，等等。党的十九大报告又进一步提出要大力发展绿色金融。

在绿色金融产品工具创新上，我国绿色金融总体上处于快速发展的初步阶段。绿色金融已经成为现代金融体系的重要内容，银行业金融机构纷纷建立健全绿色信贷管理制度，与工业结合的绿色信贷产品创新发展迅速，能效信贷、合同能源管理未来收益权质押贷款、排污权抵押贷款、碳排放权抵押贷款等绿色信贷业务规模迅速扩大，绿色债券、绿色股票指数和相关产品、绿色发展基金、环境污染责任保险等绿色金融产品工具不断创新，集合汇总各类社会资金以确保环境治理和绿色发展资金。在过去的十几年中，以绿色信贷、绿色债券、绿色基金、绿色保险和碳金融等为主的绿色金融工具得以被创造和应用，并取得了全球金融实践的认可，在绿色发展方面发挥了积极的作用。

一、绿色信贷

（一）绿色信贷的内涵

广义的"信贷"反映的是不同主体之间以借贷为表现形式的经济关系，根据其参与主体和所包含内容的不同，又可以细分成信用、银行信用和银行贷款三个维度。[1] 绿色信贷则是在"银行信用"这一层面的基础上发展而来的，"银行贷款"是其表现形式和最终产品，"信用"则是其经济学本质。

在金融体系中，以银行为代表的金融机构作为金融中介贷出货币资本，为需要维持经营运转、扩大生产规模和开展技术研发的企业提供必

---

[1] 戴相龙，黄达. 中华金融辞库 [M]. 北京：中国金融出版社，1998.

要的货币资金支持,这是银行信用体系的基本运行模式之一。以上过程,一方面,实现了由社会储蓄到货币资本的转变,满足了企业部门对产业资本的需求,实现了资本的有效供给;另一方面,通过满足实际贷出方和借入方之间的信贷资金供求,实现了资本在私人部门、企业部门乃至政府部门之间的盈余调节。由此可见,信贷的实质是一种资本的市场配置行为。

因此,在"信贷"这一概念基础上派生出的绿色信贷应当是一种商业银行借助信贷手段来加大对绿色发展(绿色经济、低碳经济、循环经济)的支持、防范环境和社会风险、提升自身的环境和社会表现的金融活动。相应地,绿色信贷同样具有绿色资本供给和绿色资本配置的双重作用,其主体是银行业金融机构,内容则包含绿色信贷政策和绿色信贷产品两个方面。

(二)绿色信贷的作用机理

绿色信贷政策,是商业银行在绿色信贷投放过程中需要遵守的法律、法规、部门规章以及行业内部制度等。主要是通过政策的制定和引导,在信贷准入、审批、投放和贷后管理流程中加入环境评价、环境和社会责任审核等"绿色"环节,来确保信贷资金的"绿色化"应用;或是通过利率优惠、利率补贴、延长还款期限、提高授信额度等来降低绿色融资成本,提振绿色融资热情,从而引导信贷资本流向绿色应用领域。还可根据其功能特点细分为约束性政策和引导性政策。

绿色信贷产品,是指用于实现绿色信贷资本投放的金融产品。如浦发银行的国际金融公司能效贷款、亚洲开发银行建筑节能融资、国际碳保理融资等,以及兴业银行的合同环境服务融资、合同能源管理项目未来收益权质押融资、排污权抵押融资等。

因此绿色信贷的作用机理主要表现在两个方面,即绿色资本配置和绿色资本供给,这与绿色金融的功能也是一致的。如图 3-2 所示。

在绿色信贷体系中,绿色信贷政策通过限制信贷资金流入高污染、高能耗或对环境和社会可能产生负面影响的领域,增加信贷投放的环境和社会保护要求,引导信贷资本投向绿色产业和项目来实现对信贷资金供给方向的外在调节,从而发挥社会资本配置的作用。绿色信贷产品则作为绿色信贷的主要实现方式,通过检验资金需求方是否满足绿色信贷标准来赋予信贷资本"绿色化"特征,从而实现绿色资本的供给。通过二者共同作用,最终实现了绿色信贷的双重职能,以资本为核心,实现其支持绿色经济、低碳经济、循环经济的目标,进而实现绿色发展的目标。

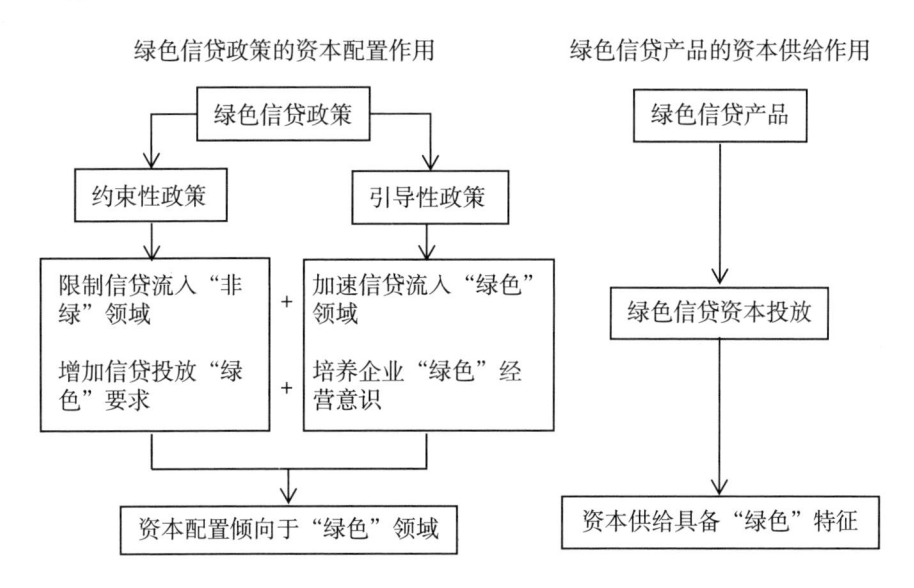

图 3-2 绿色信贷体系作用机理分析

(三) 绿色信贷的发展历程

在全球范围内,欧洲的绿色信贷意识觉醒整体较早,包括英国、德国、荷兰、波兰等在内的欧洲国家对"赤道原则"的接纳程度都比较高。以德国为例,作为绿色信贷政策的主要发源地之一,德国的绿色信贷体系经过数十年的发展已经达到了较高的标准和水平。在信贷业务过程中,"赤道原则"和《环境、健康与安全指南》(EHS Guidelines) 分别被广泛地应用于项目识别和环境及社会风险评估中。此外,基于德国复兴开发银行的努力,德国政府在绿色信贷产品创新方面也有所突破。英国的巴克莱银行则面向50多个行业,从项目准入、风险识别、环境和社会风险评估等多个方面,为绿色信贷业务的开展提供了切实可依的标准和指导文件汇编,降低了绿色信贷的操作难度,一定程度上加快了绿色信贷在英国的推广速度。

美国的绿色信贷发展同样较为成熟,自20世纪70年代起,美国国会就通过立法手段,加强对水环境、大气污染、废物管理、污染场地清除等环境保护领域的立法工作。此外,美国的银行业普遍具有较高的信息共享意识,愿意与环境保护部门共享数据资源,从而提升对贷款企业环境和社会责任表现评价的真实性和客观性。①

中国的绿色信贷发展虽然仍处于初期阶段,但是总体呈现出"信贷规模增长迅速,政策制度较为完备"的双重特点。

1. 绿色信贷规模增长迅速

截至2015年年底,中国银行业金融机构绿色信贷余额8.08万亿元,其中,21家主要银行业金融机构绿色信贷余额达7.01万亿元,较年初增长16.42%,占各项贷款余额的9.68%。贷款所支持项目可节约标准煤2.21亿吨,节约水7.56亿吨,减排二氧化碳当量5.5亿吨、二氧化硫484.96万吨。银行业金融机构"两高一剩"行业贷款余额1.8万亿元,部分银行"两高一剩"贷款余额连续两年为0,节能环保贷款余额2.32万亿元,共计支持2.31万个节能环保项目。

2. 绿色信贷政策较为完备

由于绿色信贷在中国的发展仍处于起步阶段,因此针对低碳、节能、环保等具有突出的外部性特征的产业而言,绿色信贷政策较绿色信贷产品能够更好地发挥约束和引导的作用。目前,经历了三个发展阶段,中国已基本建成了较为完备的绿色信贷政策体系,如表3-1所示。

---

① 曹爱红. 中国经济文库——环境金融 [M]. 北京:中国经济出版社,2012.

第三章　绿色金融的基础理论与主要工具

表 3-1　中国绿色信贷政策发展的三个阶段

意识苏醒阶段		
《关于贯彻信贷政策与加强环境保护工作有关问题的通知》	中国人民银行	1995 年
《关于运用信贷政策促进环境保护工作的通知》	国家环境保护总局	1995 年
发挥合力阶段		
《关于落实环保政策法规防范信贷风险的意见》	国家环境保护总局、中国人民银行、中国银行业监督管理委员会	2007 年
《关于印发〈节能减排授信工作指导意见〉的通知》	中国银行业监督管理委员会	2007 年
全面发展阶段		
《关于印发绿色信贷指引的通知》	中国银行业监督管理委员会	2012 年
《关于报送绿色信贷统计表的通知》	中国银行业监督管理委员会	2013 年
《关于印发〈绿色信贷实施情况关键评价指标〉的通知》	中国银行业监督管理委员会	2014 年

（1）意识苏醒阶段。1995 年，中国人民银行对外发布了《关于贯彻信贷政策与加强环境保护工作有关问题的通知》，要求各级金融部门在信贷工作中重视自然资源和环境的保护，严格贷款的审批、发放和监督管理，将贷款项目是否落实防治污染及其他公害的设施与主体工程同时设计、同时施工、同时投产的要求，作为贷款的必要条件之一，从信贷投放和管理上配合环境保护部门严格把关。[①] 这是我国首次提出要在信贷投放环节加强对环境保护的约束和引导。

1995 年 2 月，国家环境保护总局也发布了《关于运用信贷政策促进环境保护工作的通知》，将信贷政策定义为促进环境保护工作的一项

[①] 中国人民银行《关于贯彻信贷政策与加强环境保护工作有关问题的通知》，银发〔1995〕24 号．

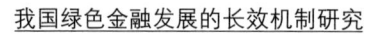

关键措施。要求各级环保部门学会运用信贷政策，将其作为环境保护参与经济发展综合决策的重要手段，认真执行环境影响评价制度，严格把好环境影响报告书（表）的审批关。①

在这一阶段，金融机构主管部门和环境保护主管部门分别就环境保护领域的信贷政策引导和执行提出了具体要求。虽然政策作用范围尚局限在部门内，未能形成覆盖面较广、约束性较强的综合性政策，但是用信贷政策手段引导和解决环境保护乃至绿色发展问题的思路已经基本形成。

（2）发挥合力阶段。2007年7月，国家环境保护总局、中国人民银行、中国银行业监督管理委员会联合发布了《关于落实环保政策法规防范信贷风险的意见》（以下简称《意见》）。

《意见》正式提出，要加强环保和金融监管部门合作与联动，以强化环境监管促进信贷安全，以严格信贷管理支持环境保护；同时强调要加强对企业环境违法行为的经济制约和监督，改变"企业环境守法成本高、违法成本低"的状况；明确了各级环境保护部门、人民银行和各级支行、各级银行监管部门以及商业银行的具体职责。②

2007年11月，中国银行业监督管理委员会发布了《关于印发〈节能减排授信工作指导意见〉的通知》，就节能减排领域的授信政策和授信管理向各商业银行和其他金融机构提出了具体的要求。其中，除继续限制对耗能、污染问题突出且整改不力的企业授信，对于列入落后生产能力名单的企业进行授信压缩和退出外，该通知还首次列示了12个信贷重点支持的项目种类，同时提出对得到国家和地方财税等政策性支持的企业和项目，对节能减排效果显著并得到国家主管部门表彰、推荐、

---

① 国家环境保护总局《关于运用信贷政策促进环境保护工作的通知》，环计［1995］105号.
② 国家环境保护总局、中国人民银行、中国银行业监督管理委员会《关于落实环保政策法规防范信贷风险的意见》，环发［2007］108号.

鼓励的企业和项目,在同等条件下可优先给予授信支持。① 这是我国首次提出明确的绿色信贷引导政策。

这一阶段取得的突出进步是明确了环保、金融领域多部委合作的总体思路,同时进一步明确了各职能部门的分工,并在此基础上强化了具体领域的信贷政策安排。政策内容方面,除了继续发挥信贷准入条件限制、额度压缩以及信贷退出等惩罚性机制的惩戒和警示作用外,首次明确了较为详细的信贷政策支持项目和领域,这对于提升企业遵守环保政策规定的自觉性,引导信贷资本支持低碳、节能、环保的绿色产业和项目具有积极的政策意义。

(3) 全面发展阶段。2012年2月,中国银行业监督管理委员会发布了《关于印发绿色信贷指引的通知》。该通知提出要将绿色信贷上升到银行业金融机构的战略高度,金融机构应当加大对绿色经济、低碳经济、循环经济的支持,有效识别、计量、监测、控制信贷业务活动中的环境和社会风险,同时明确了中国银行业监督管理委员会是银行业金融机构的绿色信贷业务及其环境和社会风险管理的监督管理部门,并从组织管理、政策制度及能力建设、流程管理、内控管理与信息披露、监督检查五个方面对银行业金融机构如何开展绿色信贷业务提出了更加具体可行的要求。

《绿色信贷指引》首次在政策性文件中明确提出"绿色信贷"这一概念。此后,银监会分别于2013年和2014年发布了《关于报送绿色信贷统计表的通知》和《关于印发〈绿色信贷实施情况关键评价指标〉的通知》,完善了银行业金融机构的绿色信贷信息收集和评价反馈机制。至此,我国现行的绿色信贷政策体系已基本构建完成,未来将继续约束和引导我国银行业金融机构的绿色信贷业务发展。

基于中国绿色信贷政策的总体框架,各商业银行和金融机构也分别

---

① 中国银行业监督管理委员会《关于印发〈节能减排授信工作指导意见〉的通知》,银监发 [2007] 83号.

围绕"绿色信贷"这一主题,从客户分级、资格准入、贷款流程、贷后管理等多个角度制定了相关业务规章。例如,中国工商银行针对客户准入环节制定了《四级、十二类分类标准及管理办法》;交通银行结合贷款投向的具体行业,将各类主管部门和环境管理部门提出的最新要求整合形成了《环境和社会合规文件清单》;中国建设银行则下发了《关于加强高污染、高环境风险企业授信管理的通知》等文件。

二、绿色债券

(一)绿色债券的内涵

G20 绿色金融研究小组在《G20 绿色金融综合报告》中将绿色债券定义成"为有环境效益的绿色项目提供融资的一种债务融资工具"。国际资本市场协会(International Capital Market Association,ICMA)制定的《绿色债券准则》将其解释成"一种债券工具,用以为具有环境可持续收益的项目筹集资金"。世界银行认为"绿色债券是专门用来为气候或环境项目筹集资金的债务证券",并且指出绿色债券与普通债权的区别就在于其筹集的资金应当专门应用于气候或环境项目。由此可见,绿色债券是为具有环境效益的绿色项目提供资金支持的一种融资工具。

基于其金融属性进一步分析,绿色债券主要具有以下特征:①是一种直接融资工具;②发行主体多为政府、政策性金融机构以及从事低碳、环保、节能领域的企业;③一般具有较高的信用评级;④募集资金主要投向环境保护、可持续发展和应对气候变化等绿色项目和产业。

(二)绿色债券的作用机理

1. 具有中长期融资优势

与银行信贷融资相比,绿色债券能够更好地解决绿色项目融资过程中存在的期限错配问题。

这是由于绿色投资项目尤其是绿色基础设施建设项目的周期一般较

长，而商业银行负债端周期一般较短，因此基于流动性需要的考量，中长期贷款所占比例受到了一定的限制。根据气候债券倡议组织（Climate Bond Initiative，CBI）的研究发现，贴标绿色债券的平均期限在5～10年，因此能够更好地满足长期绿色项目的投资需求，一定程度上具有缓解期限错配问题的功能。与股权融资方式相比，绿色债券在不改变融资主体内部治理结构和收益分配结构的基础上，就能够获得较低成本的资金支持。此外，由于绿色债券的发行方一般具有主权特征或能够得到一定的财政支持，因此面临的兑付风险较一般债券低。在绿色项目融资尤其是中长期绿色项目建设方面，绿色债券往往能够发挥较好的融资效果。

2. 执行绿色化认定标准

绿色项目的识别和筛选技术常被用于绿色债券的融资过程。内容清晰明确、流程具体可操作性强的绿色债券认定标准能够确保绿色债券所投资的项目具备环境和社会的正向收益，从而推动绿色化标准的传播，这同样是绿色债券发挥作用的方式之一。

目前，国内外主流的绿色债券认定标准有四种，如表3-2所示。

表3-2 国内外主流绿色债券认定标准

认定标准	标准制定单位	更新时间
《绿色债券原则》（Green Bond Principles）	ICMA（国际资本市场协会）	2018年6月
《气候债券标准》（Climate Bond Standard）	CBI（气候债券倡议组织）	2015年11月
《绿色债券支持项目目录》	中国金融学会绿色金融专业委员会	2015年12月
《绿色债券发行指引》	国家发展改革委办公厅	2015年12月

除此前介绍的由中国人民银行和国家发展和改革委员会发布的《绿色债券支持项目目录》和《绿色债券发行指引》外，《绿色债券原则（Green Bond Principles，GBP)》和《气候债券原则（Climate Bond Standard，CBS)》是目前全球范围内主要采纳的标准。

《绿色债券原则》，是由 ICMA 最初在 2014 年联合 130 余家金融机构共同研究制定的一项自愿性绿色债券指南，规定绿色债券募集资金应投向包括但不限于：①可再生能源，②节能，③污染防治，④可持续的自然资源管理，⑤陆地与水生生物多样性保护，⑥清洁交通，⑦可持续水管理，⑧适应气候变化，⑨生态高效产品、技术和工艺领域。除此之外，《绿色债券原则》还针对项目评估和选择流程、募集资金管理以及年度信息披露三项提出了指导性意见，同时鼓励发行人通过向第三方机构取得咨询、审计、认证、评估意见作为绿色债券发行的外部审查意见补充，旨在鼓励绿色债券信息公开和披露，促进绿色债券市场进一步完善。

《气候债券标准》同样是一份自愿性绿色债券认证标准，最早是由 CBI 在 2011 年年底发布的，目前应用的是该标准的 2.0 版本，生效时间为 2015 年 11 月。除包含一份总文件外，同时提供了涵盖太阳能、风能、快速公交系统、低碳建筑、低碳运输等在内的绿色债券发行指南，还为发行人、审核人及投资者提供了绿色债券相关工作指南。除此之外，CBI 还为之设计了一项配套的认证审核流程，具体包括两个阶段，分别是发行前阶段和发行后阶段。如表 3-3 所示。

表 3-3 CBI 制定的气候债券认证流程

发行前认证流程				
发行人准备认证	发行人提供信息表初稿给气候债券倡议组织	审核者进行准备程度评估	发行人提交更新后的信息表和审核报告给气候债券倡议组织	气候债券标准委员会确认发行前债券认证
发行后认证流程				
发行人终止债券认购并发行债券	募集资金分配到项目和资产上	审核者进行审核	发行人提交更新后的信息表和审核报告给气候债券倡议组织	气候债券标准委员会确认气候债券认证

（三）绿色债券的发展历程

由于具有信用评级高、融资效率较好、融资成本低、二级市场流动性强等特点，绿色债券自诞生以来快速地得到了市场的认可，并于近年出现了较大规模的增长。

全球第一支绿色债券是由国际复兴开发银行（IBRD）在2008年发行的，额度约33.5亿瑞典克朗（约3.4亿美元）。此后的几年中，绿色债券的发行主体多为多边开发银行，如国际金融公司（IFC），欧洲投资银行（EIB）等。

自2013年起，在全球范围内，绿色债券市场得到了更多类型的发行主体的参与，包括地方政府、公共事业单位、商业银行以及其他从事气候或环境的企业等。相应地，绿色债券市场份额也呈现出较快速度的增长，2013年全球发行额不足110亿美元，2014年约为360亿美元，2015年约为420亿美元，2016年上半年就已经达到了660亿美元。

我国发行的第一支绿色债券是新疆金风科技，是2015年7月在香港市场发行的，总价3亿美元。2015年10月，中国农业银行在伦敦发行9.95亿美元等值的双币种（美元、人民币）绿色债券，这既是我国商业银行发行的首支绿色债券，也是我国首支以人民币计价的绿色债券。2016年1月，兴业银行发行了100亿元的国内市场首单绿色金融债券。2016年3月，青岛银行发行了40亿元的绿色债券，创城市商业银行首例。截至2016年3月，根据中央结算公司公布的数据，在银行间债券市场、上海交易所、深圳交易所发行的绿色金融债券、企业债券、公司债券以及中期票据累计达到了2.45万亿元（约合3430亿美元）。根据CBI的统计结果，我国绿色债券（含贴标和非贴标）发行量全球占比36%，已位列世界第一。

绿色债券在我国的迅速发展与绿色债券政策体系的完善密不可分。2015年12月，中国人民银行发布了绿色金融债发行指南《绿色金融债券公告》，以及明确了绿色项目范围的《绿色债券支持项目目录》；2015年12月，国家发展改革委办公厅首先发布了绿色企业债发行指南《绿色债券发行指引》；2016年3月，上海证券交易所发布了绿色公司债发行指南《关于开展绿色公司债券试点的通知》；2016年4月，中央国债登记结算有限公司及中国节能环保集团公司发布了"中国绿色债券指数和中国绿色债券精选指数"以持续反映和跟踪我国绿色债券市场发展水平。至此，我国已经初步建立起了包含企业债券、公司债券、金融债券在内的绿色债券发行引导政策体系，结合中国人民银行下发的《绿色债券支持项目目录》，实现了对绿色债券发行方在投资项目选择和绿色债券发行环节的正确指引，进而在一定程度上加快了我国绿色债券的发展速度。①

三、绿色基金

（一）绿色基金的内涵和作用机理

绿色基金作为绿色金融工具的重要创新，其集合了各投资方在政策、资金、资源、技术、信息和人才等方面的优势，以股权投资的方式参与企业绿色项目的经营运作，投资之初就已提前规划好后期项目的退出方式，因而具备更完善的市场化运作机制和发展潜力。

绿色基金成为绿色项目融资中的重要手段，是因为绿色基金种类的多样性可以满足不同的绿色项目融资需求。在绿色基金平台上，可以集合各种融资手段和工具，形成各种融资组合来降低绿色项目的融资成本和融资风险，并最大化地聚合社会资本。另外，绿色基金作为重要的资金平台，还可以集合技术创新和商业模式创新，使绿色项目通过技术创新、产业链的延伸和商业模式创新增强盈利能力，在这个基础上，降低融资成本，将原来盈利空间达不到市场化要求的绿色项目推向市场。

（二）绿色基金的种类和特征

绿色基金的类别很多，目前主要有绿色产业基金、绿色产业并购基

---

① 赵峥，袁祥飞，于晓龙. 绿色发展与绿色金融——理论、政策与案例 [M]. 北京：经济管理出版社，2017.

金、绿色发展基金和绿色区域PPP项目基金等，不同的绿色基金类别适应于不同的资金来源和融资目标。

1. 绿色产业基金

绿色产业基金是目前政府鼓励推动的一种绿色基金。2011年《国务院关于加强环境保护重点工作的意见》中明确指出，鼓励多渠道建立环保产业发展基金，拓宽环保产业发展融资渠道。根据国家发展改革委的《产业投资基金管理暂行办法》的规定，产业投资基金是指一种对未上市企业进行股权投资以及提供经营管理服务的利益共享、风险分担的集合投资制度，即通过向多数投资者发行基金份额设立基金公司，由基金经理自任基金管理人或者另行委托基金管理人管理基金资产，委托基金托管人托管基金资产，从事创业投资、企业重组投资和基础设施投资等实业投资。该办法同时规定，产业基金只能投资于未上市企业，其中投资于基金名称所体现的投资领域的比例不低于基金资产总值的60%，投资过程中的闲散资金只能存于银行或者购买国债、金融债券等有价证券。绿色产业基金属于产业投资基金的范畴。

在目前环保领域各大产业都在实现市场度集中和聚合的情况下，绿色产业基金对于培育有实力的环保企业做大做强并成为上市公司是十分重要的。一般来说，产业基金都有扶强不扶弱的特点，即使政府加入引导资金，也难以改变这种现状，因为只要该产业基金有60%以上的资金投入绿色环保领域，就符合绿色产业基金的要求。绿色环保领域有各类项目，收益率不同，同类项目中也有强势企业和弱势企业，为了追求利润最大化，绿色产业基金一般会在全国范围内搜寻收益好且具发展潜力的绿色环保项目和企业进行投资，绝对不会选择收益率低的行业或者弱势公司。因此，人们会怀疑绿色产业基金对绿色环保产业的推动作用，因为它只是把潜在的强优企业挑选出来进行投资，并帮助其扩大规模直至扶持其上市。但是，仅仅上市并不能达到重资产绿色环保行业所需要的市场集中度，需要推动一批可以发展出核心技术又具有国际竞争力的大型或者超大型环保企业产生。所以，绿色产业并购基金的建立对这类绿色环保行业的发展有巨大的推动作用。

2. 绿色产业并购基金

绿色产业并购基金属于私募股权投资的业务形态之一，对应于绿色产业基金。绿色产业并购基金选择的对象是成熟的上市企业。绿色产业并购基金有利于提高产业的市场集中度。针对上市公司的行业特点和个性化需求，通过产业并购基金为上市公司进行同行业的横向整合以及上下游产业链的纵向延伸，在提升上市公司核心竞争力的同时，提高行业资源集中度，实现以市场化手段将产业资源向优势企业集聚。绿色产业并购基金还有利于充分吸引大量的民间资金，引导民间资本支持绿色产业发展。绿色产业并购基金在吸纳和转化逐利性的民间资本方面具有天然优势，更容易吸引民间资本介入。绿色产业并购基金借助上市公司既有资源进行管理运作，并以上市公司平台作为退出渠道，较之于传统从事风险投资（VC）和私募股权投资（PE）的股权投资基金，其项目的退出不受新股发行影响，项目收益预期稳定，有利于吸引大量民间资金，也有利于传统从事 VC 和 PE 的股权投资基金的转型。

目前，由于《大气十条》《水十条》的落地实施和环保"十三五"规划及《土十条》的出台，资本市场对环保行业的投资前景十分看好；而且环保重资产行业进入"春秋战国"时期也激发了对并购重组的大量需求，在这种背景下，已有超过 20 家上市公司宣布成立环保产业并购基金，资金总规模超过了 400 亿元。国内的环保产业并购基金普遍采用"上市公司加 PE"的模式，即上市公司联手 PE 成立环保产业并购基金，在技术、商业模式优势的基础上加上融资优势，充分扩展了上市公司的并购重组实力，为推出一批具有国际领先优势的环保企业奠定了资金基础。

3. 绿色区域 PPP 项目基金

绿色区域 PPP 项目基金是专门为绿色区域 PPP 项目建立的基金。目前，不管是国内还是国际，区域 PPP 项目的发展都很快。区域 PPP 项目是将一个区域内的所有目标项目打包成一个大型区域 PPP 项目，与

SPV 公司签署合同，进行公私合作。大型区域 PPP 项目的好处是，可以通过技术创新、产业链的延伸和区域整体资源的整合，将一些无收益或者低收益但是有特别需求的项目打包到区域 PPP 项目中，或者是通过绿色金融技术整合技术、产业、资源和资金，使这些项目由本来的低利润甚至无利润转化为满足市场要求的利润水平。

例如，在城市建设中，城市管理者普遍感到困难的是对城市绿地和公园的融资，一般只能由财政支持，但是现在国际上通常的做法是，在与开发商签署某个区域开发合同时，将整个区域的公共设施建设，包括绿地和公园的建设也签署给开发商，作为获得开发许可的条件。开发商在签署这种区域 PPP 合同之后，一般会在少量财政支持之外，自己还付出大量资金打造社区的公共设施，因为公共设施的好坏将与他要出售的楼盘的价格紧密相关。通过区域打捆的 PPP 项目模式来解决无收益或者低收益绿色项目的融资问题，已经成为国际绿色金融技术中经常使用的方法。我国区域 PPP 项目做得最成功的是天津生态城的建设项目。

根据财政部 PPP 项目库的统计，目前我国很大部分的绿色环保 PPP 项目是区域 PPP 模式。根据我们的统计，在已有的 1787 个环保 PPP 项目中，共有 424 个区域环保 PPP 项目，总投资额约为 7033.74 亿元，占所有环保 PPP 项目的 58.61%。其中资金需求额度最高的楚雄市海绵城市建设 PPP 项目，其资金总需求额度为 243 亿元，而且区域 PPP 项目周期按照我国最近出台的政策要求要超过 25 年，有长期巨额的融资需求。另外，区域 PPP 项目是项目群，在长期有不同的投资时间节点的要求，按照投资时间节点计划匹配资金按时到位，是这种区域 PPP 项目成功的关键，这必定需要一个大型的而且灵活的融资平台，这个融资平台仅为该大型长期的区域 PPP 项目服务，它的存在伴随着整个项目周期。这样的融资平台，也只有绿色基金可以满足，从而产生了建立绿色区域 PPP 基金的需求。

绿色区域 PPP 项目基金仅仅为该区域绿色 PPP 项目融资，其目标是满足该项目各时间节点的融资需求。由于基金可以与各种融资手段和资金来源衔接，可以根据投资者的不同风险偏好设计出不同的风险分担和利益分配机制，所以可以最大化地吸引社会资金。另外，该基金仅为该区域PPP项目服务，保障了资金的使用流向。但是，这种区域PPP项目基金，因为不能在全国范围选择项目，只能投资该区域PPP项目包中的所有项目，所以不是所有区域PPP项目都可以满足建立基金的条件，必须是该区域PPP项目包内的项目群通过技术、产业链、商业模式、融资组合的设计，确实是有办法达到基金的赢利需求才能建立。

蓝虹是国内最早提出绿色区域PPP项目基金概念的学者，其论文《建构以PPP环保产业基金为基础的绿色金融创新体系》（2015年）[①]和《PPP创新模式：PPP环保产业基金》（2015年）[②] 中对绿色区域PPP项目基金的概念进行了系统阐述。

在《PPP创新模式：PPP环保产业基金》中，蓝虹、刘朝晖分析了我国中低利润和无利润项目严重缺乏投资的现状，指出绿色区域PPP项目基金的最大特色是可以解脱中低利润环保项目的融资困境。该基金类型既有典型的PPP模式的特征，又有区域环保产业基金特征，主要适合于在流域水环境保护、生态城建设、海绵城市建设等领域运用，并且对应于整个项目包，能够将中低利润项目和无利润项目与高利润项目进行整合，使得整个环保项目包的利润能够被投资者所接受，因此能够解脱中低利润环保项目的融资困境。此外，绿色区域PPP项目基金还将融资、建设与运营结合在一起，可实现环保产业从游牧狩猎时代向定居农耕时代转换，因此具有很多优势。绿色区域PPP项目基金设计主要从以下三个方面考虑：①责权明晰、风险分担、利益共享的PPP契约是PPP环保产业基金设计的基础；②项目包内各产业链的设计是提升环保项目利润从而吸引社会资本的关键；③基金的融资方案设计是降低融资成

---

① 蓝虹，任子平. 建构以PPP环保产业基金为基础的绿色金融创新体系［J］. 环境保护，2015（8）.
② 蓝虹，刘朝晖. PPP创新模式：PPP环保产业基金［J］. 环境保护，2015（2）.

本、获得广泛社会资本投入的重点。①

四、绿色保险

(一) 绿色保险的内涵

绿色保险是一种通过市场化手段来实现风险分担、保障和补偿的制度安排。目前在国内，绿色保险主要是指环境污染责任保险，这是一种"以企业发生污染事故对第三者造成的损害依法应承担的赔偿责任为标的的保险"。②

购买环境污染责任保险的企业，一旦面临突发环境污染事件，将由保险公司依据此前与被保险人建立的契约关系支付污染治理和环境恢复所需的相关费用以及对其他自然人和企业的损失补偿，从而降低企业因环境风险面临的经济压力。环境污染责任保险具有以下意义：

其一，利用保险工具来参与环境污染事故处理，有利于分散企业经营风险，促使其快速恢复正常生产，即通过环境污染责任保险来分担企业在处置环境污染事故时承担的风险和成本，减轻企业的污染治理负担。

其二，利于发挥保险机制的社会管理功能，利用费率杠杆机制促使企业加强环境风险管理，提升环境管理水平，即将企业的环境污染负外部性成本内化为保险保费，通过增加企业的环境成本来实现对其行为的调节和引导。

其三，有利于使受害人及时获得经济补偿，稳定社会经济秩序，减轻政府负担，促进政府职能转变，即通过保险手段，减轻环境污染事件对全社会的负外部性影响。

---

① 马中，周月秋，王文. 中国绿色金融发展报告 (2017) [M]. 北京：中国金融出版社，2018.

② 国家环境保护总局、中国保险监督管理委员会《关于环境污染责任保险工作的指导意见》，2007年12月.

(二) 绿色保险的作用机理

在整个保险服务过程中,环境污染责任险在事前、事中、事后分别发挥了不同的作用。

1. 事前评估

事实上,环境污染责任险的承保并非是无条件的,需要投保企业的生产流程、方法以及设备达到一定的环境保护标准,这个过程首先需要保险公司对投保企业的环境风险管理水平进行判别。[①] 因此,在保险契约关系建立前,保险人需要制定一套科学的评估方法,来实现对被保险人所面临的环境和社会风险的充分识别和评估,这是一个风险量化的过程。在此基础上,保险人可以根据差异化风险水平设计市场化的保险费率,从而将环境污染的负外部性成本内化为企业的经营成本,并将污染风险的大小作为成本调节的有效依据,通过提升企业的环境污染成本来降低其对高污染项目和产业的偏好。

2. 事中监督

全面反映被保险人环境风险事项的前提是,在企业经营过程中能够获得有效的信息,这需要保险公司在合同期内对被保险人的经营行为进行持续监督,并针对其开展的可能存在环境风险的行为提出改进建议,以确保合同相关方均能依据合同约定履行自身责任或义务。这一过程的实质,就是保险公司基于受法律保护的保险合同约定内容,对投保企业开展环境和社会风险监督管理。需要特别注意的是,与以环保部门等为代表的行政监管手段不同,保险公司的事中监督作用更具市场化特征和自发性特征。

3. 事后保障

作为一种保险制度,环境污染责任险具有企业保障和社会保障的双重意义。

[①] 绿色金融工作小组. 构建中国绿色金融体系 [M]. 北京:中国金融出版社,2015.

立足于保险人和被保险人间的契约关系,当被保险人的生产经营过程中产生了污染性行为,保险公司将承担相应的赔偿责任和污染治理成本,这是保险人对于被保险人的保障作用。然而,立足于社会视角,环境污染责任险要确保环境污染行为所产生的负外部性影响能够得到更加有效的解决。这是因为,治理环境污染事件或环境事故所造成的负面环境影响所需的成本普遍较高,同时由于污染行为的影响范围较广,仅赔偿第三方的经济损失所需资金就可能导致企业运营成本的大幅增加,这会直接增加企业的财务压力,甚至让中小企业无力承担。面对环境污染事件,许多肇事者宁愿"一走了之",不愿履行责任,往往将污染成本转嫁给地方财政或居民,严重影响了环境污染问责和治理的有效性。因此,通过环境污染责任险,既能实现污染风险的保障和赔偿责任的分担,同时能够提高全社会应对和处置环境污染风险的能力。

(三) 绿色保险的发展历程

欧盟等国家和地区在这一领域起步较早,欧洲议会(The European Parliament)和欧洲理事会(The Council of The European Union)于2004年4月发布了《关于预防和补救环境损害的环境责任指令》,提出要在"污染者付费"的原则基础上为环境污染行为设计保险和其他金融担保产品,[1] 此后欧盟的绿色保险市场也得到了较好的发展。德国政府于1990年通过《环境责任法案》(Environmental Liability Act),规定了包含热点、采矿和石油在内的10大类、96小类行业必须与保险公司签订保险合同。[2]

20世纪90年代初,我国保险业先后在大连、长春、沈阳、吉林等地开展了环境污染责任保险试点,但是未能得以持续。[3] 2007年,国家

---

[1] 王轩. 欧盟《关于预防和补救环境损害的环境责任指令》[J]. 国际商法论丛, 2008 (1).
[2] 游春. 绿色保险制度建设的国际经验及启示 [J]. 海南金融, 2009 (3).
[3] 陈冬梅, 段白鸽. 环境责任保险风险评估与定价方法研究评述 [J]. 保险研究, 2014 (1).

环境保护总局和中国保险监督管理委员会(以下简称保监会)联合印发了《关于环境污染责任保险工作的指导意见》,提出"到 2015 年,环境污染责任保险制度相对完善,并在全国范围内推广"。2013 年,中华人民共和国环境保护部(以下简称环保部)又与保监会联合印发了《关于开展环境污染强制责任保险试点工作的指导意见》,指导 15 个试点省份在重金属和石油化工等高环境风险行业推行环境污染强制责任保险,并首次提出了"强制"概念。[①] 综上所述,我国的环境污染责任保险虽然得到了主管部门的重视,给予了一定的政策支持和引导,但是较绿色保险相对成熟的市场而言,目前仍缺少相关政策来保证环境污染责任保险的强制投保。

五、碳金融

(一)碳金融的概念

碳金融市场指金融化的碳市场,由于欧美金融市场高度发达,金融化的碳市场是不言而喻的前提,在其语境中很少出现"碳金融"等提法。国内学者对"碳金融"概念的界定则分为两个层次:狭义的碳金融,指企业间就政府分配的温室气体排放权进行市场交易所导致的金融活动;广义的碳金融,泛指服务于限制碳排放的所有金融活动,既包括碳排放权配额及其金融衍生品交易,也包括基于碳减排的直接投融资活动以及相关金融中介等服务。

(二)碳市场的分类

根据碳排放权交易体系(ETS)覆盖的地理管辖范围,碳市场可以分为区域市场、全国市场及国际市场,形成不同层次的碳定价区。中国七省市碳交易试点、覆盖美国东北十二个州的美国区域温室气体减排行

---

① 绿色金融工作小组. 构建中国绿色金融体系 [M]. 北京:中国金融出版社,2015.

动（RGGI），都属于典型的区域碳市场；韩国、哈萨克斯坦、新西兰、挪威、瑞士碳交易体系和 2017 年启动的中国全国碳交易体系，都属于国家层面的碳市场；而京都机制下的碳交易是典型的国际市场，覆盖了全球 100 多个国家和地区，而最重要的是覆盖欧盟二十五国的欧盟碳排放交易体系（EU ETS），欧盟碳市场也是目前国际上规模最大、发育最规范成熟的碳金融市场。

（三）碳金融产品和服务

碳金融产品和服务，是指依托碳配额及项目减排量两种基础碳资产开发出来的各类金融工具，从功能角度包括以下三类：①交易工具。除了碳配额及项目减排量等碳资产现货外，主要包括碳远期、碳期货、碳掉期、碳期权，以及碳资产证券化和指数化的碳交易产品等。交易工具可以帮助市场参与者更有效地管理碳资产，为其提供多样化的交易方式，提高市场流动性，对冲未来价格波动风险，实现套期保值。②融资工具服务。主要包括碳债券、碳资产质押、碳资产回购、碳资产租赁、碳资产托管等。融资工具可以为碳资产创造估值和变现的途径，帮助企业拓宽融资渠道。③支持工具。主要包括碳指数和碳保险等。支持工具及相关服务可以为各方了解市场趋势提供风向标，同时为管理碳资产提供风险管理工具和市场增信手段。下面将主要以欧盟碳金融市场为例，对主要的碳金融产品和服务做一个简要介绍。

1. 碳交易工具

现货（spot）是碳市场的基础交易产品，包括 ETS 机制下的减排指标和项目减排量两种。其中，EU ETS 的减排指标为欧盟碳配额（EUA）及欧盟航空碳配额（EUAA），项目减排量则包括发达国家和发展中国家之间 CDM 机制下的核证减排量（CER），以及发达国家和发达国家之间 CDM 机制下的减排量（ERU）。金融化的交易工具则是在碳现货基础上开发出来的，从具体产品来看，欧盟主要的四家交易所目前分别推出了每日期货（daily future）、期权（option）、期货（future）、序列期权

(serial option)、拍卖（auction）、拍卖期货（auction future）、价差（spread）和互换（swaps）等多样化的碳金融交易产品。

2. 碳融资工具

欧盟碳市场典型的碳融资工具包括碳债券、碳基金和碳结构化产品。①碳债券。通常也被称为绿色债券，是政府、企业为筹措低碳项目资金向投资者发行并承诺在约定时期内支付利息和本金的债务凭证。根据项目类别不同，可以分为气候债券、环境债券、可再生源债券、CDM机制下债券等。[①] 欧盟大部分已发行的绿色债券或资金都具有低碳减排用途或与绿色资产相关联。②碳基金。碳基金既是一种融资工具，同时也指代依托该工具形成的管理机构。自世界银行2000年创设首只碳基金以来，碳基金在欧洲市场得到了快速发展，包括德国复兴信贷银行（KFW）碳基金、意大利碳基金、丹麦碳基金、荷兰清洁发展基金和联合实施基金、西班牙碳基金等，以及在欧盟碳市场下的第一个非政府型碳基金——欧洲碳基金（ECF）。③碳结构化产品。欧洲许多银行购买碳信用是为了向银行的交易平台提供可交易的产品，或者满足企业客户的合规要求。包括巴克莱银行、荷兰银行、摩根大通、汇丰银行和富通银行在内的许多银行在碳融资领域都很活跃，这些银行利用各种融资方法来提高投资组合的分散性和多样性，以获得各种投资机会和对冲风险。此外，一些银行还为客户提供保管、托管碳信用、注册账户管理以及与其他各方的结算交易等碳金融服务。

3. 碳支持工具

碳支持工具主要包括碳指数和碳保险等产品。①碳指数。与欧盟碳市场相关的碳指数包括巴克莱资本全球碳指数（BC GGI）、瑞银温室气体指数（UBS GHI）、道琼斯－芝加哥气候交易所－CEB/欧洲碳指数（DJ－CCX－CEB/EC－I）、美林全球二氧化碳排放指数（MLCX Global CO_2 Emission Index）和EEX现货市场ECarbix碳指数等。碳指数可以反

[①] 杨星，等. 碳金融概论［M］. 广州：华南理工大学出版社，2014.

映碳市场的供求状况和价格信息，为投资者了解市场动态提供依据并提供投资参考。EEX 在 2012 年 11 月发布的现货市场 ECarbix 二氧化碳指数，就是依据一级和二级现货市场的加权交易量权重，每日及每月底分别公布交易量和交易价格。②碳保险。随着碳市场交易量的快速增长，欧洲碳保险业务也得到了较快发展。苏黎世保险公司（Zurich）推出的 CDM 项目保险业务，可以同时为 CER 的买方和卖方提供保险，交易双方通过该保险能够将项目过程中的风险转移给苏黎世保险公司。如果买方在合同到期时未能获得协议规定数量的 CER，苏黎世保险公司将按照约定予以赔偿；如果 CDM 项目未能达到预期收益，苏黎世保险公司也会予以赔偿。

第四章　绿色金融的国际实践、经验与启示

第一节 国际绿色信贷

一、银行业绿色信贷概况

(一) 绿色信贷的基本概念

随着环境污染、资源耗竭、食品安全等全球性问题逐渐凸显,人们普遍认识到了人类过去不可持续的生产和消费方式对于环境以及社会的危害。环保、劳工、人权等公众运动的兴起,使得国外银行不得不面对由于环境社会问题而导致的项目搁浅,或影响自身声誉乃至流失其他客户的风险。20世纪90年代,由于美国超级基金法案扩大了环境污染治理责任主体范围,大多数美资银行为避免成为连带责任人,开始在贷款程序中加入环境尽职调查环节,考虑项目的环境影响之后再做出贷款决策。

国际上很少有通用的术语专门定义银行业金融机构在信贷业务上的可持续或绿色举措。"环境贷款"(environmental loan)、"可持续贷款"(sustainable lending)等词偶有出现,但并未广泛使用,也没有统一定义。使用较多的还是"可持续金融"或"绿色金融"。

20世纪90年代,一些商业银行包括德意志银行(Deutsche Bank)、汇丰银行(HSBC)、国民西敏寺银行(Natwest)、加拿大皇家银行(Royal Bank of Canada)、西太平洋银行(Westpac)在与联合国环境规划署合作致力于提高银行业环境意识时,提出了银行业环境倡议(Banking Initiative),并在1992年里约地球峰会(Rio Earth Summit)上发表了《联合国环境规划署银行业关于环境与可持续发展的声明书》,呼吁金融机构在其运营和服务中纳入对环境的考量,并调动私人资本,加大对环境友好技术与服务的投资。

荷兰合作银行集团（Rabobank Group）的高级经济师 Marcel Jeucken 在其《金融可持续发展与银行业：金融部门与地球的未来》一书中对于可持续银行业（sustainable banking）的定义是，内部活动符合可持续发展业务的要求，而可持续发展业务中涉及的外部活动（如贷款和投资）的重点是重视和推动客户与其他社会实体的可持续发展。他提到，银行可以通过其融资政策为可持续商业项目提供贷款机会，并通过收费服务（如为客户提供投资建议）产生社会影响力；银行还可以集中利用各种知识与信息调配贷款手段刺激可持续发展。

目前，国际上银行业实施"可持续金融"或"绿色金融"时主要参考的是赤道原则。赤道原则是一套在融资过程中用以确定、评估和管理项目所涉及的环境和社会风险的金融行业基准。在 2003 年，由花旗集团（Citigroup）、荷兰银行（ABN AMRO）、巴克莱银行（Barclays）与西德意志银行（WestLB AG）等世界主要金融机构在世界银行集团下属的国际金融公司（IFC）环境和社会政策基础上共同制定并发布。

不难发现，国际上对于银行业金融机构开展"可持续金融"或"绿色金融"的定义主要集中于：①在传统经营与服务中加入对环境和社会因素的考量，规避和管理相关风险；②加大对可持续发展相关（如环保类）项目的投融资支持。

（二）发展绿色信贷的意义

绿色信贷是银行业金融机构应对环境和社会风险、提升国际竞争力、贯彻落实可持续发展的一项重大举措，是建设资源节约型、环境友好型社会的强有力的金融杠杆。绿色信贷是对传统金融观念的改变和发展，是现代金融发展的一个重要趋势。它具有以下几点重要意义：

1. 确保银行信贷资金安全

一些地方在迅速推进工业化和城市化时，在宏观决策和整体规划上较少考虑环境、资源、公共健康安全等因素，使企业因污染被关停、项目因劳工和移民等问题遭到公众反对而终止所带来的信贷风险逐渐加大，如政策风险、法律风险、信誉风险等。这些风险可能导致金融机构资金受损乃至影响经济运行，进而威胁信贷资金的安全。绿色信贷政策是减少银行贷款风险、引导企业发展方向的重要措施。这项政策的执行，将有助于银行调整信贷投向，化解信贷风险，确保信贷资金安全。

2. 促进经济社会可持续发展

通过金融部门对环境与社会议题的助力，有利于消除"守法成本高、违法成本低"的不公平现象，促进企业环境和劳工权益保护意识的觉醒和提高。以环境议题为例，银行可以将环境政策作为信贷投放的前提条件，严格控制对高污染、高能耗行业的信贷投入，防止盲目投资，同时借助宏观调控政策，把一些比较脆弱的、资金链易断的、产业结构优化程度较低的企业淘汰出去；而对于已经介入的"两高企业"，要推动其改善环境绩效，如无实质性改善迹象，银行要毫不犹豫地退出。这样既优化了银行的客户结构，提高了银行的经济效益，同时也极大地促进了企业环境保护意识的增强，以及经济结构调整和经济增长方式的转变，实现了环境保护与金融安全的双赢，有利于经济可持续发展。

3. 推动经济结构转型

经济结构转型要求金融必须转型，经济结构转型是金融转型的依据和前提，金融转型是经济结构转型的动力和推手。由于经济结构转型必然全面触及原有经济结构并使社会、经济关系发生深刻变化，涉及面广、难度大，因而需要较长的时间过程；而加快金融转型进程，通过优化金融产品结构、金融组织结构、金融市场结构等，更好地发挥金融支持实体经济的作用，则可加快经济转型步伐。在我国目前金融结构格局下，以银行信贷为主导的间接融资在社会融资结构中占有优势地位，因而加快绿色信贷发展，促进银行适应低碳经济发展的要求，在信贷的行业结构、产品结构、业务结构等方面加快转型，对加快推进金融转型进而推动经济转型至关重要。

(三) 国外银行业绿色金融实践

"可持续金融"或"绿色金融"自 20 世纪 70 年代在德国、美国等国家诞生以来，在全球范围内快速发展。目前，国际上绿色金融的成功实践主要集中在美国、英国、加拿大、德国、荷兰等国家，诸多发展中国家也在政府的推动下有序开展绿色金融。2016年，绿色金融议题被首次纳入G20议程，并成立了绿色金融研究小组，由中国人民银行和英格兰银行共同主持，所有G20成员国全部参与，研究范围包括银行体系绿色化等五个议题。《G20绿色金融综合报告》中提到，要推动包括赤道原则在内的绿色金融自愿原则的履行。近年来瑞典、巴西、肯尼亚和印度尼西亚等许多国家和地区都在规划和开展绿色金融，英国伦敦、中国香港、新加坡和瑞士都争相成为世界的绿色金融中心。可以预见，绿色信贷在全球范围会迎来新一轮的发展。

国际上常见的绿色金融实践路径包括环境与社会风险管理体系建设、政府支持绿色金融发展、细化落实赤道原则、积极创新可持续发展的产品和服务、政府监管部门积极推动等。

1. 环境与社会风险管理体系建设

以花旗银行为例，花旗银行在内部建立了严格的环境事务管理机制，包括环境政策和流程培训机制、环境与社会风险管理机制、外部公共和私人事务合作机制以及涉及环保的业务开发机制等。2003年，花旗银行制定的环境与社会风险管理（Environmental and Social Risk Management，ESRM）体系与赤道原则对项目贷款的划分标准类似，将全球交易分为A、B、C三类，凡是属于A类的交易，都需要得到指定高级信贷员和环境与社会风险管理总监的共同评估。

花旗银行将自己的ESRM体系嵌入信贷系统中，适用于全球范围的交易，对环境和社会风险评估形成一个严格的流程约束，例如超过1000万美元的项目融资，需要经过四个阶段的信贷审批流程。通过严格的约束流程，把风险控制在萌芽状态，同时，即使项目暂时不能交易，被评估的项目也会存储在系统中，一旦将来条件成熟考虑再次交易时，可以节约人力、物力、财力，降低将来的调查和评估成本。

2. 政府支持绿色金融发展

以德国复兴信贷银行（KFW）为例，该银行是德国政府支持的国家政策性银行，运用资本市场和银行来实施对环境项目的金融补贴政策。德国复兴信贷银行在国际资本市场上进行融资，德国政府负责对其融资资金进行贴息并打捆形成绿色金融产品。德国复兴信贷银行测算出盈利利率和优惠利率，将从资本市场融来的资金开发成长期、低息的金融产品销售给各银行，银行获取低息金融产品后根据微利的原则再适度调整利率，然后以优惠的利息和贷款期限为终端客户提供支持环保、节能和温室气体减排的绿色金融产品和服务。实践证明，国家利用贴息的形式支持环保节能项目的做法取得了很好的效果，国家利用较少的资金调动起一大批环保节能项目的建设和改造，"杠杆效应"非常显著。

3. 细化落实赤道原则

典型案例之一为日本瑞穗实业银行（Mizuho Bank）。2003年10月，瑞穗实业银行成为日本以及亚洲首家赤道银行，其根据IFC的《环境、健康和安全指南》（Environment, Health and Safety，以下简称《EHS指南》）和《环境与社会可持续性绩效标准》制定出适用于该行的"行业环境影响筛选表"，详尽编写了针对内部38个行业的行业指南细则和赤道原则实施手册，于2004年开始执行。2006年3月，瑞穗实业银行设立了可持续发展室，并宣布接受当年修订的新版赤道原则。

通过筛选，若融资项目可以纳入赤道原则，瑞穗实业银行则针对项目规模、位置以及对社会环境影响程度等不同因素，确定项目级别、撰写报告，将其送交可持续发展室，再由可持续发展室送交审查部门进行融资贷款审查。日本瑞穗实业银行在2003年采纳赤道原则之前，其项目融资业绩在世界排第18位，至2006年，其项目融资业绩排名上升至第3位，业绩大幅度提升。

4. 积极创新可持续发展的产品和服务

以荷兰银行为例，该行于2003年设立了可持续发展部，并将其可持续发展战略目标从风险的管理逐步转向商业机会的发掘。2005年年底，荷兰银行相继推出了与水资源、可再生能源、气候变化、环境指数等环保概念相挂钩的理财产品，使银行与客户在获取投资收益的同时，间接履行社会责任。近年来，荷兰银行与可持续发展相关的产品和服务，从最初单一的信贷业务，逐步拓展为涵盖理财产品、贷款融资、投资基金等多种形式的产品服务体系。

在碳交易领域，荷兰银行是世界排名前十的交易商，凭借其广泛的全球客户基础，为碳交易的各方牵线搭桥，提供代理服务，后来逐渐开展自营业务。通过对各类上市公司股价表现的研究，设计了气候指数和水资源指数，并推出收益与上述指数挂钩的可持续理财产品。

5. 政府监管机构积极推动

发展中国家的银行对于绿色金融的推动更多依靠政策监管的力量。2012年，IFC和中国银行业监督管理委员会（以下简称中国银监会或银监会）在第一届新兴市场绿色信贷论坛上倡导发起了针对银行监管机构和行业协会组织的知识交流平台——绿色信贷跨国工作组（Sustainable Banking Network，SBN）。绿色信贷跨国工作组通过知识和技术资源的分享，帮助银行业监管机构和行业组织制定绿色信贷政策和环境社会风险管理指引。截至2016年8月，已有中国、孟加拉国、巴西、尼日利亚、哥伦比亚、印度尼西亚、老挝、蒙古国、菲律宾、秘鲁、泰国、越南、尼泊尔、摩洛哥、土耳其、巴拉圭、洪都拉斯、肯尼亚、巴基斯坦、柬埔寨、加纳、约旦、印度、墨西哥24个国家的32家相关机构加入了会员，包括中国银监会及秘鲁银行保险和私人养老金监督机构等银行业监管机构，孟加拉国中央银行、尼日利亚中央银行、巴西中央银行等金融机构，中国银行业协会以及哥伦比亚、蒙古国、泰国等国的银行业协会，中国环境保护部、蒙古国环境与绿色发展部、越南自然资源与环保部等环境监管机构。

绿色信贷跨国工作组积极支持新兴市场国家制定可持续银行指引，截至2016年8月，已经有中国、孟加拉国、巴西、哥伦比亚、尼日利亚、印度尼西亚、肯尼亚、蒙古国、秘鲁、越南、墨西哥、土耳其12个国家制定了相关政策与指引。

巴西绿色金融的监管框架主要是由巴西中央银行及相关经济部门的

监管和银行的自我调整构成。该国于2008年和2009年分别发布了《公共银行绿色协议》和《私人银行绿色协议》，确定了商业金融机构的可持续性标准。公共银行承诺将不会向环保不达标的企业提供资金支持，同时将支持可持续的生产系统，为了达到这个目标，银行调整了分析程序和信贷优惠。自2008年以来，巴西发布了一系列涉及金融机构的法规，在绿色金融方面对金融机构提出了各种要求。

此外，韩国提出了一项关于低碳绿色发展的框架法案和一个五年计划来执行该国的绿色发展战略。这些措施允许政府采用税收、罚款和奖励的手段调节市场，同时鼓励银行向有绿色项目的公司提供低息贷款。这些措施也涵盖了绿色金融，促进了碳交易以及绿色金融的基础建设。与此同时，韩国也打算增加政策性银行的绿色贷款规模，放松在其股票交易市场科斯达克（KOSDAQ）上市的标准，方便绿色初级债务抵押债券的发行，从而帮助中小企业融资。[①]

二、绿色信贷的国际标准：赤道原则

（一）赤道原则概述

赤道原则是银行业金融机构环境与社会风险管理广泛采用的基准和框架。赤道原则是基于IFC的《环境与社会可持续性绩效标准》以及世界银行的《环境、健康和安全指南》制定的，共有十条原则声明。

第一条规定了项目分类标准，即基于IFC的环境和社会分类操作流程，根据项目潜在的环境社会影响和风险程度将项目分为A、B、C三类（即分别具有高、中、低级别的环境或社会风险）。

第二条规定对A类和B类项目要开展环境和社会评估并提交相关评估文件。

---

① 中国银行业协会东方银行业高级管理人员研修院．绿色信贷[M]．北京：中国金融出版社，2014．

第三条规定了适用的环境和社会标准，首先应符合东道国相关的法律、法规和许可，若项目位于社会和环境治理体系尚不健全的非指定国家，还必须满足 IFC 的《环境与社会可持续性绩效标准》及世界银行的《环境、健康和安全指南》。

第四条规定了 A 类和 B 类项目需针对评估中发现的问题，开发或维持一套环境和社会管理体系。

第五条规定了 A 类和 B 类项目应建立有效的通报协商和利益相关方参与机制，保证受影响社区和其他利益相关方的参与。

第六条规定了 A 类和 B 类（如适用）项目应建立投诉机制，收集并解决对项目的社会和环境绩效的关注和投诉。

第七条规定 A 类和 B 类（如适用）项目有关的环境和社会评估文件应由独立的环境和社会专家进行审查。

第八条规定所有项目都必现在融资文件中加入承诺性条款，包括承诺遵守东道国一切和环境与社会相关的法律法规，在项目建设和运营周期内遵守相关管理计划和行动计划，定期提交项目报告，等等。

第九条规定了独立监测和报告制度，即贷款期间赤道银行应聘请或要求客户聘请独立环境社会顾问来核实项目监测信息。

第十条规定了赤道银行及其客户的报告制度，赤道银行应至少每年向公众披露交易数量及其实施赤道原则的过程和经验；A 类和 B 类（如适用）项目应确保环境和社会影响评估摘要可在线获取，并视情况披露温室气体排放水平。

值得注意的是，赤道原则在环境和风险管理方面制定了一整套完善的评价要求和工作流程，但是其设立的初衷是为了防范风险，未能有效体现对绿色经济领域的支持。

截至 2016 年 6 月，已有来自 35 个国家和地区的 84 家银行采纳了赤道原则。2013 年 6 月，经过修订，赤道原则Ⅲ正式启用。

（二）赤道原则Ⅲ的主要变化

1. 适用范围

赤道原则Ⅲ扩大了适用范围，从适用于项目融资和项目融资顾问活动，扩大到项目融资、项目融资顾问活动、用于项目的公司贷款和过桥贷款等四类金融产品服务。其中，用于项目的公司贷款应当同时满足以下前提条件：与单个项目相关联，同时客户对该项目有实际控制权（直接或间接）；总贷款金额至少为1亿美元；单个机构贷款承诺不少于5000万美元；贷款期限至少为2年。过桥贷款的前提条件则是贷款期限少于2年，并且该贷款将来会以项目融资或符合上述条件的其他形式寻求再融资。

2. 气候变化

与IFC新版绩效标准一致，赤道原则Ⅲ要求根据IFC绩效标准对高排放的项目开展替代性分析，即对在技术和财务方面可行以及成本效益好的可替代方案进行评估，以便能减少项目在设计、建设和运营期间与项目相关的温室气体排放。同时，对于年CO_2排放量超过10万吨的项目，赤道原则Ⅲ要求银行客户在项目运营阶段披露温室气体排放情况，并鼓励客户对CO_2年排放超过2.5万吨的项目也进行温室气体排放情况的披露。

3. 人权

在赤道原则Ⅱ的基础上，赤道原则Ⅲ进一步强调了对受影响社区和弱势群体开展的知情磋商和利益相关方参与程序，并要求在有限高风险情况下开展适当的人权尽职调查。

4. 透明度和一致性

一方面，赤道原则Ⅲ增加了客户披露相关尽职调查报告的要求；另一方面，进一步规范了赤道原则金融机构年度赤道原则执行情况的最低披露要求，除了原有的披露适用赤道原则的项目个数、行业和区域以外，还增加了适用赤道原则的项目名称信息（在获得客户同意的前提下)、过桥贷款数据、独立审查信息等。

此外,赤道原则Ⅲ还加强了成员之间的信息沟通和共享机制,以促进国际性和地方性的银行在经营上的公平竞争。

(三) 赤道原则Ⅲ的意义

赤道原则Ⅱ较赤道原则Ⅰ的进步在于,将适用赤道原则的门槛从5000万美元降低到1000万美元;赤道原则Ⅲ的出台则实现了从单一项目融资到覆盖与项目关联公司贷款的扩大,融合了气候变化要求以及执行的透明度和一致性的飞跃,促进了赤道原则所确立的环境与社会风险管理方法和工具框架,并将其更广泛、更有效地应用到市场上不同的金融工具当中去,体现了与社会责任及可持续发展更紧密的联系和融合。

对于赤道原则金融机构(即采用赤道原则的金融机构,又称赤道银行),或者说贷款人而言,赤道原则Ⅲ提出了更高的内部能力要求,需要重新审视并由内而外地开展各项准备工作。首先,赤道原则金融机构,尤其是新兴市场国家的贷款方,需要更新内部政策和制度体系,以实现将更多的产品和业务纳入赤道原则进行管理,并符合赤道原则Ⅲ更为严格的尽职调查、报告与监测要求。其次,对于温室气体的披露要求使得赤道原则金融机构需要更大范围地对项目开展尽职调查,并且需要与利益相关方互动以及对气候变化更为敏感。最后,赤道原则Ⅲ也要求各方对融资项目的过程以及涉及问题的披露更为透明化,并增强了贷款方作为咨询者和引导者角色的要求。

赤道原则Ⅲ的新内容,实质上是对客户提出了进一步的要求。对于客户或借款人而言,赤道原则Ⅲ进一步提高了合规成本,全面考虑与社会责任和可持续发展相关的因素,有助于帮助客户在全面管理项目环境与社会风险之外,切实提升客户风险管理能力,并实现企业在单个项目以外的长期、可持续发展。

三、国际绿色信贷政策案例

(一)《孟加拉国环境风险管理指南》

孟加拉国中央银行与该国其他银行和利益相关方于2011年合作制定了国家环境风险管理政策和战略框架——《孟加拉国环境风险管理指南》(以下简称《指南》),并在该国的银行及其他金融机构中强制执行。该政策的实施包含了对合规银行的特惠待遇政策。合规银行将会在开设新的分支机构以及申请许可时得到优先考虑。可持续银行被孟加拉银行视为是一个转变的机会,来发展有效利用资源的工业和低碳的工业,包括绿色工业和更广义的绿色经济。

《指南》详细阐述了该国金融机构所面临的环境风险、环境风险管理的目的和方法及其与信贷风险管理的内在关系。在环境风险管理方法上,《指南》要求如下:

1. 政策制度

《指南》要求金融机构必须制定环境风险管理政策与制度,承诺遵循以下三个原则:

(1) 将环境风险管理纳入信贷政策制度与流程。

(2) 建立和推广环境风险管理意识,持续为员工提供相关能力建设培训。

(3) 用附加价值法衡量环境风险管理,引导和帮助借款方解决可能导致风险的环境问题。

各金融机构需在董事会或高级管理层面通过关于采用《指南》的决议,并认同和采纳以上原则。各金融机构的高级管理层每年还需对本机构的环境风险管理情况进行评估,以判断执行是否有效。

2. 组织管理

《指南》认为环境风险管理是信贷风险管理的一部分,因而负责信贷风险管理的部门即可开展环境风险管理工作,并不要求单独设置部门负责此事。《指南》明确了在环境风险管理中不同职能岗位的重要职责。

（1）前台与潜在客户接洽的业务人员应尽的职责：①了解不同行业的环境问题与风险；②与潜在客户沟通，告知对方收集与分析其环境信息是为了避免将来相关风险突发给其带来损失；③利用尽职调查清单对潜在客户和项目的环境风险进行评级；④提供相关环境信息给信贷风险管理部门。

（2）信贷风险管理人员应尽的职责：①了解不同行业的环境问题与风险；②核查前台业务人员提交的尽职调查清单与环境风险评级报告；③将环境风险纳入信贷风险评价；④必要时，设定附加融资条件或条款（如：必须取得环境许可证）。

（3）信贷审批人员应确保必要的融资条件或条款已被纳入信贷合同。

（4）信贷管理人员应确保在贷款发放前，借款方通过改进，符合信贷合同中附加的融资条件或条款后，再批准贷款发放。

（5）信贷监控人员应确保在贷中风险监控中加入对环境风险的监控。

（6）银行行长或其他金融机构的首席执行官应确保将环境风险管理纳入信贷风险管理中，并指定信贷部门经理或其他高级管理人员负责此项工作的具体落实。

3. 流程管理

《指南》详细阐述了环境风险管理如何渗入信贷流程的各个环节：

（1）企业/项目提出贷款申请时，金融机构必须对该企业/项目进行全面的环境风险评估。倘若有多家金融机构为同一企业/项目提供贷款，那么这些机构需共享相关信息及风险评级，以确保各方识别和评估企业/项目相关的环境风险，并在融资风险水平上达成一致意见。各机构前台业务人员需根据《指南》填写环境尽职调查清单并完成环境风险评级，以提供给信贷风险管理部门做进一步核查。

（2）金融机构需将环境风险管理纳入信贷风险管理流程中。针对融资业务，金融机构需核查企业/项目的环境风险评级，如有误，应请前台业务人员重新进行环境尽职调查。一旦评级结果中出现高风险项，信贷风险管理部门应在信贷合同中加入附加融资条件或条款予以约束，督促企业改进，减小风险。针对投资组合管理，金融机构应根据环境保护部的环境影响分类标准（分红色、橙A、橙B、绿色）以及《指南》中的环境风险评级标准，持续每年对其投资组合进行环境风险评估，并制定相应的风险管理措施。

（3）信贷审批过程中，一旦发现评级结果中存在高风险项，该信贷项目必须交由高级管理层或董事会进行审批。所有的信贷合同都应包括一个标准条款，就是企业/项目必须符合法律法规和监管要求。评级结果中存在高风险项的，信贷合同中必须加入相应的附加融资条件或条款予以约束。

（4）贷款发放前，必须确保存在高风险项的企业/项目已通过改进，符合信贷合同中附加的融资条件或条款，并能够提供相应的书面证据予以证明。

（5）贷款发放后，金融机构需要对所贷企业/项目进行定期监控，确保借款方有效地开展环境管理。金融机构需留存监控与检查结果，并就结果与借款方沟通，帮助其改进；借款方也需提交所采取改进措施的书面文件。在年审时，孟加拉国中央银行会核查各金融机构是否将环境风险纳入自身信贷风险管理中。

（6）根据《指南》要求，各金融机构应搭建和维护一个"环境风险引发的不良贷款数据库"，帮助自身梳理总结，以便在未来做出更好的融资决策。

（7）各金融机构每年必须在年报中披露相关信息，告知管理层、股东以及其他利益相关方本机构执行《指南》的情况。

4. 环境尽职调查清单和环境风险评级标准

《指南》中附有环境风险尽职调查清单和环境风险评级标准。其中，环境尽职调查清单分为通用调查清单和行业调查清单，包括农业（家禽与乳制品）、水泥行业、化学品行业（化肥、杀虫剂、药物）、工程和碱金属行业、房地产行业、纸浆造纸行业、糖酒行业、皮革行业、纺织品和服装行业、拆船业等。

其中，通用调查清单适用于所有融资项目。如某融资项目不属于上述任一行业，则只需填写通用调查清单并以此作为环境风险评级的依据。孟加拉国通用环境尽职调查清单，如表4-1所示。

表4-1 孟加拉国通用环境尽职调查清单

项目	是/否/不适用
潜在环境风险来源	
1. 环境许可： *在提交贷款申请时，是否已取得环境保护部的所有适用许可？例如，场地许可证和环境许可证	
*在提交行业环境影响类别（红色、橙A、橙B、绿色）文件后，是否取得相关许可	
2. 场地：项目场地是否受生态环境脆弱性影响？生态环境脆弱性的影响体现在这些方面，例如，场地若选在河岸上会受洪水威胁；场地若选在国家公园或森林则会涉嫌违法违规，等等	
3. 气候变化：项目是否采取了相关措施以避免气候变化带来的负面影响？气候变化导致的极端天气包括飓风、风暴潮、洪水、干旱等	
借款方的环境管理体系	
4. 承诺：潜在借款方的高级管理层是否承诺致力于环境保护和管理工作	
5. 人力：潜在借款方是否安排了人力来进行环境问题管理	
6. 技能：如潜在借款方已安排人力，相关人员是否有足够的能力管理环境问题	
7. 劳工/社会问题：潜在借款方是否在职业健康与安全、童工、强迫劳动、工资报酬、歧视、工作时长等方面表现良好	

调查清单中斜体问题相对来说更为重要和关键。环境风险等级可根据调查清单中的情况确定，若清单中存在不适用的问题，在风险评级时，应先剔除该问题再计算百分比。任何剔除理由均应以文字形式单独记录，附在调查清单文件中留存。孟加拉国通用环境风险评级标准，如

表4-2所示。

表4-2 孟加拉国通用环境风险评级标准

标准	环境风险等级
任一斜体问题答案为"否"	高
斜体问题答案全部为"是",但50%及以上的非斜体问题答案为"否"	高
斜体问题答案全部为"是",25%~50%的非斜体问题答案为"否"	中
斜体问题答案全部为"是",少于25%的非斜体问题答案为"否"	低

各行业的环境尽职调查清单与环境风险评级标准各不相同,《指南》至少每三年修订一次;每当有重大环境法律法规变动,《指南》都须更新。2012年第一版《指南》指出了后续的改进与修订方向,包括加入定量风险评级方法和第三方环境风险管理咨询机构名录等,这也体现了孟加拉国金融机构环境风险管理未来的发展方向。

(二)《尼日利亚可持续银行原则》

尼日利亚银行委员会在2012年推出了《尼日利亚可持续银行原则》(以下简称《原则》)。由于尼日利亚中央银行开始对各金融机构执行该原则的情况进行监督,该原则已经由自愿性原则转变成准强制性原则。

《原则》由九大原则、通用《原则》遵循指南、电力行业《原则》遵循指南、农业《原则》遵循指南、油气行业《原则》遵循指南五大内容组成。本部分主要介绍九大原则和通用《原则》遵循指南。

1. 尼日利亚可持续银行九大原则

原则1:业务活动中的环境社会风险管理。

我们将在业务活动决策过程中加入对环境和社会因素的考量,以避免、减少或抵消相关负面影响。

原则2:业务运营中的环境社会足迹。

我们将尽最大努力避免、减少或抵消业务运营中对环境和当地社区产生的负面影响，同时促进积极影响。

原则3：人权。

我们将在业务活动与运营中尊重人权。

原则4：妇女经济赋权。

我们将积极推动妇女经济赋权。在业务运营中，营造工作场所性别包容文化；在业务活动中，提供专为女性设计的产品与服务。

原则5：金融包容性。

我们将积极推动包容性金融发展，为传统上无法获得或只能获得有限正规金融服务的个人和社区提供金融服务。

原则6：环境与社会治理。

我们将在各自的机构中实行强有力的、高透明度的环境与社会治理，并对我们客户的环境与社会治理状况进行评估。

原则7：能力建设。

我们将提高各自机构及整个行业的相关业务能力，以识别、评估和管理与我们业务活动和运营相关的环境社会风险，把握相关机遇。

原则8：合作伙伴关系。

我们将通过行业协作并充分利用国际合作伙伴关系，加快整个行业的进步，确保我们的做法和实践与国际标准以及尼日利亚的发展需求相一致。

原则9：信息披露。

我们将在机构与行业层面，定期审查和披露我们遵循《原则》的情况。

2. 通用《原则》遵循指南

通用《原则》遵循指南对每一个原则及其如何在银行业务活动和运营中实行做了具体的阐述，针对每一个原则给出了相应的实施目标及方法上的建议，并为银行如何测量、监控和披露《原则》遵循情况提供了建议。

通用《原则》遵循指南对银行提出以下几方面建议：

（1）董事会公开承诺将《原则》贯穿于银行的政策和决策中，并为高级管理层设定与《原则》遵循相关的目标。

（2）设计可持续银行实践方案：①制定可持续银行政策，政策中应包括《原则》执行的承诺与方法；②开发一套与核心业务及内部决策过程相匹配的环境社会风险与机遇管理流程；③搭建可持续银行信息披露框架。

（3）识别并明确与可持续银行建设相关的岗位和职责，开展能力建设培训，调整业绩指标，以确保有足够的资源与能力来实现其可持续银行建设的承诺。

（4）通过开展与国内外同行及合作伙伴的交流活动，加深对可持续发展问题及实践的认识。

通用《原则》遵循指南中表明，银行承诺遵循《原则》（2012年7月发布）后，有一年的时间去建立自身的环境社会风险管理体系，该体系自第二年开始实行。所有承诺遵循《原则》的银行必须在2013年年底前发布初步的可持续银行建设进展报告，对其《原则》遵循的情况进行披露，2014年年底前必须发布完整版报告。

四、渣打银行绿色信贷案例

（一）渣打银行与绿色信贷

渣打银行承诺推动项目所在国经济社会的积极发展。对渣打银行而言，"可持续性"不仅仅意味着节约能源或为公益事业筹集资金。"可持续性"这个概念深深植根于渣打银行的品牌理念中，并对渣打银行工作的方方面面都产生了影响，包括决策方式、渣打银行对当地经济所做的贡献，以及当渣打银行为有投资及贸易需求的个人及公司提供贷款用于在全亚洲、非洲及中东创造财富时产生的影响。

在过去的时间里，渣打银行一直努力确保其社区投资项目符合联合国千年发展目标（MDGs）的要求。在环境方面做出以下承诺：①重点关注环境战略，以降低运营产生的环境影响，降低从渣打银行获得贷款的客户活动产生的环境与社会风险；②推动集团内部与外部利益相关方减少其活动,以降低活动产生的环境影响。渣打银行的可持续发展重点包括:促进经济可持续发展,做有责任心的企业。

1. 促进经济可持续发展

(1) 支持绿色经济发展。

渣打银行为可再生能源及清洁基础产业提供资金支持。2007—2014年,渣打银行为该产业提供了超过112亿美元的资金,其中2014年的资金总额为79 860万美元。

(2) 环境与社会风险管理。

渣打银行认为要取得长期可持续发展,就必须以负责任的态度管理环境与社会风险。渣打银行制定了完善的立场声明(Position Statements),并在声明中指出渣打银行希望客户与渣打银行本身应该遵守的标准,包括赤道原则的应用问题。

2014年,渣打银行对其环境与社会风险评估程序及基础模板进行了修订。评估程序用于评估客户是否符合立场声明中的要求,并作为渣打银行为客户及某些交易贷款审批过程的一部分。评估过程发现的潜在风险将提交给相关专家,做进一步审查。2014年,渣打银行总共提交了350份客户关系及交易记录,用于进一步审查。对于所有被发现的风险,渣打银行将采取有效措施,以降低风险。当风险不可避免时,渣打银行将拒绝交易。

(3) 绿色信贷产品创新。

渣打银行不断深化面向寻找符合伊斯兰教义融资渠道的客户的产品。自2004年以来,渣打银行已经通过专业伊斯兰银行品牌——渣打银行 Saadiq 完成超过730亿美元的伊斯兰融资。

2014年,渣打银行为伊斯兰项目提供了160亿美元的贷款,拓展了面向中小企业的伊斯兰融资解决方案,并为私人银行客户推出了一套综合性伊斯兰融资产品。同年,香港首次发售伊斯兰债券(Sukuk),渣打银行担任此次发售的融资及牵头经理行。这是全球首批获 AAA 评级的政府推出的美元伊斯兰债券。

2. 做有责任心的企业

渣打银行的可持续性承诺不仅仅是指其资助的客户的经济活动需要具有可持续性,还包括其开发客户及管理业务的方式,从而为利益相关方创造长期的价值并遵守渣打银行的品牌承诺,即一心做好,始终如一(Here for good)。

(1) 社会角度。在立场声明的指导下,渣打银行在做出融资决策时会将人权问题考虑进去,包括与特定产业风险相关的儿童、工人及社区的权利。

(2) 环境角度。渣打银行致力于将其运营产生的环境影响减至最低。2014年,渣打银行用电量降低了4%,用水量降低了3%,每位全职员工的办公用纸量降低了6%。渣打银行制定了长期目标,并对相关进展进行追踪,以实现这些目标。为了管理集团各物业的用电用水量,渣打银行与能源管理公司合作,加快所有物业的节水节电进程。此外,渣打银行还聘请了第三方审计机构进行温室气体排放量审计。2014年,渣打银行增加了对范畴三其他间接排放量(Scope 3)的审计,与之前的范畴一直接排放量(Scope 1)和范畴二自用采购电力间接排放量(Scope 2)一并纳入审计,提高了温室气体排放量报告的可信度。

(3) 供应商角度。渣打银行不断推动供应商加入联合国全球契约(UNGC)供应链可持续发展团队(Supply Chain Sustainability Workstream),以满足领先的环境与社会标准的要求。除了要遵守2012年的供应商章程外,渣打银行还鼓励供应商在有关人权及劳工等事项上遵循全球契约十项原则。

(二) 渣打银行环境与社会风险管理

1. 环境与社会风险管理体系

对渣打银行而言,可持续性意味着通过与客户合作,为利益相关方创造长期的价值,并推动项目所在国经济社会的积极发展。渣打银行认为,其产生的最大影响来自其资助的项目。要取得长期可持续发展,就必须以负责任的态度管理环境与社会风险。

渣打银行针对特定行业制定了完善的立场声明,并在声明中明确了渣打银行希望客户与渣打银行本身应该遵守的标准,并通过公司内部政策与流程落实。这些声明的制定参考了行业内的相关标准,包括IFC绩效标准及赤道原则。渣打银行自2009年起公开披露其立场声明,并于2013年进行了更新,以反映行业最佳实践的发展情况,并开发其他行业的立场声明。截至目前,渣打银行已发布20份有关特定行业及主题的立场声明,适用于向所有客户提供贷款、股权及咨询服务。

此外,渣打银行自1997年起制定并实施了一套严格的综合措施,以管理其为企业及机构客户提供贷款、股权及咨询服务以及零售部门为商业客户提供贷款而产生的环境与社会风险。该管理机制定期更新(最近一次更新时间为2014年),由品牌、价值与操守委员会监管。该委员会由董事会管理,负责审查集团可持续发展相关业务开展的优先级别,监督相关公开承诺的制定与落实,这些公开承诺涉及业务开展及项目支持的选择。

2. 环境与社会风险评估流程

环境与社会风险管理是渣打银行贷款审批过程的一部分。渣打银行贷款审批及环境与社会风险管理过程包括四个阶段:

第一个阶段:初始风险评估。

渣打银行根据相关立场声明要求的标准,采用公司内部的环境与社会风险评估工具(ESRAs),对符合相关标准的所有客户与交易进行风险评估。该环境与社会风险评估工具适用性强,且简单实用,客户经理及一线员工可利用该工具评估客户的环境与社会风险及商誉风险,包括潜在的人权影响。该工具会帮助客户经理和一线员工明确需要进一步分析和审查的议题,并指导其就与运营或项目相关的环境与社会风险跟客户沟通。

所有涉及项目的交易都会根据赤道原则进行分类与评估。

第二个阶段:详细的尽职调查。

必要时,渣打银行在初始风险评估后会通过多种途径收集并审查相关资料,其途径和资料包括:①客户取得的环境与社会影响评价、地方及国际相关认证、许可与批准；②必要时，委派内部专家到客户现场进行考察与审查；③独立第三方尽职调查，以确认某项交易的社会与环境影响，并就相关风险推荐限期整改计划。

如发现存在不符合渣打银行相关标准等特定风险，渣打银行的信贷与客户关系团队会将该交易提交给公司内部的环境与社会风险管理小组。该小组于2006年成立，包括7名成员，每位成员都具有环境与社会风险管理方面的专业知识，并拥有多个行业相关实务经验。

第三个阶段：批准。

所有客户与交易的环境与社会风险审查都需要经过渣打银行信贷部门的批准。需要进一步审查的客户或交易将提交给企业责任和声誉风险管理委员会。渣打银行集团执行副总裁担任该委员会的主席，集团关键职能部门的高级管理人员组成该委员会的成员。客户如未能履行承诺，采取必要措施，来根据赤道原则或公司相关环境与社会标准管理其环境与社会风险时，该委员会有权拒绝交易。

第四个阶段：监管。

必要时，渣打银行会将环境与社会影响方面的相关规定写入贷款协议中，客户需承诺在规定时间内采取相应措施以达到这些规定的要求。作为渣打银行金融服务规定的一部分，这样做的目的是确保已经发现的环境与社会风险能够得到解决，或促使客户尽快达到相关的环境与社会标准。

3. 支持并维护风险管理机制

渣打银行会为所有企业客户、机构客户及商业客户经理提供相关的培训，以帮助他们履行各自的责任。培训内容包括渣打银行环境与社会标准以及这些标准如何应用于风险管理机制中。此外，渣打银行还针对赤道原则等特定主题或修订后的银行环境与社会风险管理方法提供培训。

此外，作为相关行业组织的一员，渣打银行相信有必要与其他机构携手合作，从而确保社会与环境的可持续发展。渣打银行加入的行业组织包括联合国环境规划署金融行动倡议（UNEP FI）、气候组织及银行业环境倡议。另外，渣打银行还与多个公民社会组织展开对话，听取他们的看法，学习他们的经验。

五、瑞穗银行绿色信贷案例

（一）瑞穗与绿色金融

日本瑞穗金融集团（以下简称瑞穗或瑞穗集团）认为，对企业的经营和商业活动来说，保持长期可持续发展是必要前提；在获得商业机遇的同时，控制环境与社会风险同样重要。瑞穗金融集团主要通过环境业务、环境减负、环境意识提升、引入赤道原则来应对气候变化相关问题，在建设低碳社会、构建资源循环型社会、保护生态环境方面不断做出努力，履行其环境责任，推动环境可持续发展。

1. 瑞穗的环境产业

瑞穗金融集团的环境产业大致分为四个方面：第一，在经济方面，帮助致力于推进环境保护的企业或减轻环境负荷的企业进行融资；第二，以瑞穗集团的智库——瑞穗情报总研为中心，以丰富的经验及前沿的见解为基础，在商业咨询、调查研究方面提供全方位的服务；第三，围绕环境保护开展金融产品的开发和销售；第四，充分利用瑞穗的信息网络及专业知识，致力于制定促进环境保护的制度并根据实际情况不断更新。

2. 瑞穗银行与绿色金融

日本瑞穗金融集团旗下的主要银行——瑞穗银行，不仅在日本拥有最多的个人业务网点（约450家分支行），同时通过海外业务、公司业务和项目融资等方面的金融服务，与日本70%以上的日本大企业、跨国企业建有合作伙伴关系，为它们提供跨境跨界的金融服务。瑞穗银行通过绿色信贷、绿色金融产品创新、引入碳排放交易制度以改善生态环境等推动所在国的经济可持续发展。

(1) 绿色信贷。

日本瑞穗银行为了向致力于推进环保的企业提供金融层面的帮助，不仅推出了传统金融工具，同时还为太阳光发电、太阳热发电、风力发电等与环保相关的项目提供贷款，从各方面推动环境保护。瑞穗银行将其在项目融资中的经验积极运用到对太阳光发电、太阳热发电、风力发电等可再生能源产业的融资中，大型的开发项目需遵循"赤道原则"以确保对环境的保护。

相关案例包括：瑞穗银行2008年的西班牙太阳光发电项目，2009年支援保加利亚普及可再生能源项目，2010年韩国秦岐山风力发电站项目，2011年西班牙太阳热发电项目，2013年开始通过项目融资以及基金支持太阳能产业发展，2014年开始致力于在海外建设地热发电站项目，等等。

(2) 绿色金融产品创新。

日本瑞穗银行为了向致力于推进环境保护的企业提供金融层面的帮助，开发了创新金融工具，从各方面推动环境改善。

对"实施环保经营"或者"积极地想要改善环境问题"的企业，在实施"以改善环境为目的的设备投资"时，针对这类企业提出的运转资金和设备资金的需求，瑞穗银行提供低于规定利率的环境保护融资产品——"瑞穗环保助手"以及环境保护公司债工具——"瑞穗环保私募债"。

从2011年3月起，瑞穗银行开始使用瑞穗独立开发的评价体系——"瑞穗环保等级"来评价客户的环境绩效，根据评价结果设定融资、发行的条件，提供"瑞穗环保助手'+'"及"瑞穗环保私募债'+'"。

"瑞穗环保等级"是瑞穗信息综合研究所开发的用于评价客户环境绩效的模型。以企业对环境的可持续保护作为评价的基本准则，项目实施后进行3年跟踪调查，从"风险"和"机遇"两个方面展开评价。

此外，瑞穗银行为了支持个人客户低碳消费，针对以太阳光发电等绿色住宅改造，或新建、新购绿色住宅，以及购买清洁能源汽车等为对象的贷款调低贷款利率。

(3) 通过碳排放交易制度促进生态循环。

瑞穗可以提供与日本碳排放信用额度系统（J – Credit Scheme）相关的各类环境产品及服务。"瑞穗生态循环"是指瑞穗提供的上述产品和服务不仅仅局限于企业的环境经营以及环境保护相关产业，还会将产品和服务拓展到注重环境问题的个人客户，将削减 CO_2 排放量的责任扩展到全社会。

(二) 瑞穗银行与赤道原则

瑞穗金融集团主要通过环境业务、环境减负、环境意识提升、引入赤道原则等来履行其环境责任，推动环境可持续发展。下面主要介绍瑞穗银行环境金融业务中赤道原则的落实机制。

2003 年赤道原则推出之际，日本媒体便在日本国内积极倡导赤道原则理念。日本瑞穗银行（原日本瑞穗实业银行）切身体会到环境风险所导致的未来市场压力；同时，采纳赤道原则对项目融资业务发展也有益，能够让其与欧美竞争者站在同一起跑线上，并能让其在国际银团贷款竞争中凭借其作为赤道银行的优势担任环境银行角色。瑞穗银行率先于赤道原则推出的当年 10 月宣布采纳赤道原则，成为日本及亚洲第一家赤道银行。

日本作为曾经的世界第二大经济体，曾是世界上污染最严重的国家之一，其百年工业革命在创造巨大物质财富的同时也造成了严重的环境危害，走过了一条先污染后治理、以牺牲环境换取经济增长的道路。从20 世纪 60 年代开始，日本进行了不懈的环境治理和保护工作，环境立法、规划建设、循环经济、环保产业等方面都达到了世界领先水平。

此外，20 世纪 70 年代，日本从美国引入企业社会责任理论；20 世纪 90 年代初，社会责任活动在日本兴起并得到广泛传播。因此，瑞穗银行于 2003 年采纳赤道原则，是日本当时的社会环境和经济发展阶段的必然产物。

1. 赤道原则管理体系

日本瑞穗银行赤道原则管理体系的特点是金融产品推动型，更多体现在产品设计层面，这与日本相对发达的经济发展背景、相对普及的环保意识有密切关系。瑞穗银行负责推动和实施赤道原则的可持续发展室设置在全球产品事业板块下的项目融资部（现称全球结构融资部），是全球结构融资产品前台的重要部门，业务审查范围仅限于对符合新巴塞尔协议规定的项目融资的环境与社会风险审查，不涉及其他业务品种的环境与社会风险管理。

瑞穗银行善于通过良好的制度建设和工具开发来开展赤道原则合规审查，编写了《赤道原则内部实施手册》，并制定了覆盖其业务范围的35个行业实施细则。

瑞穗银行将赤道原则合规性审查纳入产品前台的尽职调查环节，强调环境社会风险审查工作应与财务、法律、市场、技术等尽职调查同步进行，对于存在严重影响的项目，奉行环境先行原则，环境社会尽职调查甚至早于其他尽职调查流程而优先开始。

2. 赤道原则落实机制

从瑞穗银行的实践经验来看，采纳赤道原则不但没有限制业务发展，反而凭借积累的环境管理经验增强了业务竞争优势，大大促进了项目融资业务开展，获得了更多的商业机会和效益。瑞穗银行2008年度全球项目融资规模达53.28亿美元，其担任牵头行的项目融资规模排名为全球第3位，较2003年采纳赤道原则之初上升了15位。

瑞穗银行可持续发展室不仅承担项目融资的环境与社会风险评估工作，同时也为业务营销团队提供咨询和营销支持。在大型项目融资前期拓展中，业务团队往往邀请可持续发展室向客户介绍赤道原则实践经验和环境风险管理能力，以增强业务竞争优势，争取新的商业机会。

此外，瑞穗银行采纳赤道原则后，采用科学的筛选工具选择优质项目，并依靠先进的内部管理流程监督项目的实施，避免不必要的损失。因此，如何在项目融资业务过程中科学地开展环境与社会风险管理，同时通过赤道原则的门槛效应加快融入国际项目融资市场，促进业务发展，应成为新兴赤道银行重点研究和持续完善的一项工作。①

第二节　国际绿色债券

绿色债券是指募集资金最终投向符合规定条件的绿色项目的债权债务凭证。绿色债券区别于其他债券的核心特征，是其募集资金集中体现于推动和实现绿色效益。全球范围内环境资源问题带来的投资风险凸显，责任投资理念的影响日渐广泛，国际投资者对气候变化和环境问题持续关注，是绿色债券在国际市场上兴起的背景。

绿色债券可以为项目和投资者提供的价值是显而易见的，它能够为项目和金融机构提供信贷和股权融资之外的绿色融资来源，在长期贷款供应有限的情况下提供更多的长期项目融资来源，这一点在绿色基础设施需求巨大的国家和地区尤其具有积极意义。绿色债券对发行人的绿色美誉度有很大的良性作用，承诺进行"绿色"披露的过程也会大大优化发行人的环境风险管理水平。绿色债券为投资人，特别是为负责任的投资者提供了优质的绿色资产。

一、国际绿色债券市场概况

（一）绿色债券市场的发展

2007—2012年的6年间，全球绿色债券累计发行量约为100亿美元，发行人也局限于欧洲投资银行（EIB）、世界银行（Word Bank）、国际金融公司（IFC）等国际多边金融组织和政策性金融机构。自2013年以来，绿色债券走出了步伐缓慢、动力不足的初始阶段，开始进入迅速发展期。

---

① 马骏. 国际绿色金融发展与案例研究［M］. 北京：中国金融出版社，2017.

绿色债券市场在2014年增长迅速,包括国家和政府开发银行以及能源、公用事业和企业在内的发行人新发行了大约310亿美元的绿色债券,尤其是企业和政府开发银行,他们的参与占据了绿色债券总发行量的大部分,超过2013年发行量的两倍。截至2014年年底,全球绿色债券市场累计未偿还余额已高达532亿美元,发行数量超过300只。2014年全球绿色债券发行量达到365.93亿美元,2015年为422亿美元,2016年达到860亿美元。在市场迅速扩大的同时,绿色债券标准体系、操作规范等基本共识正在形成、发展和完善之中。

在全球绿色债券市场的发展过程中,以责任投资者群体为首的投资者,对于募集资金流向绿色领域的债券产品,产生了越来越清晰和自觉的意识,对于相关资金流向和绿色效益信息披露的需求更加强烈。这意味着通过更为清晰、详实、透明的信息披露和第三方认证,对具有绿色效益的债券产品做出更明确的标识。

(二)绿色债券的原则和标准

绿色债券原则(The Green Bond Principles,GBP)是由绿色债券发行人、投资机构和承销商组成的绿色债券原则执行委员会(GBP Initial Executive Committee)与国际资本市场协会(ICMA)合作推出的为了增强绿色债券信息披露的透明度、促进绿色债券市场健康发展的自愿性指导方针。其目的在于为市场提供信息基础,从而在没有当局监管的情况下促进资本配置流向有益于环境保护的项目。

国际资本市场协会在2014年4月被任命为绿色债券原则秘书处,负责为监管和其他问题提出建议并进行行政支持。2016年6月,最新版绿色债券原则修订完成,凝结了迄今为止国际市场对绿色债券的核心共识。

在绿色债券市场,一个生态系统已经逐步建立,包括GBP、标准提供者(如气候债券倡议组织——CBI),认证和担保提供者(包括会计师事务所、ESG分析师和学术机构)。GBP处于提供基本原则的中心位置。CBI气候债券标准旨在提供确认募集资金的使用方式符合低碳经济要求的保证。CBI 的目的是开发与 GBP 互补的标准,给出具体的实施指导方针,包括在行业层面定义什么是绿色。CBI 在标准制定过程中还与作为认证机构的保证提供者合作,进行认证程序监督。

更广泛的是,有一些组织提供与 GBP 一致性、绿色债券支持项目的环境合规性有关的保证和评价意见。它们包括:挪威国际气候和环境研究中心（CICERO）、DNV GL、安永（Ernst & Young）、毕马威（KMPG）、Oekom、Sustainalytics、Veritas 和 Vigeo。Oekom 是一家 ESG 评级机构,CICERO 是一家学术机构,它们还开发了绿色债券评级/分级的框架。

（三）绿色债券的类别

绿色债券为新的和现有的符合条件的、具有环境效益的项目筹集资金。目前主要有四大类别:

1. 特定收益用途绿色债券（Green Use of Proceeds Bond）

投资人对发行人有完全追索权,因此绿色债券与发行人发行的其他债券有相同的信用评级。发行人将债券募集资金用于支持绿色项目的子资产组合,并自行规定使用范围,设置内部机制进行跟踪和报告。大部分国际金融组织发行的绿色债券采用这种结构。

2. 特定收益用途绿色收益担保债券（Green Use of Proceeds Revenue – Bond）

投资者对发行人没有债务追索权,发行人以项目运行获得的收费、税收等收益作为债券担保。由发行人对债券募集资金的使用进行跟踪和报告。大部分市政债券采用这种结构。

3. 绿色项目债券（Green Project Bond）

投资人仅限于向具体项目的资产进行债务追索,即投资人直接暴露于项目风险之下。

4. 绿色资产支持债券（Green Securitized Bond）

投资人可向一个或者多个组合在一起的特定项目进行债券追索,具体包括资产担保债券、资产支持证券（ABS）和其他结构型产品。一般以资产产生的现金流作为还款支持。

到目前为止，绝大多数绿色债券是特定资金用途债券，为发行人提供直接追索权。它们与主流债券一起进行相似的上市交易，只在募集资金使用上存在一些限制性差异。作为上市证券，它们受到金融市场和资本市场的监管。这些绿色债券的定价和交易都以同一发行人发行的主流债券为参考。在国际市场上，绿色债券发行人的环保担当仍然是自愿的。

二、国际绿色债券案例

（一）多边金融机构发行的绿色债券

2014年6月14日，国际金融公司（IFC）发行了全球第一只人民币绿色债券，并在伦敦证券交易所上市。

1. 基本情况

全球第一只人民币绿色债券发行的基本情况，如表4-3所示。

表4-3　全球第一只人民币绿色债券发行的基本情况

发行主体	国际金融公司（IFC）
发行额	5亿元人民币
发行日	2014年6月14日
期限	3年
信用评级	AAA
票面利率	固定利率2%
独家主承销商	汇丰HSBC
交易市场	伦敦证券交易所
绿色认证机构	国际气候和环境研究中心（CICERO）
募集资金投向	该债券募集资金用于资助发展中经济体的可再生能源和能效项目，为减缓温室气体排放项目提供资金支持，包括太阳能、风能等可再生能源电广建设，能效提高技术研发

2. 案例启示

国际金融公司（IFC）发行的这只人民币绿色债券是首只在境外发行上市、以人民币计价的绿色债券，开创了多边机构在离岸市场发行绿色债券的先河。这对支持中国资本市场的发展，解决私营企业特别是中小企业绿色融资具有深远意义。这只绿色债券得到了亚洲投资者的热烈订购。

（二）气候意识债券

1. 基本情况

气候意识债券（CAB）发行的基本情况，如表4-4所示。

表4-4 气候意识债券发行的基本情况

发行主体	欧洲投资银行（EIB）
发行额	6亿欧元（后来增加到10亿欧元）
定价日	2015年8月20日
到期日	2023年11月15日
ISIN国际债券识别码	XS1280834992
期限	8年
信用评级	AAA／Aaa／AAA
票面利率	固定利率0.5%
重发行利差	Mid-Swaps-24bp（中期-掉期-24个基点）
簿记承销	美林（Bank of America Merrill Lynch） 巴克莱银行（Barclays） 法国巴黎银行（BNP Paribas） 法国农业信贷银行（Credit Agricole SA） 汇丰银行（HSBC）
绿色认证机构	Oekom 获得Oekom可持续性评级体系的"b+"评定，是该机构目前为止授予的最高评级
募集资金投向	符合条件的可再生能源和能效项目，尤其是其中的风能、水电、太阳能和地热发电等可再生能源项目以及小区供热、热电联产、建筑保温、节能减排和配电设备更换等能源效率项目
认购情况	来自法国、比荷卢经济联盟、英国、德国和北欧等欧洲国家和地区的银行、资产管理公司、中央银行/官方机构及保险公司

2. 案例启示

欧洲投资银行（EIB）是欧盟的长期融资机构，其每年至少将25%

的贷款额付诸气候行动。2014 年,EIB 的气候行动贷款超过 190 亿欧元。自 2007 年以来,EIB 以 11 种货币发行绿色债券,筹集了相当于 110 亿美元的资金。

在募集资金管理方面,债券发行所得款项净额将会投向可再生能源和能源效率项目。子组合中待分配的资金将会投资于货币市场工具。

在项目的评估与选择方面,综合金融、经济、技术、环境和社会进行评估,然后由董事会(欧洲委员会、成员国和外部专家)进行贷款审批,再分配气候意识债券额度并在信息系统中登记,最后进行签字和支出。

欧洲投资银行通过气候意识债券简报(2015 年至今每半年一期)和年度可持续发展报告对债券募集资金用于的项目进行详细报告。

(三)绿色企业债券案例——阿本戈(Abengoa)Greenfield 高收益企业债券

1. 基本情况

阿本戈(Abengoa)Greenfield 高收益企业债券的基本情况,如表 4-5 所示。

表 4-5　阿本戈(Abengoa)Greenfield 高收益企业债券的基本情况

发行主体	阿本戈(Abengoa)Greenfield, S. A.
发行额	2.65 亿欧元和 3 亿美元
面值	10 万欧元和 20 万美元
信用评级	B2/ B/ B +
债权性质	高级无担保债务(清算时优先偿还)
发行日	2014 年 9 月 30 日
到期日	2019 年 10 月 1 日
发行价	100%
赎回率	100%
票面利率	欧元部分:固定年利率 5.5%,半年付息一次 美元部分:固定年利率 6.5%,半年付息一次
付息日期	4 月 1 日和 10 月 1 日

续表

承销商	桑坦德银行（Banco Santander） 美银美林（Bank of America Merrill Lynch） 法国农业信贷银行（Credit Agricole SA） 汇丰银行（HSBC） 法国外贸银行（Natixis） 兴业银行（Societe Generale）
结算方式	欧元部分：欧洲票据交换所（Eurclear）/明讯银（Clearsteam） 美元部分：美国存管信托公司（DTC）
代码	欧元部分：Common Code：144A：111302456/ Reg S：111302103 ISIN：144A：XS1113024563/ Reg S：XS1113021031 美元部分：Cusip：144A：00289W AA9/ Reg S：E00020 AA0ISIN 144A：US00289WAA99/ Reg S：USE00O20AAO1
上市场所	卢森堡（Luxembourg）
绿色认证机构	Vigeo

2. 绿色效益及积极成效

阿本戈（Abengoa）是一家从事可再生能源（太阳能和生物燃料）、电力输送、能源IT系统开发、海水淡化和废水处理的高新技术股份有限公司。Abengoa Greenfield 是阿本戈（Abengoa）公司的子公司。2014年9月，Abengoa Greenfield 发行了欧洲首只高收益绿色企业债券。

发行所得款项净额将纳入阿本戈财务部的流动性资产组合中进行统一管理，并以现金或其他流动性工具，将资金分配给符合条件的绿色项目。若该绿色项目发生撤资，发行人将使用所得款项净额资助其他符合条件的绿色项目。具体的绿色项目如下：开发可再生能源、能源的运输和分配、能源效率改进、水资源的运输和分配、水资源管理、生物质能源开发、垃圾发电。

在2014年的年报中，阿本戈公司公布，绿色债券融资中有2.38亿欧元拨付了一个墨西哥水利项目，1.59亿欧元拨付给了一个智利太阳能电站项目，1.84亿欧元拨付给了墨西哥的一个热电厂项目，另外还有一些拨付给了其他的太阳能项目、海水淡化项目或者生物质能源发电项目。

3. 案例启示

欧洲首只高收益率绿色企业债券。 阿本戈 Greenfield 在 2014 年 9 月发行的这两只绿色债券是欧洲首次发行的高收益率绿色企业债券。相较于世界银行等多边金融机构的 AAA 评级以及其他大型企业的高评级，这两只债券的评级仅为 B2/B/B+；而低评级债券的出现意味着绿色债券市场开始成熟。虽然有更高的信用风险，但是对投资者来说也意味着更高的收益率，因此阿本戈（Abengoa）吸引了更多风险偏好的投资者。

国际大型银行联合承销。 该债券承销由 6 家大型国际银行桑坦德银行（Banco Santander）、美银美林（Bank of America Merrill Lynch）、法国农业信贷银行（Credit Agricole SA）、汇丰银行（HSBC）、法国外贸银行（Natixis）和兴业银行（Societe Generale）同时进行，不但增加了分销能力，可以有效覆盖更多的投资者，而且可以提高整体的执行能力，整合各家银行的优势，从而给予投资者更多信息。

信息透明度有待提高。 值得注意的是，在债券刚发行时，阿本戈的信息披露只包括募集资金的用途，而缺乏对详细项目或资产水平的介绍，并没有给投资者充分的评估债券的绿色认证信息。例如，生物能源是一个有争议的区域。高碳排放的玉米乙醇工厂已经被排除在外，这会对债券的信息透明度和投资者的信心造成一定的影响。

（四）绿色市政债案例

1. 基本情况

加拿大安大略省绿色债券发行的基本情况，如表 4-6 所示。

表 4-6 加拿大安大略省绿色债券发行的基本情况

发行主体	加拿大安大略省
发行额	5 亿加元
信用评级	标普：AA-；穆迪：Aa2
发行日	2014 年 10 月 2 日
到期日	2018 年 10 月 2 日

续表

票面利率	1.75%
承销商	美银美林、加拿大帝国商业银行、汇丰银行、加拿大皇家银行
发行市场	卢森堡证券交易所欧元MTF
绿色认证机构	国际气候和环境研究中心（CICERO）
募集资金投向	债券收益将用于生态建筑项目的建设和维护、拥有可持续发展目标的公共交通设施建设、可再生能源和能效发展、保护生物多样性，用于弱势群体和老年人的专用住房建设，以及用于社会性住房建设、经济发展以及社会包容性发展
认购情况	获得4倍超额认购。超过85%的参与交易额度来自绿色投资授权，或联合国PRI签约机构 认购机构中的83%来自加拿大，8%来自美国，4%来自亚太，5%来自欧洲、中东和非洲

2. 案例启示

建立绿色债券框架，用以辅助实施绿色债券的发行和合格项目的筛选。安大略省绿色债券用于全省环境友好项目融资（主要是基础设施建设项目），以减少和适应气候变化影响，符合条件的项目要求满足安大略省的环境和气候变化政策要求。合格项目分类，如表4-7所示。

表4-7 合格项目分类

基本类别	合格项目类别
减缓	清洁运输（如公共交通项目的资金）
	节能环保（如部门建筑效率改进）
	清洁能源和技术（如智能电网基础设施、能源储存）
	林业、农业和土地管理（如可持续森林管理）
适应	气候适应性和应变能力（如洪水保护、暴雨管理）

该框架是在挪威国际气候与环境研究中心（CICERO）的咨询下建立的。

由绿色债券顾问团参与完成合格项目的挑选。项目挑选决策过程，由代表安大略省的安大略融资机构基于绿色债券顾问团的建议完成，绿色债券顾问团由不同的政府部门和机构组成，包括安大略融资机构的环境和气候变化部门，绿色债券顾问团进行项目的审核评估。

每一项绿色债券发行的净募集资金都将被记录在该省指定的财务账户,该账户用于跟踪合格项目的资金使用和分配。只要该账户有正收益余额就可以从中扣除部分资金分配给已获批准的合格项目。

安大略省在其网站上披露年度事项,包括:业绩指标、发行的绿色债券与合格项目以及从指定账户中扣除的资金数量;项目更新以及合格项目情况报告;全省的绿色债券发展总结,包括已有的和未来的项目。

(五)新兴经济体发行绿色债券案例——印度 Yes Bank 绿色债券

1. 基本情况

印度 Yes Bank 绿色债券发行的基本情况,如表 4-8 所示。

表 4-8 印度 Yes Bank 绿色债券发行的情况

发行主体	Yes Bank
发行额	315 亿印度卢比(约 4920 万美元)
信用评级	AA+
评级机构	ICRA(印度评级机构)
发行日	2015 年 8 月 15 日
期限	5 年
票面利率	6.45%
发行市场	伦敦证券交易所
绿色认证机构	无
募集资金投向	可再生能源和能效领域
投资者情况	私募交易,国际金融公司是唯一投资者,投资本项债券是其绿色基础设施债券的募集资金用途之一

Yes Bank 是于 2004 年创立的印度第五大私有区域银行,过去的 20 年中唯一一家被印度储备银行授予绿色领域银行资质的金融机构。2015 年 2 月,Yes Bank 在印度国内市场发行了其第一只绿色债券。

2. 案例启示

该债券是新兴市场国家商业银行通过发行绿色债券面向国际投资者

融资的范例。该绿色债券为 Yes Bank 在绿色债券标准下第一次面向国际投资人发行，从而使它的资金来源超出本地银行的范围而更加多样化，并且进入规模正在不断增大的绿色债券资本市场，刺激了国内资本市场并为气候变化投资打开大门。该债券为印度和新兴市场的绿色债券市场标准提供了实践参考。Yes Bank 宣称，该债券致力于为 5GW 可再生能源项目实现融资，以支持印度政府在 2022 年前建成 175GW 可再生能源装机容量的目标。

国际金融公司（IFC）投资并助力新兴市场的绿色债券。该绿色私募债券完全由国际金融公司认购，这是国际金融公司第一次在印度投资本地货币的债券，这一投资本身是 IFC 绿色基础设施债券募集资金用途的一部分。作为投资者，IFC 为那些进入新兴市场寻求多样性的潜在投资人释放了一个强有力的信号。通过分享其在绿色债券市场中的经验和专长来支持债券的发行，它提供了环境影响报告的工具，以及培训发行人为未来的投资者提供环境效益数据。该债券没有采纳第三方机构提供"第二意见"，但 IFC 的认购实际上成为了本项债券的间接佐证，因为 IFC 自身的绿色债券募集资金用途均须符合其经 CICERO 评估的标准。

这提供了一个多边金融机构与新兴市场国家金融机构联动的范例，多边金融机构利用自身的 AAA 评级从主流机构投资者筹集到成本较低的资金，否则新兴市场国家的发行人将不得不支付更高的成本。IFC 实际上分担了 Yes Bank 绿色债券的风险，这会有效地为新兴经济体市场吸引更多的绿色投资。

三、绿色债券的第三方认证及绿色评级

（一）绿色债券第三方认证

1. 第三方认证的含义

相比于普通债券，除了主体信用评级和债券信用评级外，绿色债券发行人还必须使自己的"绿色"特征对于投资者来说具有可信度和说

服力；而国际上对此的通用做法是，请独立的专业认证机构出具对募集资金使用方向的绿色认证，即"第二意见"（Second Opinion）。第二意见中对绿色债券募集资金的投向有详细说明，从而增强绿色债券信息披露的透明性，吸引更多投资者。

2. 国际市场现存主要标准对第三方认证的要求

（1）GBP原则。

国际市场最早被市场主体普遍接受的绿色债券自愿性指引，是2014年国际资本市场协会（ICMA）联合多家金融机构共同推出的"绿色债券原则"（GBP），该原则于2015年3月被修订。截至2015年年底，103个绿色债券发行人、承销商和投资者成为GBP会员，54个观察员机构为GBP遵守者。GBP建议发行人使用外部认证，以确保发行人发行的债券符合绿色债券的定义和要求。GBP具体列举的认证类型和层次包括：第一，出具"第二意见"。发行人可以从顾问机构取得环境可持续性方面的专业能力辅助，以审查或帮助建立项目评估和选择体系，包括鉴别和筛选符合绿色债券要求的项目类别。国际市场大约65%的绿色债券在发行时基于GBP提供了"第二意见"。第二，审计。鼓励发行人进行独立审计或审计其绿色债券过程中的某些方面，例如内部跟踪流程和资金分配。第三，第三方认证。由第三方机构依据第二方标准进行的独立审核，GBP支持此类标准的开发和使用。

（2）CBI标准。

在GBP基础上，著名的NGO组织气候债券倡议（CBI）开发了第三方认证，使得投资者和中介机构能够评估那些声称具有减缓和适应气候变化效应的债券的环境效应。CBI的认证过程分为三步：一是发行前认证。这是债券发行人的内部评估和认证，包括其项目和资产的选择过程，内部募集资金追踪和资金分配体系。发行前认证是首次发行的合理保证。二是发行后认证。在资金分配之后，对债券进行评估认证，包括发行人和债券是否符合CBI所要求的评估条件。三是定期认证。根据CBI标准的要求，每年定期对债券进行认证和评估。

(二) 绿色债券评级

2016年3月底,作为穆迪的投资者服务产品,国际评级机构穆迪发布了一个绿色债券评估框架(Green Bond Assessment,GBA)。穆迪特别声明这不是一个评级产品,而是提供特定债券与"绿色债券"相关特性方面的加权综合评价意见。GBA通过一套加权指标体系,围绕五个关键要素对特定绿色债券进行评估,最终形成一个综合评估结论(见表4-9)。基于发行人后续报告不断提供的信息,发行人的GBA排序结果可以定期刷新。GBA适用于各类不同主体发行的绿色债券,也可用于对项目融资及结构融资交易的评估。其分级标准及评价目标如下:

(1)核心评价目标:绿色债券发行人已经采取的管理、协调、分配募集资金,并报告募集资金所投向环境项目的方法,以及实现既定环境效益目标的前景预测。

(2)评价结论的分级标识及其对应的含义:

GB1——卓越,

GB2——优秀,

GB3——良好,

GB4——一般,

GB5——较差。

表4-9 GBA绿色债券评估

要素	权重	具体界定条件的描述
组织管理	15%	有效的环境治理和组织结构体系
		政策和程序能够确保严格的审核和决策流程
		有资质的、有经验的专业人员,或者依托符合资质要求的第三方机构
		明确的、全面综合的投资决策标准,包括可测量的影响效果
		符合项目特性的、针对相关决策的外部评估

续表

要素	权重	具体界定条件的描述
募集资金使用情况	40%	得分1，对应于≥95%～100%的募集资金被投向该债项限定性要求的合规项目类别
		得分2，对应于90%～95%的募集资金被投向该债项限定性要求的合规项目类别
		得分3，对应于80%～90%的募集资金被投向该债项限定性要求的合规项目类别
		得分4，对应于50%～80%的募集资金被投向该债项限定性要求的合规项目类别
		得分5，对应于〈50%的募集资金被投向该债项限定性要求的合规项目类别
对募集资金使用的披露	10%	对实际已发生的和预期中的绿色项目及投资组合的描述
		用以完成项目的充足资金或完整策略
		对项目预期达成环境效益目标的定性或定量描述
		测算预期环境绩效的定性或定量方法和标准
		发行人采纳外部鉴证，形成第二意见、审计或第三方认证
募集资金管理	15%	以独立账户管理债券外集资金，或某种确保资金专向投放的方法
		以环境类目和项目类别为据，追溯募集资金的应用
		调和计划投资与实际资金配置的稳健程序
		针对资金投向和现金平衡的清晰规则
		由外部组织或独立的内部审计单元完成审计
持续的报告与信息披露	20%	通过发行后的报告披露有关项目的细节和状态更新
		贯穿债券存续期的年度报告
		对投放详情和预期环境效益的披露
		报告或即将报告披露截至目前已实现环境效益的定量或定性评估
		报告包含或将包含环境影响如何实现的定量或定性预期，基于与债券发行时的比较

穆迪从2015年起在其评级中包括了ESG（环境、社会、治理）风险的分析，并加强了与投资人的相关沟通。GBA是穆迪对于蓬勃发展的绿色债券市场做出的回应，在国际评级机构中，已表现得较为积极，但GBA更多地体现了对绿色债券募集资金管理、投向、环境效益的披露和报告等方面的综合评价，其核心是特定债项作为绿色债券在其关键要素方面的绩效，其评价结果和评价过程对于特定债项的违约概率和偿债风险均不构成直接关联。这在一定程度上证明了绿色金融对原有评级方法论的挑战和难度。

推出绿色债券评估框架（GBA）后，穆迪将其应用于该公司的绿色债券评级和评估实践。以穆迪为代表的国际评级机构，对绿色债券的综合评估进行了研究，但距离完整成熟的绿色评级方法体系，或将环境风险要素置入原有评级方法论的成熟应用，还需要更多的研究和实践。

第三节 国际绿色基金

一、国际绿色基金的发展及案例

在20世纪60—70年代环境保护运动的影响下，世界上第一只将环境指标纳入考核标准的绿色投资基金——Calvert Balanced Portfolio A于1982年在美国面世。该基金虽然从字面上来看并没有体现"绿色"，但其投资策略是积极筛选对环境保护较好的企业进行投资，实质上是一只绿色基金，到2012年该基金总额已超过8.69亿美元。此后，英国于1988年推出了第一只绿色投资基金——Merlin Ecology Fund。[①] 虽然在20世纪80年代"绿色投资基金"的概念就已出现，但是直到20世纪

---

① 蒋华雄，谢双玉. 国外绿色投资基金的发展现状及其对中国的启示 [J]. 兰州商学院学报, 2012 (5).

末期，绿色投资基金的数量增长依然缓慢。

近年来，在美国、欧洲、日本等发达国家和地区，绿色基金得到了较大发展，尤其是在1996年美国成立了社会投资论坛之后，绿色基金步入高速发展的轨道。由于金融市场的发展程度不同，绿色基金在不同市场上有不同的表现。在发达地区，如美国和西欧，绿色投资基金的发行主体主要为机构投资者和其他私人部门投资者；在日本，则以企业为主；在欠发达地区，由于资本市场发育程度较低，绿色投资基金在社会上受到的关注度不高，发展较为缓慢。此外，国际金融组织，如世界银行支持保加利亚、罗马尼亚、亚美尼亚等欠发达国家成立绿色基金。

（一）美国绿色投资基金

美国是企业社会责任投资（Social Responsible Investment，SRI）的发源地，同时也是世界上SRI发展最完善的市场，目前大约有1/10的美国专业投资基金在其决策中采用了社会责任投资的方法。美国现代意义上的SRI起源于20世纪20年代宗教信仰者的"伦理投资"。最初美国没有专门设立绿色投资基金，只是在SRI基金内纳入生态投资。1971年，第一只社会责任基金——美国帕斯世界平衡基金（Pax World Fund）诞生，此后美国相继出现投资者责任研究中心、南岸银行、环境责任经济联盟等与社会责任投资有关的组织，与此同时，绿色世纪权益基金（Green Century Equity Fund，GCEF）、Parnassus Fund等更多绿色投资基金在市场上也相继推出，为美国社会带来了良好的经济生态效益，同时也促使更多SRI将生态环境纳入筛选范围，并通过股东对话的形式增加对企业环境议案的讨论次数，这也成为了美国初期的绿色投资基金的主要构成形式。[①]

1996年社会投资论坛（U.S.SIF）在美国成立，它为生态投资提供

---

① 夏丹. 我国社会责任投资基金的发展研究：硕士学位论文 [D]. 武汉：武汉理工大学，2013.

了广阔的交流平台，同时也标志着美国包括绿色投资基金在内的 SRI 进入高速发展阶段。1997 年美国绿色投资基金资金总额为 195.73 亿美元，仅占 SRI 市场总额的 1.5%；1999 年总额为 1182.63 亿美元，是 1997 年的 6 倍多；之后虽有波动，但在美国绿色投资基金总体呈上升趋势。随着 SRI 在美国的不断普及和发展，截至 2010 年，美国对包括环境在内的社会和治理投资（即 Environment Social Governance，ESG）总额高达 2.51 万亿美元，ESG 基金数量由 1995 年的 55 只上升到目前的 493 只，增长了 8 倍。由此可见，绿色投资基金在美国的发展已进入相对成熟阶段。[①]

（二）英国绿色投资银行

从绿色金融体系的国际经验来看，英国绿色投资银行是世界上第一家专门致力于绿色经济的投资银行，它的作用是解决基础设施融资中市场缺失的问题，通过调动私人资本来加快向绿色金融的转型。需要说明的是，英国绿色投资银行虽然名为银行，但由于其不吸储、不发债，事实上是传统意义上的投资基金。为了鼓励更多的社会资本投资于存在市场失效的绿色环保项目领域，英国政府于 2012 年 10 月投资成立了这家全球首家"绿色投资银行"（GIB）。GIB 目前由英国政府全资控股，政府初期划拨 38 亿英镑供其在 2016 年 3 月前投资绿色项目。作为绿色投资市场的"催化剂"和补充者，GIB 的宗旨是引进和鼓励更多的私有资本投入到绿色经济领域，从而促进英国的绿色经济转型。

GIB 成立两年来，发展迅速，在全英国超过 200 个地方投资 41 个绿色项目和 6 个项目基金，通过 18 亿英镑的直接投资撬动了总共 60 亿英镑的私人资金投入到绿色经济领域，杠杆比率接近 1:4。绿色投资风险（Green Risk）是 GIB 最主要的风险之一，主要衡量其投资的绿色环

---

① 蒋华雄，谢双玉. 国外绿色投资基金的发展现状及其对中国的启示 [J]. 兰州商学院学报，2012（5）.

保指标是否符合可持续性的绿色发展原则。GIB 自上而下的管理方式，以及压力测试、控制测试、合规管理和内部审计的风险管理工具，都非常细致和详尽。

GIB 遵循赤道原则，投资项目衡量的绿色目标包括：减少温室气体排放，促进自然资源的有效利用，有利于自然环境的保护，有利于维护生物多样性，促进环境可持续性发展。

（三）欧洲其他地区的绿色投资基金

欧洲是目前世界上最大的 SRI 市场，而且采用不同 SRI 投资策略的资产增速普遍大于市场资产的平均增速。2009 年，欧洲与 ESG 相关的资产总额高达 7.15 万亿美元，而到 2011 年则增长到 8.76 万亿美元。不过，SRI 资产的平均增长率、投资策略、投资者结构、资产的配置情况，在欧洲不同的国家之间有较大差异，甚至对于 SRI 的定义，欧洲不同的国家也有不同的解释。

目前，发展社会责任投资基金得到了欧洲大多数国家的重视。在西欧地区，绿色投资基金是社会责任投资的第三代金融产品。与前两代相比，第三代金融产品重点专注于环境等某个具体的领域，绿色投资基金就是在此背景下获得快速发展的。绿色投资基金的发展在西欧具有明显的地域差异。早期英国绿色投资基金发展一枝独秀，但后来被法国、瑞士等赶上。2010 年法国、英国、瑞士和比利时四国的绿色、社会、道德基金资产总额就占到整个西欧 SRI 资产总额的 76%，而在德国、西班牙等国家绿色投资基金发展相对缓慢。欧洲的 SRI 市场是个机构投资者占主导地位的市场，主要的机构投资者包括养老基金、储备基金、保险公司及高等院校。

为实现环境可持续发展，将欧洲投资基金（EIF）的管理经验充分运用到应对气候变化方面，欧盟委员会于 2008 年创办全球能效和可再生能源基金。基金采取 PPP 组织架构形式，由公共部门出资，促进私营部门投向子基金和项目，包括新兴市场中的可再生能源和能效项目、绿色基础设施项目,从而有效发挥母基金的投资杠杆效应。

(四) 其他国际案例

1. 国家层面绿色基金

目前,全球、区域和国家层面均设立了战略投资基金,是由一国政府、多国政府或全球性、区域性机构发起和(或)提供全部或部分运营资本,以股权投资为主,亦可进行准股权或债权投资。全球层面,有全球能效和可再生能源基金(GEEREF,2.5亿欧元);区域层面,有欧洲战略投资基金(EFSI,210亿欧元);国家层面,有爱尔兰战略投资基金(ISIF,80亿欧元)、菲律宾基础设施投资联盟(PINAI,6.25亿美元)、塞内加尔战略投资基金(FONSIS,已投入8.8亿美元)。许多战略投资基金均以实现公共资本与私人投资者资本之间的高乘数效应为主要目标。

国外一些国家已经为资助绿色能源项目建立了国家基金,其中有些基金包含赠款,以确保可持续发展。这些绿色基金是由政府和国际组织为资助绿色能源项目而建立的特殊目的基金。这类基金中,一些基金由国际组织建立,如世界银行;一些基金由国家政府设立,如泰国。在美国,电力监管机构通过采用公共利益收费(PBC)机制,建立了公共利益基金。在一个由公共资金和国际金融组织贷款创建的典型基金下,给能源用户(项目业主)或能源服务公司提供融资以支付绿色能源项目的初始投资成本,由此产生的部分节能效益用来向基金还款,直到初始投资加上利息和服务费被收回。然后再用来资助其他项目,从而实现资金循环使用并创建一个可持续的融资机制。

这类基金可提供比一般商业贷款更优惠的融资条件(如宽限期、更长的还款期以及较宽松的抵押要求)。因为绿色能源项目具有较好的财务回报率,通过获得节能效益并偿还贷款,可再用于新的投资项目,比传统的通过预算或补助金的方式使用公共财政方法更加有效,并具有商业可行性和可持续性。以下列举国外一些典型的绿色能源基金。

(1) 保加利亚能效基金（BEEF）。由世界银行、全球环境基金和奥地利及保加利亚政府于 2005 年在保加利亚建立，是最成功的绿色能源基金之一。其项目涉及公共建筑、工业生产过程、街道照明和热分布系统的能效改进以及离网可再生能源。BEEF 还成功地支持了许多能源服务公司项目。

(2) 亚美尼亚可再生能源和能效基金（R2E2）。最初由世界银行于 2006 年建立，于 2012 年增加了合同能源管理融资机制，已在公共部门完成了许多项目，主要涉及热计量和热调节、公共及民用建筑群的能效提升等。

(3) 罗马尼亚能源效率基金。由世界银行和全球环境基金于 2003 年建立，目的是帮助能源用户采用先进的能效技术，进行设备更换和能效提升（如锅炉、电机等）、工业流程设备改造及路灯照明。

(4) 英国 Salix 融资机构。由英国能源与气候变化部（DECC）成立，是一个独立的、政府资助的公司，向公共机构提供无息贷款资金支持，其项目涉及绝缘材料、LED 照明、建筑能源管理系统、热电联产及热回收系统。

(5) 印度可再生能源开发署（IREDA）。印度政府于 1987 年成立，目的是促进、发展和扩大对可再生能源和能效的资金支持。通过提供项目融资、设备融资和节能设备制造商融资，支持能效锅炉、控制系统和照明、吸收式制冷机、变速驱动器、热电联产和工业过程能效提升等方面的项目。

(6) 韩国能源管理公司（KEMCO）。作为准政府机构，负责能源效率、新能源和可再生能源以及气候变化减缓政策及措施。由韩国商务、工业及能源部于 1980 年根据《能源合理利用法》建立，管理韩国能源合理利用基金，该基金提供长期低息贷款并为能效和节能投资提供税收优惠。KEMCO 还为高效节能产品提供返点及激励计划。

(7) 美国公益基金。美国许多州已经使用公益收费（电力销售附加税收取）为能效和可再生能源终端用户提供资金支持。这些基金由公共事业单位、州立机构或独立第三方管理，已实施一系列绿色能源计划。

2. 公共风险投资基金

（1）印度能源效率风险投资基金。

印度能源效率风险投资基金（VCFEE）由印度能源效率局（BEE）建立，是在能源效率国家计划（NMEEE）框架下，促进节能经济发展的金融工具之一。VCFEE 向新技术、商品和服务的绿色能源投资提供风险投资资金支持。

小型绿色能源项目投资回报少、交易成本高，阻止了私人投资，通过 VCFEE 获得资金支持，将帮助私营机构投资能效领域。此外，节能服务公司和计划使用合同能源管理模式开展绿色能源项目的公司是 VCFEE 的主要潜在受益者。

印度能源效率局选择一个公共金融机构来管理 VCFEE。该管理机构将主要代表 VCFEE 进行投资，管理机构还将向受托管理委员会提交季度进度报告。VCFEE 将在第一阶段为政府大楼和各市的能效项目提供股权融资。VCFEE 主要有以下几个特点：

其一，以股权形式进行投资。

其二，单次投资额不超过 30 万美元。

其三，提供"最后一英里股权投资"，支持具体能效项目，不超过项目总投资的 15%。

其四，基金期限为 10 年。

（2）泰国合同能源管理基金。

泰国于 2008 年建立了合同能源管理基金（ESCO），为小型能效及可再生能源项目的开发者以及能源服务公司提供融资支持和技术服务，该基金由政府任命的非营利性机构——泰国节能基金会和环境能源基金会管理。合同能源管理基金提供以下金融产品：

其一，股权投资。基金可在 5~7 年投入项目总投资的 10%~15%，上限为 160 万美元。退出渠道包括：向创业者回收股份，寻找新的战略合作伙伴或上市。

其二，合同能源管理风险资本。基金可投入高达注册资本30%的资金，最多不超过160万美元。投资期限为5~7年。

其三，设备租赁。为合格企业提供金额上限为100%设备成本的设备租赁或每个项目最多30万美元的设备租赁，投资回收期小于5年。年利率为4%。

其四，碳信用交易。基金支持项目业主制定清洁发展机制文件和打捆开发小型项目，进入碳信用市场。

其五，技术援助。为每个项目提供上限为3250美元的技术援助。

其六，信用担保机制。与其他金融机构共同融资，向项目业主提供上限为300万美元且不超过5年的商业银行贷款担保，业主按每年担保金额的1.75%支付费用。

该基金主要受益者包括中小企业（能源密集型服务业和工业部门）、节能服务公司、项目开发者或技术合作伙伴以及能效和可再生能源部门的国内外投资者。

第一阶段（2010年）结束时，该基金年已投资总计3.3亿泰铢（1080万美元），实现项目总投资33.34亿泰铢（1.09亿美元）。大多数投资为股权投资（76%），其次是设备租赁（24%）和创业投资（0.2%）。第二阶段结束时（2012年），能效和可再生能源项目预计每年实现节能量2.397万泰铢，每年节省资金9.323亿泰铢（2900万美元）。项目领域涵盖生物质发电、太阳能发电、能效、沼气工程和太阳能热水器等项目。

泰国合同能源管理基金已被证明在提供风险资本、促进能效和可再生能源项目实施方面是一个成功的机制。该基金旨在降低与项目有关的信贷风险和项目风险，对项目回报率要求不高。该基金通过制定执行严格的资格审核标准和审批程序，项目违约率极低。

3. 全球能源效率和可再生能源基金

全球能源效率和可再生能源基金（GEEREF）是由欧盟委员会、德国和挪威于2008年建立的一种公私合营模式的基金，其目的是最大限度地发挥公共资金的杠杆作用。GEEREF 具有母基金的结构，它向中小型项目开发者和企业提供股权投资。

GEEREF 专门投资于欧盟以外的新兴市场，集中服务于非洲、加勒比和太平洋地区79个发展中国家的需求，同时也投资于拉丁美洲、亚洲和欧盟的邻国，并对制定了有关能源效率和可再生能源政策及监管框架的国家优先考虑投资。

GEEREF 的投资重点包括：①可再生能源，包括但不限于小水电、太阳能、风能、生物质和地热；②能源效率，包括但不限于余热利用、建筑节能管理、热电联产、储能和智能电网。

GEEREF 不直接向可再生能源和能效项目或企业提供资金，而是投资于专门向中小项目开发者和中小企业提供股权融资的股权投资基金。这些股权投资基金必须拥有环境及经济可持续的项目团队，且必须符合严格的投资标准，从而有资格获得 GEEREF 的资金支持。

全球能源效率和可再生能源基金是欧盟通过财政拨款8000万欧元、利用字母基金方式（FOF）撬动私人资本进入绿色产业，推动经济绿色转型的重要案例。[1]

二、国际绿色基金的管理经验

（一）绿色基金的管理

基金管理包括监管、选择基金管理人、监测评价等关键要素。

1. 监管安排

管理机构的主要职能包括：①制定基金的投资策略和政策，②聘用基金管理团队，③建立项目筛选总体标准，④批准管理团队制定的年度经营计划和预算，⑤编制年度财务报告并提交给政府，⑥确保基金运作

---

[1] 马骏. 国际绿色金融发展与案例研究[M]. 北京：中国金融出版社，2017.

符合国家能效战略和计划。国外部分绿色基金监管安排，如表4-10所示。

表4-10 国外部分绿色基金监管安排

基金	监管机构	监管机构的组成
保加利亚能效基金	管理委员会	由政府任命9名成员（其中4名来自公共部门，5名来自私营机构）
亚美尼亚可再生能源和能效基金	受托人委员会	由政府任命，成员来自政府、私营机构、非政府组织和学术界
罗马尼亚能源效率基金	管理委员会	由政府任命7名成员（其中2名来自公共部门，5名来自私营机构）
摩尔多瓦能效基金	管理委员会	由政府任命9名成员（其中4名来自公共部门，5名来自私营机构）
英国Salix基金	董事会	由政府任命3名成员（其中1名来自公共部门，2名来自私营机构）
约旦可再生能源和能效基金	管理委员会	由政府任命7名成员（主席由能源部长担任；其他6名成员有3名来自公共部门，3名来自私营机构）
泰国节能基金	能源部替代能源发展与能效司管理部门	能源部替代能源发展与能效司现有管理部门
印度喀拉拉邦节能基金	执行委员会	由政府任命12名成员（其中7名来自公共部门，5名来自私营机构）
美国公益基金	公共事业管理部门	公共事业内需求侧管理（DSM）部门现有管理人员

2. 选择基金管理人

国际绿色基金的经验表明，基金管理团队需要具备若干领域的专业知识能力，包括能效技术和方案、市场评估和项目开发、信用评估、财务分析和项目评估以及对能效和能源服务市场的了解。

基金管理人的选择有多种方案。美国许多州已设立相关基金，通常采用以下三种基金管理模式：①由公共事业公司管理，如加利福尼亚州；②由现有政府机构管理，如纽约州；③由独立的第三方机构管理，如佛蒙特州和特拉华州。其他基金管理方案包括开发银行、市政服务或建筑物管理相关的专门委员会。另外，也可成立新的组织机构来管理基金，例如独立机构、新的法定机构、公共公司或公私合作伙伴关系。这些类型的组织机构也可聘请专业的基金管理人或基金管理团队。举例说明不同的基金管理方案，如表4-11所示。

表4-11 基金管理举例

基金	管理实体类型	地点	举例
美国各州公益基金	公共事业公司	加利福尼亚州	公共事业公司（太平洋煤气电力公司、南加州爱迪生公司和圣地亚哥煤气电力公司）
	现有州机构	纽约州	纽约州能源研究和开发署
	独立的第三方	佛蒙特州 特拉华州	佛蒙特州能源署 特拉华州可持续能源署
印度喀拉拉邦节能基金	现有邦机构	喀拉拉邦	喀拉拉邦能源管理中心
国家绿色基金	新的法定机构	爱尔兰 斯里兰卡	可持续能源署 可持续能源署
	新的国有企业	韩国	韩国能源管理公司（现为韩国能效局）
	新的基金管理团队	保加利亚	通过竞争选择的由三家公司组成的联合体
	常设工作人员和顾问	罗马尼亚	管理委员会任命的工作人员和一名基金管理顾问
	常设工作人员	亚美尼亚	政府任命的执行董事和高级职员
	现有政府机构	泰国	能源部替代能源发展与能效司（DEDE）

3. 监测评价

监测是定期收集绿色基金实施情况的过程，衡量基金实施过程和程序的质量和效果。基金出资方（政府和/或国际援助机构）可规定具体的基金业绩指标和报告周期，基金管理委员会和管理团队按要求提供有关基金业绩的定期报告。因此，基金管理团队需要建立一个监测系统，收集所需数据信息。

（二）绿色基金的运作步骤

绿色基金的运作有以下步骤：

（1）建立基金法律框架。法律框架可基于既有的法律，如没有可依据的法律，可根据需要制定新的法律法规。决策的关键在于，针对是利用现有的实体还是建立一个新实体达成一致意见。可选择在政府部门、能源机构或开发银行成立基金，组建新的法律实体（独立的法人公司、非政府组织或新的法定机构），或建立公私合作伙伴关系。重要的是，治理结构能激励良好的基金管理表现，并为目标市场提供所需服务。

（2）建立可靠的和可持续的资金来源。绿色基金通过政府、国际援助机构和其他来源提供充足的资金，启动运作并资助一些项目，这一点很重要。一旦初始资金促成基金能够长期持续运作，政府还需确保有更多的资金来源。

（3）确定基金目标和目标市场。绿色基金无法服务于所有能源行业。政府需把重点放在少数目标市场。公共部门（特别是学校和医院）是此类基金初始投资的一个很好的目标市场，因为这些市场具有较高的能效潜力，缺乏内部资金来源和获得商业融资的渠道，实施能效项目的能力也非常有限。此外，中小企业和能源服务公司的商业融资来源不足，也是绿色基金的一个很好的目标市场。

（4）建立基金治理结构。基金管理机构通常为政府任命的董事会或管理委员会。首选方法是在董事会或管理委员会中纳入政府和非政府代表，因为私营机构代表可提供相关的知识和经验，并免受过度的政治影响，这有助于制定明确的基金策略。

（5）选择和招募基金管理团队。管理委员会将决定基金管理方案。首选方案是通过竞标程序聘请专业的基金管理团队（"基金管理人"），因为这样的团队具有以下优势：①带来财务经验，这些经验可能很难从政府官员那里获得；②通过基于业绩的合同聘用，奖惩分明；③提供业绩奖励作为动力；④如果业绩大大低于预期将被终止聘用，并被替换掉。但私营机构基金管理人可能会产生较高的费用。

（6）雇用工作人员。基金管理人将招募合格的管理团队工作人员。重要的是工作人员要拥有相关领域的工作经验，如绿色能源项目融资、能源服务、投资管理、信用和风险评估、贷款发放和回收等领域。因此，需要从私营机构招募一些工作人员。管理层和工作人员还必须顺应公共部门的需求和观点，以及基金的公益要求。例如，在选择能效项目实施时，管理团队应避免只挑选最具经济吸引力的项目，需迎合广大符合条件的借款人的需求，保护公众利益。

（7）确定主要金融产品。基金的重点将放在债权融资（贷款）上。但为满足不同类型借款人的需求，基金还应当考虑提供其他融资产品（能源服务协议、风险分担、股权融资等）。

（8）制定运作程序。基金需要制定详细的运作程序。例如，基金管理团队需要规定不同融资窗口的申请程序，并根据资格要求和主要程序编制相关表格。此外，还需要编制操作手册，记录管理基金业务的原则和实施细则。操作手册为基金管理、项目实施和成果监测的主要参与者提供指导，从而使所有利益相关方对基金操作原则和实施达成共识。

（9）提供技术援助。另一个非常重要的内容是技术援助，对于确保高质量交易流程和强大的投资组合往往起到关键作用。例如，基金可制定标准合同条款和采购程序，集中采购设备和服务，以获得更好的设备和服务价格，降低管理和交易成本。

（10）制定资格标准。如上所述，基金应当制定提供各种融资窗口和金融产品的资格标准。

（11）规定申请程序。应当根据资格要求，编制相应的申请程序和表格。基金还应当有操作手册，规定管理基金业务的原则和实施细则。操作手册为基金管理、项目实施和成果监测的主要参与者提供指导，从而使所有利益相关者对基金操作原则和实践达成共识。

（12）制定市场营销策略和方法。针对各个目标市场制定营销策略和方法，包括收集能耗数据，评估具体机构的资信和借贷能力，开展初步审计，等等。

（13）建立项目库。利用市场营销策略和方法识别具体项目，并建立项目库。

（14）节能服务公司的参与及能力提升。基金管理人应当制定单纯基于业绩的商业模式，让节能服务公司参与实施过程。模式可包括设备租赁、供应商信贷、一年期能源服务公司合同等。基金应当制订计划，让节能服务提供商参与能源服务协议的实施过程。在此工作过程中，基金应尽量制定标准化的审计模板、协议、合同、测量与验证程序，还应引入基于业绩的能源服务合同。节能服务公司参与项目实施，有助于培养自身节能服务项目的承接能力，促进节能服务产业的发展。

（15）制定监测、报告、评价程序和方法。如前所述，基金管理团队需建立监测体系，明确数据来源和数据管理，并规定评价程序。

（三）国际绿色基金的经验总结

总结起来，国际绿色基金的管理经验有以下几点：

第一，必要的市场条件。

成功运作绿色基金需要必要的市场条件，包括：①政府承诺实施绿色能源项目，②实施绿色能源的潜在机会，③绿色能源项目融资需求，④目标市场领域缺乏足够的资金，⑤建立节能收益偿还机制。

第二，基金的组织与治理。

绿色基金最好作为独立组织设立；基金治理通常由政府任命的管理委员会进行，管理委员会由代表公共和私营部门的主要利益相关方组成；管理委员会和管理团队需要平衡公共利益与私营部门关于项目财务收益、风险和市场开发的偏好。

第三，可持续性。

为了实现基金的可持续发展，需要确保可靠的资金来源。一旦基金开始运作，资金回收期一般为 5~7 年或以上。因此，基金需要有可靠的资金来源渠道，使基金能够持续运作，为后续项目提供融资。

第四,基金管理人的选择。

(1)基金管理机构有很多选择,包括:①独立的、新成立的机构,②现有的非独立公共机构,③国家开发银行、公共事业公司或其他企业。

(2)如基金管理人为公职人员(如在罗马尼亚),很可能基金将顺应公共利益的需要,但在风险承担和创新激励方面作用有限。世界银行对罗马尼亚能效基金的评估指出,基金管理人应当更倾向于业绩考核而非预付费合同。

(3)如基金管理人为私营机构或私人财团(如在保加利亚),管理团队的成本可能会更高,但也更具创新性且顺应市场需求。

(4)基金管理人可通过竞争选择专业机构、个人财务顾问、相关公共部门专业人员。选择专业机构或个人,采用基于业绩的激励薪酬会有助于基金业绩表现。

第四节 国际绿色保险

一、欧美环境责任保险的发展

从环境责任保险产品的类型来看,欧洲国家普遍采取以一般责任保险(第三方责任险)为主,以环境责任保险为辅,其他保险解决方案作为补充的环境责任保险体系。相比之下,美国市场则以环境责任保险为主,以定制型保险产品和其他保险解决方案作为补充的环境责任保险体系。

(一)一般责任保险

一般责任保险(GTPL)是欧洲市场最为普遍的风险转移解决方案,主要针对"突发性意外"污染事件。一般责任保险保障了被保险人因经营活动或财产所有权产生的民事赔偿责任,用于赔偿第三方的人身伤害或个人财产损害，以及在某些情况下造成环境损害的部分经济损失。保险保障集中于在时间上可识别的、意外的，如火灾、爆炸或碰撞等直接导致环境损害的突发性事件，即"突发性意外"污染事件。一般责任保险是最重要的业务之一，保障了因环境污染导致的民事赔偿责任中的人身伤害和个人财产损失风险。欧盟法规在发展到《欧盟环境责任指令》后，行政或法定要求使得越来越多的保险公司对预防和治理环境污染的责任提供附加保障条款。

（二）环境责任保险

环境责任保险（EIL）是一种全面的风险转移解决方案，是美国市场最常见的保险类型。在一些欧盟国家由少数美国专业保险公司提供，如英国；在法国、西班牙和意大利等国则是由环境责任再保险共保体提供；而在另一些欧盟成员国，保险协会已经制定了全面的环境责任保险解决方案，且多数保险公司可提供相关保险保障，如德国保险协会为"一般责任保险"和"环境责任保险"开发的参考模型。

除了传统保险理赔的保障外（如人身伤害的第三者责任、个人财产损失及财务损失），环境责任保险条款包括不可预期和非主观行为的事件，成为了一般责任保险的有效补充。依据相关条款，环境污染的法律责任将对突发性意外事件和逐步扩散的污染情况做出响应。在美国，自有场地治理责任保险就是环境责任保险的险种之一。参照《欧盟环境责任指令》，公司也可以购买保险批单，以承担法定清理其财产责任（第一方清理）或第三方财产（第三方清理）的费用，以及采取预防和补救措施的费用，如英国。

（三）其他保险解决方案

除了上述风险转移方案外，欧美保险市场还提供其他形式的保险产品，用以保障环境损害相关的法定责任。例如：保障由产品缺陷造成的环境责任的产品责任保险，保障由专业人士的过失造成的环境责任理赔

(如建筑师、工程师和环境顾问）的职业责任保险，涵盖与车辆和（危险）货物运输相关的环境责任的机动车责任险或水险，或保障了被保险人损失费用的财产保险。

二、欧美环境责任保险的作用、发展趋势及启示

环境责任保险通常涵盖对第三方人身伤害或财产损失的赔偿，保险事故发生后为防止进一步污染所采取措施而发生的费用，如果有法律诉讼发生，该保险还涵盖由此产生的法律费用。环境责任保险在欧美的发展经验体现出，在提供保险保障的基础上，环境责任保险产品还有助于强化企业抗风险能力、提升企业风险管理能力，为政府提供更为全面的环境风险相关数据，有助于宏观的风险监测。

（一）欧美环境责任保险的积极作用

欧美环境责任保险的积极作用体现在以下两个方面：

其一，运用环境责任保险有助于降低环境纠纷的交易成本。

环境责任保险作为一种有效的风险转移机制，不仅分担了相关的赔偿责任，还承担企业清理污染而产生的合理费用及相关法律费用，有效维护了公众的环境权益。从欧美环境责任保险的发展历程来看，在一些严重的环境事故中，环境责任往往难以明确界定，环境纠纷侵权人对环境事故的经济赔偿责任及相关诉讼费用的偿付能力不足，导致诉讼过程旷日持久，受害人难以在第一时间得到赔偿。因此企业投保环境责任保险可以由保险公司承担被保险人的经济赔偿责任，有效降低环境纠纷的交易成本，及时补偿受害人的经济损失，有效保障公众的环境权益。

英国邦斯菲尔德火灾事故是近年来欧洲发生的最为严重的环境污染事故之一，环境责任保险在事后赔偿方面发挥了重要作用。2005年12月11日，在英格兰赫特福德郡赫默尔亨普斯特德，邦斯菲尔德一个靠近高速公路的油品储藏仓库发生火灾，其经营者是赫特福德岸油品存储公司。由于当时控制装油的标尺卡住，使得本该在油罐溢出时关闭输油

的独立开关失灵,导致一个油罐装油溢出。溢出的石油导致了蒸汽云的形成,最终引起了 20 个大型油罐的爆炸,1000 余名消防人员参与灭火,但火灾仍持续了 5 天之久。油罐爆炸的规模相当于里氏 2.4 级地震,共造成 43 人受伤,2000 多名当地居民撤离家园。有 20 家小型商家被全部摧毁,60 家中型商家受到严重损毁。另外还有一些当地居民的房屋被完全摧毁,上百家当地房屋受到严重损毁。超过 1 公顷土地的地下水受到了污染。本次事件的损失超过 8.94 亿英镑(约合 11.13 亿欧元),保险理赔损失 6.25 亿英镑,弥补了全部经济损失的 70% 以上。

其二,环境责任保险有助于提高企业的综合管理能力。

由于环境污染事故产生的赔偿责任使企业面临预期之外的现金流出,而相关的赔偿责任往往数额巨大,即使对于行业龙头企业来说,这一赔偿责任也会成为其沉重的财务负担,对其偿付能力构成威胁,甚至面临破产的风险。因此,环境责任保险能够保障企业面临的环境污染事故风险,有助于平抑企业财务状况的大幅波动,提升企业抗风险能力。同时,在核保和承保的过程中,保险公司通常要求企业制定良好的风险管理措施,如消防设施、运营监控、应急方案和环境管理制度等,并确保实施。作为专业的风险承担者,保险公司通常具备丰富的风险管理知识。通过观察了解企业的实际风险状况,保险公司可以为企业提供建议,帮助它们识别和评估风险,介绍减灾方法,报告可能导致重大损失的不安全因素,从而有助于减少事故数量,减轻甚至避免经济损失。保险费率的厘定也可用来激励企业采取成熟的风险管理措施,提高企业的环境风险管理能力。

(二) 欧美环境责任保险的发展趋势

欧美环境责任保险有以下三个发展趋势:

其一,识别和评估环境污染损失及其影响愈发具有挑战性。由于环境损失的确定需在损失事件发生前对承保的资源状况进行评估。事前基准状况包括自然资源的类型和质量,以及潜在的经济生态功能。保险公司在承保前需掌握可识别的、量化的基准条件，以及损失程度的评估；但这方面的信息往往非常欠缺或根本不存在。为了评估某一事故造成的损失，对自然资源和生态功能的影响需具有可识别、可量化的特征。此外，对损害严重程度的评估是建立环境资源损害责任的先决条件。以下几个条件可以作为衡量损失严重程度的标准：

（1）损害程度、持续时间、影响范围。

（2）被影响资源的敏感度和稀有程度。

（3）可接受和不可接受的限制及定性和定量的环境标准。

其二，环境责任保险保单中的很多条款和定义非常宽泛，而相关法律也存在灰色地带，使得环境污染损失发生后，保险公司与监管机构在责任认定上存在法律争议。然而，这个问题也是环境变化所导致的。全球化使得诸如气候变化和自然物种的递减等生态损失不具备复原的可能，对环境责任保险形成重大挑战。

其三，由于环境责任保险具有长尾特征，因某种经营活动对环境造成的影响可能会潜伏很久，在多年后可能才识别出额外的损失。环境污染事故的影响涉及人身安全、财产损失等方方面面，且越来越多地涉及事后发现的新兴风险，然而保险公司缺乏这类风险的损失经验数据，因此对环境责任保险产品难以合理定价。

（三）欧美环境责任保险发展的启示

欧美环境责任保险发展给我们带来以下几点启示：

其一，严格的法律规范为环境责任保险的发展奠定了基础。

从发达国家环境责任保险的发展历程可以看出，美国不断趋严的法律要求使企业面临的环境责任风险不断上升，企业难以独自承担环境事故导致的赔偿责任，寻求风险分散的需求推动了环境责任保险的发展。相似的是，《欧盟环境责任指令》成为欧洲各国环境责任保险市场发展的重要基石，在欧盟各国依此立法后，环境责任保险步入快速发展阶段。以法国为例，基于《欧盟环境责任指令》的本国立法使企业面临的赔偿责任增加近40倍,大大刺激了企业的投保需求,从而推进了环境责任保险的发展。

其二,强制性或具有强制性特征的保险机制对环境责任保险的发展具有极为重要的作用。

美国在法律中要求特定行业的企业须采取金融保障方式,以满足保护环境、自然资源和生态所需的资金需求,环境责任保险成为企业的重要选择,并得以快速发展起来。尽管德国企业普遍采取自愿的形式投保环境责任保险,但根源防治的原则要求企业只有满足了监管对其环境治理能力的评估后,才可取得经营许可。这一机制使得企业往往通过投保环境责任保险的方式以增强其抗风险能力,间接地推动了德国环境责任保险的发展。

其三,除了监管机构外,保险协会或相关机构在环境责任保险发展的行业标准等方面发挥了更为积极的作用

德国保险协会和德国工业联合会对推动保险业的发展起到了重要作用,是最具有代表性的发达市场。德国保险协会代表德国保险业的利益,为成员公司提供服务和消费者信息,同时向联邦金融监管局(BaFin)反映行业的观点和需求,立足保险业风险管理优势,使保险公司得以最大化发挥风险保障的作用。在法律规范的背景下,经过长期反复的谈判和讨论,德国责任保险公司协会和德国联邦工业协会与德国保险保护协会就环境责任保险的污染损害条款、承保设备、保险保障范围、事前事后环境责任等细节达成一致,针对运营中的损害也予以了限制承保,成为德国沿用至今的环境责任保险基本条款。德国保险协会提供了目前德国的环境责任保险方面的所有标准化合同,为环境责任保险制度的发展发挥了积极作用。由于环境责任保险合同比一般责任险合同更加复杂,行业内历史经验数据较少,保险业协会和工业协会等行业协会加强合作,对于构建具体环境责任保险合同更具有专业性优势和成本优势。

三、绿色保险及资金运用案例

保险公司参与绿色金融的实践,通常从两方面出发:一是从负债端

来看，保险公司通过向企业提供保险产品和服务，帮助企业加强生产经营过程中的环境风险管理；二是从资产端来看，作为长期资金机构投资者，积极参与绿色投资，支持经济向绿色化转型，支持绿色产业发展。

(一) 安达保险绿色保险案例

1. 安达集团绿色保险业务概述

安达（Chubb）是全世界最大的上市财产保险公司，凭借遍布全球54个国家和地区的运营网络，向各类客户提供企业和个人财产保险、个人意外和补充健康保险、再保险及寿险。安达在中国设有一家拥有全牌照的财产保险公司，向中国本地企业和在中国有风险敞口的跨国企业提供丰富的商业财产险和团体个人意外险保障。

安达是全球最大、最先进的环境责任与污染风险承保商之一，在北美洲、欧洲、亚洲、拉丁美洲设有环境风险部门。公司致力于通过开发保险产品和风险管理服务，为各类环境和气候相关问题提供市场化的解决方案。有关产品和服务主要分为三大类：环污责任险、可再生能源险和多项"绿色"计划。其产品和服务几乎覆盖全球环境风险保障的所有方面。具体产品包括：碳捕获与封存保险、减排项目保险、环境职业责任险、各类环境风险产品、全球天气保险、绿色物业保险、政治风险和贸易信用、可再生能源建设保险。

安达的环境风险业务部门不断推出各种产品，满足全球各地的需求。为了应对这种日益增长的需求，2014年公司将该险种的经营区域扩展至墨西哥、巴西、荷比卢和澳大利亚。此外，公司还针对某些保单向被保险人提供绿色咨询服务，取得了良好的成效，继而将此类服务扩展至其产品组合的其他保障和产品。

2. 主要绿色保险产品

(1) 能源和海运保险。

在许多情形下，利用能源和海运保险产品和服务有助于直接或间接减少温室气体排放。例如，安达的可再生能源建设险、能源和海运保险等计划将公司多个行业部门的管理专长结合起来，推动了清洁、有效的可替代能源的发展。

（2）环境责任保险。

随着环境法规的发展和人们意识的提升，对于环境责任保障的需求也在不断增加，这不仅限于诸如能源、化工等传统"污染性"行业，拥有土地以及具有潜在责任的其他组织机构也是如此。这包括政府、房地产业主和开发商、制造商、农业实体和全球消费品牌。安达密切关注3400余项全球立法机构和监管机构推出或实施的法律法规，所有这些法律法规都有可能改变企业客户开展业务的方式。这既包括新倡议，也包括现行法律法规的强化执行。

为了满足这种强劲且日益增长的需求，安达加强了其环境核保人团队建设，同时推出了许多具有创新意义的产品。安达在全球至少35个国家签发环境保险保单。

安达公司的产品创新范例包括全球场所污染责任险（PPL）和承包商污染责任险（CPL），面向在美国本土和海外开展业务的美国跨国企业。CPL和PPL项目将保障与技术支持相结合，旨在帮助承包商减少其环境风险敞口。此外，安达的有害物料和废弃物运输产品线为有害物料和有害废弃物运输商提供保障和理赔服务。

另一项创新产品是安达环境风险部的Chubb ALERT项目，该计划能够促进事故响应服务商在第一时间赶到现场，以及对清理费用进行实时监控。实践表明，此项计划既能减少环境损害，又能将理赔成本降低多达20%~25%。安达环境风险部凭借Chubb ALERT项目，在商业保险创新评选中获得奖项。

安达的产品线还包括巨灾治理保障。该保障针对环境巨灾发生后，维护和恢复公众信心的服务成本。在美国境外，公司的核心环境类产品继续通过劳合社在伦敦的安达全球市场销售，而在许多其他地区，人们对该险种的兴趣也日渐浓厚。2014年，安达公司在英国和澳大利亚推出了针对储罐的环境责任保险产品。

安达保险的领先地位还体现在以其他多种方式保障环境风险。公司就气候变化风险和企业有关政策，向美国全国保险监督官协会和各州保险监管机构提供咨询。此外，2015年，安达撰写和赞助了多份白皮书，就各种新兴风险，以及如何应对这些风险避免将来出现环境风险敞口，向企业提供信息。

（3）可再生能源项目。

可再生能源领域是安达的另一个主要产品领域，特别契合国际社会各方对气候变化关注度的提升。人们对于清洁、高效的可替代能源的渴求，使各种可再生能源项目在世界各地不断涌现。

这些项目形式多样，有生物质/生物燃料、沼气、转废为能、燃料电池，以及太阳能、风能和水力。安达保险力求应对一个典型可再生能源项目的两个主要阶段——项目建设和运营所涉及的风险。建设风险包括开工延误直至公众或雇主责任险，而运营风险则包括业务中断、场所污染等。

（4）绿色项目。

安达保险开发各种风险转移和风险管理服务，以创新方式应对与实施绿色项目有关的额外风险。安达的单独险种绿色物业保险，在现有建筑物发生损失的情况下，为希望按照"更加绿色"的标准重新建设的工商企业提供保障。这包括：节能电器、电子设备、供暖和冷却系统、内部排水系统和照明设施，低挥发性有机化合物（VOC）油漆、底漆、溶剂、面漆和黏结剂，低排放地毯、地板，以及获得森林管刊委员会（FSC）认证的木材。另外，购买了"预防性措施"保障的客户还能获得某些折扣。如果保单持有人采取了某些减灾手段，他们将能获得一定金额的补贴。所有这些保险产品都会鼓励安达客户采取行动，帮助减少温室气体的排放。

（5）咨询服务。

安达客户还能够获得全面的传统环境风险咨询服务，包括工业卫生评估，受管制和有害物料管理及施救监督，对房地产和金融市场开展环境方面的尽职调查，以及绿色建筑认证体系"能源与环境设计先锋"（LEED）和监管合规咨询。此外，公司还为客户定制美国职业安全与健康管理局（OSHA）合规培训课程及服务，课程涉及石棉、含铅漆和微生物治理，以及水侵入预防。

安达可视具体情况派遣经过认证的合规人员前往客户场所，加强客户的环境与安全团队建设，以满足其健康、安全与环境（HSE）目标。

（6）其他保障。

诸如财产巨灾险、农作物险和业务中断险等保障在安达业务中占较大比重。公司继续投资于这些业务，以及开发各种解决方案，旨在帮助客户治理气候变化所形成的自然风险。如今安达是美国领先的农作物险保险商，通过子公司雨雹保险（Rain and Hail Insurance Service）开展业务。安达的农商企业部门服务于农产品的制造、加工和经销企业。此外，公司的全球天气险产品帮助客户保障无法预测的天气情况和气候变化，保护其在世界各地的资产不会因不利天气状况而遭受损害或损失。

（二）安联集团绿色投资案例

安联集团于1890年成立，总部位于德国慕尼黑，至今已有129年的历史。安联集团是目前欧洲乃至全球最大的保险金融集团及资产管理人之一。对安联来说，可持续发展意味着创造长期的经济价值以及富有远见的公司治理方法，它是公司业务发展与环境治理、社会责任的有机结合。

1. 安联集团可持续发展投资策略及案例

安联集团旗下负责管理自有保费投资的两大资产管理机构为：安联资本合伙人公司（Allianz Capital Partner）和安联不动产（Allianz Real Estate）。负责第三方资产管理的两大机构为：安联全球投资者（Allian Global Investors）和太平洋投资管理公司（PIMCO）。

作为机构投资者，安联一直致力于推动全球范围内的低碳经济和节能减排，主要表现为大量投资于"绿色项目"，包括节能环保的不动产、基础设施、可再生能源及碳减排项目等。这些项目不仅对减少温室气体排放及环境污染，提高能源效率做出了贡献，也有助于形成更广泛、多样化的投资组合，分散投资风险，并提供健康稳定的、不受金融市场波动影响的长期收益。

（1）可再生能源投资。

截至2015年，安联集团运用自有保费在可再生能源领域的总投资规模已超过25亿欧元，其中大部分为风能、太阳能等清洁能源项目。目前安联已在美国、奥地利、法国、德国、意大利、瑞典、芬兰等国家投资了60个风能发电站和7个太阳能发电站。这些发电站可生产约1400兆瓦的电能，供应超过80万个家庭，堪比一个巴塞罗那大小的城市。

以下是安联近年来运用自有保费投资可再生能源的几个典型案例：

其一，美国新墨西哥州风能发电站。2016年2月，安联宣布和美国美林银行联合投资位于美国新墨西哥州的两个风能发电站。该笔投资标志着安联将可再生能源投资从欧洲地区进一步扩展到更多国家，且在风能、太阳能领域的股权投资总额达到29亿欧元。新投资的这两个相邻的风能发电站 Roosevelt（250兆瓦）和 Milo（49.65兆瓦）位于美国新墨西哥州罗斯福县，总计150个风能涡轮机可为超过170 000个新墨西哥州的家庭供电。

其二，芬兰风能发电站。安联在2016年1月完成首个芬兰风力发电站项目的投资。该发电站选址位于 Jouttikallio，距离芬兰西海岸的瓦萨市80公里。于2016年年底建成并交付安联，满足了12 600户家庭的电力需求。安联认为芬兰是一个非常有前景的风电市场，成功进入芬兰市场有助于进一步增加多样化可再生能源投资组合。

其三，奥地利风能发电站。2015年，安联出资1.56亿欧元收购并投入建设奥地利四个风能发电项目，分别是 Scharndorf Ⅲ, Zistersdorf Ost, Ladendorf 和 GroBkrut – Hauskirchen – Wilfersdorf。该项目运营周期为27.5年，预期回报率为5.6%。同时，安联还收购了奥地利最大的风力发电站运营商 ImWind 的设备，设备产能约为320兆瓦。

其四，意大利太阳能发电站。2010年，安联从 BP Solar 集团处收购了总量达6兆瓦的6座太阳能发电站。这几处太阳能发电厂区分别位于意大利普利亚大区（Pugliaregion）的布林迪西市（Brindisi）和梅萨涅市（Mesgne），早在2009年年底就已投产运营，并全部安装了BP Solar集团研发的固定单晶和多晶太阳能面板。

（2）碳减排项目投资。

2014年，安联的投资项目总计产生322 529个碳信用额，相当于减少了322 529吨的碳排放。

第一，对Wildlife Works Carbon有限责任公司（世界领先的REDD项目开发者，简写为WWC）的投资。2011年，安联收购了WWC10%的股份，用于支持发展中国家以及新兴国家的森林保护事业。REDD项目既彰显了企业的社会及环境保护责任，又提供了富有竞争力的投资回报率。安联的第一个投资项目是肯尼亚东南部20.8万公顷的森林保护。预计该项目在未来30年将减少近3600万吨二氧化碳的排放，并为安联提供同等数量的碳信用额度。

第二，对永恒的森林（Rimba Raya）的投资。2013年，安联在印度尼西亚婆罗洲投资名为Rimba Raya的REDD项目。保护了6.4万公顷热带雨林免遭砍伐，由此可避免30年近9000万吨二氧化碳的排放。这是安联在新兴市场的第三个碳减排投资项目，产生了足够的碳排放信用额，来抵消安联未来几年的碳排放量。

（3）不动产投资。

安联不动产投资公司（ARE）在过去五年间在不动产投资项目上采取的可持续发展相关措施包括以下几个方面：

第一，将所投资物业的能源消耗、环保指标等数据列入日常报告体系。

第二，加强安联不动产与物业租户之间关于改善能源消耗及其他可持续发展措施的沟通。

第三，将每一物业的可持续发展举措纳入资产管理计划中，例如绿色租赁和环保认证等。

第四,收集和反馈物业楼宇的相关信息,通过各种建议措施提升和完善物业的可持续发展表现。

安联不动产公司同时也采用绿色评级体系,持续衡量和提升所投资物业楼宇的环保节能水平。这一绿色评级体系是由欧洲绿色评级联盟建立,评估范围涵盖能源消耗、碳排放、用水、交通、垃圾处理等方面。

2. 安联绿色投资的未来展望

根据国际能源组织预计,可再生能源项目年度的资金需求至2035年将增长到7800亿美元,而目前经济合作与发展组织国家(OECD)的养老金和保险资金(总规模达92万亿美元)只有不到1%投资于可再生能源。因此,安联有巨大的空间和潜力加大在这个领域的投资。

第五节 国际碳金融

一、国际碳金融市场概况

碳金融市场即金融化的碳市场,是传统金融市场的各类工具及服务与碳市场中碳配额及项目减排量等基础碳资产相结合产生的各类金融交易活动,目的是为碳市场各类主体提供必要的价格发现、风险管理和融资工具,同时提高碳市场的流动性。

(一)碳金融市场发展的源起

国际碳金融市场的发展,主要基于三个前提:市场机制、政策法规和公众意识。

1. 市场机制

基于《京都议定书》确立的国际排放交易(IET)、联合履约(JI)和清洁发展(CDM)三种碳交易机制,形成了基于总量控制的配额交易市场和基于减排项目的项目交易市场。这两类相互关联的碳现货交易市场，构成了国际碳市场的基本框架，也为在此基础上发展碳金融衍生品交易市场创造了必要条件。

2. 政策法规

作为一个人为创设和政策规制的市场，政策法规是国际碳金融市场得以创立和运行的前提。在市场创立方面，无论是碳排放总量的确定、碳排放配额的分配、碳排放情况的监测报告及核证，还是企业按期履行其控排相关义务，以及违约相关处罚，所有这些安排都必须有相关立法的授权；EU ETS 的发展得以走在世界前沿，系统严格的立法是主要原因。[①] 在市场运行方面，无论是交易平台、交易机构、交易产品等基础交易制度的建立，还是日常交易活动组织及交易行为的监管，也都必须在相关法规的框架下进行。

3. 公众意识

随着气候变化问题的日益严峻，公众对各种环境危害的认识程度和紧迫感不断加深。公众意识的提高会通过多种渠道向企业及金融市场传导，为碳金融市场的发展提供越来越有利的社会环境，同时逐渐影响投资者的投资理念和投资行为。企业面临不断强化的低碳合规压力，投资者面临市场主流偏好向低碳方向的不断迁移，都是碳金融市场持续发展的外部动力。[②]

（二）碳金融产品的分类

1. 碳金融产品谱系

碳金融产品是碳金融市场的核心要素，它是基于碳配额和项目减排量等基础碳资产发展起来的金融化工具。

（1）基础碳资产。也称碳现货产品，主要包括碳排放权配额和项目减排量两类。在国际碳市场上，碳配额产品主要包括 IET 机制下的减

---

① 易兰，等.碳金融产品开发研究：国际经验及中国实践 [J].人文杂志，2014（10）.
② 刘华，郭凯.国外碳金融产品的发展趋势与特点 [J].银行家，2010（9）.

排指标"配额排放单位"(AAU),以及 EU ETS 框架下的减排指标"欧盟排放配额"(EUA)和"欧盟航空碳配额"(EUAA);项目减排量产品主要包括发展中国家和发达国家之间 CDM 机制下的"核证减排量"(CERs),以及发达国家和发达国家之间 JI 机制下的"减排量单位"(ERUs)。目前 EU ETS 主要交易的碳现货产品包括 EUA、CER、ERU 和 EUAA。碳现货交易的基本类型,如图 4-1 所示。

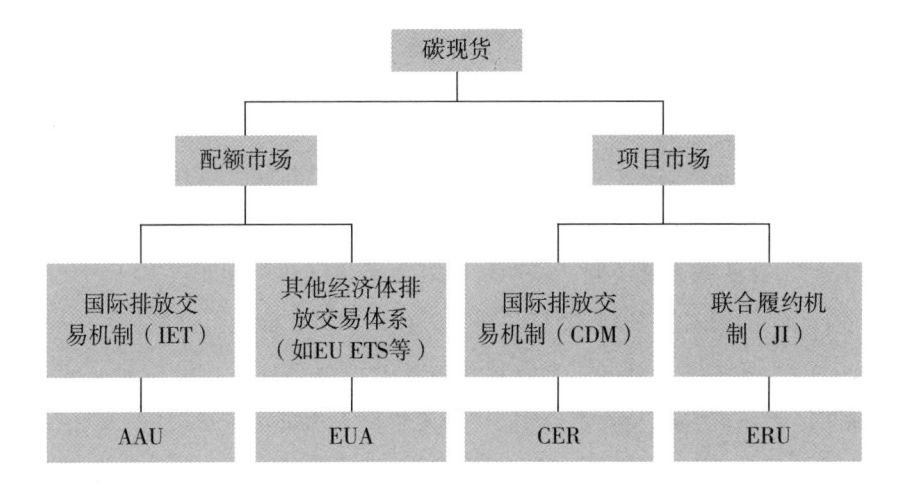

```
                        碳现货
                    ┌─────┴─────┐
                 配额市场      项目市场
                ┌───┴───┐    ┌───┴───┐
            国际排放交  其他经济体排  国际排放交  联合履约机
            易机制(IET) 放交易体系  易机制(CDM) 制(JI)
                       (如EU ETS等)
                │         │         │         │
              AAU       EUA       CER       ERU
```

图 4-1 碳现货交易的基本类型

(2)碳金融产品。它是基础碳资产与传统金融工具及服务的组合产品。根据产品的功能特性,碳金融产品可以分为碳交易工具、碳融资工具和碳支持工具三类。碳交易工具指基于基础碳资产开发的各类标准化的交易产品,主要包括碳期货、碳期权、碳远期、碳互换(碳掉期)等,目的是为市场提供流动性和未来价格发现等功能。碳融资工具指基于基础碳资产开发的股权和债权等投融资产品,主要包括碳基金和碳债券,目的是为市场提供低碳项目及相关资产的投融资功能。碳支持工具指基于基础碳资产开发的市场量化及风险管理等产品,主要包括碳指数和碳保险等,目的是为市场提供量化、保险及增信等功能。

2. 碳交易工具

(1)碳期货。碳期货是一种约定日期和价格在未来交割相应碳资产的标准化合约，以规避碳资产的未来价格波动风险，实现套期保值。在欧盟碳市场，EUA及CER通常采用期货形式在交易所进行交易。2011年以来，碳期货交易量占欧盟碳市场交易总量的90%以上，远远超过了现货交易量。以2011年为例，EUA现货交易额为28亿美元，仅占EUA交易总额的2%，而EUA期货交易额则高达1308亿美元，占EUA交易总额的88%。从市场运行的角度看，碳期货在维持碳市场流动性方面发挥的作用可谓举足轻重。

（2）碳期权。碳期权也是一种标准化合约，是指能在未来特定的时间以特定的价格购买或出售特定数量的碳资产的权利。它是以碳期货为基础的碳金融衍生产品，其价格依赖于碳期货价格。碳期权的持有者可以实施或放弃在约定的时间内选择买入或不买入、卖出或不卖出的权利。[①] 根据履约方式不同，碳期权分为美式期权和欧式期权，洲际交易所（ICE）采取的是欧式期权，即只有在到期日才能执行该期权。

（3）碳远期。碳远期一般是通过场外市场（OTC）进行交易的非标准化合约，约定未来特定时间以特定价格买卖特定数量的碳资产，到期时可以选择实际交割或差价结算。碳远期产品既具有未来价格发现和风险管理功能，同时也具有场外交易便捷高效等特点。2008年国际金融危机之后，不少碳远期交易也开始转向场内清算，以规避风险。国际碳市场上，CDM项目产生的CER通常采用碳远期的形式进行交易，交易双方在CDM项目开始前后签署合同，约定在未来特定时间以特定价格购买特定数量的碳减排量。

（4）碳互换（碳掉期）。也称碳掉期，包括碳资产的产品互换和期限互换两种形式。产品互换指两种不同碳资产之间的互换交易，比如EUA和CER的互换，根据欧盟2004/101/EC指令，EU ETS下的排放实体可以利用CDM和JI项目获得的减排量履行减排义务，这些规定为推出EUA和CER互换产品创造了前提。期限互换也称碳掉期，指双方以

---

① 袁杜娟，朱伟国．碳金融：法律理论与实践［M］．北京：法律出版社，2012．

固定价格确定某笔碳资产交易，并约定未来某个时间以当时的市场价格完成与固定价交易对应的反向交易，最终只需对两次交易的差价进行现金结算。

3. 碳融资工具

（1）碳基金。碳基金是为投资碳资产设立的专门基金。国际市场上的碳基金通常指投向 CDM 等温室气体减排项目的碳交易专门资金，发起主体既包括政府机构和国际组织，也有商业机构。自世界银行于 2000 年创设首只碳基金以来，碳基金发展快速。目前，世界银行发行的碳基金总数达 14 只，管理的资金规模约为 33 亿美元，支持 75 个国家的 145 个减排项目。

（2）碳债券。碳债券是绿色债券的一种，指政府或企业为筹集低碳项目资金而向投资者发行的、约定在一定期限内偿还本金和支付利息的债务凭证，是一种新型的低碳融资解决方案。碳债券主要包括两种类型：一是为开发低碳项目定向募集的债券，以最终实现一定的碳减排量，比如世界银行 2008 年开始发行的绿色债券，总额约为 3.5 亿美元，期限 6 年，票面利率 3.5%；二是基于现有低碳项目的减排收益发行的结构化债券，将项目的碳交易收益作为债券的额外收益以增强其吸引力，比如 2014 年中广核风电有限公司发行的国内首单碳债券，期限 5 年，利率 5.65%。

4. 碳支持工具

（1）碳指数。碳指数是反映碳市场总体情况或某类碳资产价格变动及走势的指标，既是碳金融市场重要的观察工具，也是开发碳指数交易产品的基础。国际碳市场主要的碳指数包括巴克莱资本全球碳指数（BC GGI）、道琼斯－芝加哥气候交易所－CER/欧洲碳指数（DJ－CCX－CER/EC－I）、EEX 现货市场的 ECarbix 碳指数等。其中，EEX 在 2012 年 11 月发布的现货市场 ECarbix 二氧化碳指数，是依据一级和二级现货市场的加权交易量权重计算出来的，每日及每月底分别公布交易量和交易价格。

（2）碳保险。碳保险指为碳交易各方规避碳资产交付风险推出的保险产品。随着国际碳市场交易量的快速增长，碳保险也得到了较快发展，如美国国际集团、瑞士再保险公司以及苏黎世保险公司等大型保险机构均开展了碳保险业务。[1] 其中，苏黎世保险公司推出的 CDM 项目保险，可以同时为 CER 的买方和卖方提供保险，交易双方通过该保险产品能够将 CDM 项目过程中的相关风险转移给苏黎世保险公司。

二、碳排放权交易的国际实践

（一）欧盟碳排放交易体系

2003 年 10 月，欧洲议会和欧盟理事会正式颁布了《关于欧盟排放权交易体系的指令》，规定欧盟碳排放交易体系（EU ETS）从 2005 年 1 月起开始交易。欧盟碳排放交易体系由一系列指令构成了较为完善的法律制度。欧盟碳排放交易体系也首次创新地采用分阶段运行的机制，主要包含三个实施阶段。

第一阶段：2005—2007 年，称为试验阶段。这一阶段的分配方法主要是 95% 免费分配，5% 会员自行决定，排放权交易主要是二氧化碳，惩罚机制是每吨罚款 40 欧元，第一阶段没有使用完的减排配额不能保留到第二阶段。

第二阶段：2008—2012 年，称为履行减排义务阶段。第二阶段的分配方法主要是 90% 免费分配，10% 会员自行决定，并且将甲烷、氢氟氯碳化物等六种气体加入交易体系，惩罚机制是每吨罚款 100 欧元，2012 年将航空部门也纳入了 EU ETS 的管制，第二阶段没有使用完的减排配额可以带到第三阶段使用，但不能提前支用第三阶段的配额。

第三阶段：2013—2020 年，称为减排阶段。第三阶段拍卖机制被强制引入，如果企业能够使其实际排放量小于分配到的排放许可量，那

---

[1] 王乐祥. 浅谈低碳经济与保险 [J]. 保险职业学院学报，2011（3）.

么它就可以将剩余的排放权放到排放市场上出售，获取利润；反之，它就必须到市场上购买排放权，否则，企业将会受到重罚。在第三阶段里，前年受罚的企业还需要从次年的排放许可权中将该超额排放量扣除。第三阶段的主要目标是实现 2020 年碳排放量比 1990 年减少 20%，而数据显示，第三阶段的目标目前几乎超额完成。所以在 2014 年欧盟高峰会上，通过了《2030 年气候与能源政策框架》，设定了新的减排目标，即至 2030 年，温室气体排放量比 1990 年要减少至少 40%。

EU ETS 实行的第三阶段，将控制减排的行业从最初的炼油厂、电厂、钢铁厂等高排放企业扩展到石油化工、航空航运、垃圾处理和农业等行业的碳排放。所有配额是在欧盟层面而非成员国层面上分配。至此，欧盟排放交易体系创造出一种新的激励机制，激发私人部门以成本最低方法去实现政府分配的减排额度。欧盟试图通过这种市场化机制，以最经济的方式履行《京都议定书》，把温室气体排放限制在社会所希望的水平上。整体来看，欧盟采用阶段性运行的碳排放交易体系取得了良好成效，多数欧盟国家的碳排放量都呈现了下降趋势。

欧盟碳排放交易体系具有以下几个特点：

第一，采取总量控制与交易的模式。欧盟碳排放交易体系采用了整体 8% 的减排要求。由于各成员国的经济发展水平不同，企业技术存在差异，若单纯地均摊排放量会引起各成员国的不满，引发不公，甚至会加剧贫富差距。所以欧盟碳排放交易体系由欧盟委员会确定各成员国的减排目标，确定各国的配额后，各成员国需要提交各自的国家分配计划，为本国设置一个排放量的上限，再经由欧盟按照协定的计划，给各成员国分配排放额度，各成员国再分配给本国的空拍企业单位。总量限定和交易的方式使欧盟各成员国的排放量实现了透明化、公开化，通过确立明确的产权来降低交易成本，有利于确保欧盟整体完成减排任务，履行国际义务。

第二，拥有较强有力的履行框架。欧盟碳排放交易体系有一系列严格的履约、注册、检测报告与核查制度，EU ETS 中的每一个企业单位必须从对应的政府部门获得温室气体的排放许可证，而要想获得排放许可证，则要求该企业单位必须具有较强的检测和报告能力，从而实现对该企业单位的监管。不仅如此，每个企业单位还被要求每年提交去年的排放额，并将其注销以防重复使用，而剩余的额度可以储存或者出售。

第三，EU ETS 是一个较为开放的交易体系。它允许从欧盟外购买各类排放许可来实现减排目标。但是，使用的除欧盟外的减排信用系统只能是《京都协定书》规定的清洁发展机制（CDM）和联合执行（JI），即核证减排量（CERs）或减排量单位（ERUs）。

（二）清洁发展机制

清洁发展机制（CDM）是基于项目的一项交易，它是《京都协定书》中三个灵活的市场机制里唯一一个允许发展中国家参与的机制。其核心内容是：一些发达国家的缔约方在不能完成其承诺的排放量时，可以向发展中国家提供资金和技术的形式，帮助发展中国家实施有利于减缓气候变化的减排项目，从而获得"经过核证的排放量（CER）"。CDM 机制既降低了发达国家的减排成本（因为不需要交纳未实现减排目标昂贵的罚金），又能为发展中国家提供先进的技术和额外的资金，是一种双赢机制。

清洁发展机制实施以来，为发展中国家带来了巨大的商机，而这几年清洁发展机制项目的数量得到了稳定增长，其中 60% 的项目是小规模的能效项目。尽管清洁发展机制的成就较为突出，但是从横向来看，CDM 项目在全球的情况还是令人担忧。

首先，清洁发展机制出现了较为明显的分布不均现象。就项目的数量来说，中国、印度和巴西三个发展中大国占据了全部项目的 70% 以上，其中，由于中国在清洁发展机制中具有的竞争优势，使其成为了最大的签发国，占据了 50% 的比例。这也引起了一些发展中国家的不满。

其次，关于技术转移的问题，很多发达国家是不愿意真正将新的气候技术通过清洁发展机制转移给发展中国家的，并且在公约中，对于技术转移这一概念也没有做出明确的定义，很多国家的国内法也对技术转让没有界定，设备转让、设备运行和维护、技术人员的提供都没能有一个统一的归属，这就无法确认它们是否进行了转移。在调查研究中发现，恰恰是中国、印度、巴西这样大的发展中国家的技术转移率低于全球平均水平，这也为清洁发展机制是否能推动可持续发展这一目标埋下了一个问号。

最后，由于清洁发展机制对促进可持续发展这一目标没有统一的国际化标准，很难具体衡量，用量化的标准去实现是有一定难度的，所以清洁发展机制在实践中并没有取得理想的效果。

（三）芝加哥气候变化交易所

芝加哥气候变化交易所（Chicago Climate Exchange，CCX）成立于2003年，作为全球第一个也是北美地区唯一一个自愿参与温室气体减排量交易，并对减排量承担法律约束力的先驱组织和市场交易平台。简要地说，由于价格是公开透明的，所以通过CCX交易平台，会员可以从网络市场里获取信息，从而有效地维持市场秩序和连续性，以及系统地制订可持续发展减排计划；通过网络系统，卖出剩余的减排量，获取额外的利润。

芝加哥气候变化交易自施行以来，很多环保组织者和具有环保意识的政治家都期望建立一个中央政府的限额和交易体系，希望它能成为一个促进气候变化发展的具有成本效益的方式。然而，奥巴马政府对于它的立法并没有做出实质性的努力，限额与交易法案在国会并没有被通过。由于联邦政府的意志消亡，对碳补偿的需求下降，造成了碳价格严重跳水，至此对于参与者来说，在这个自愿的市场里只能获得微薄的利润，故而纷纷退出这个市场。一个健康的市场需要买家和卖家同时存在，如今买家渐渐退出了市场，那么这个市场就不复存在了。

没有一个政府强制性的减排目标，自愿交易的市场所能起到的作用其实是非常有限的。对于芝加哥气候变化交易所来说，其本身制定的关于"额外性"原则也是难以确认的。对于一个项目而言，监控和验证其是否进行了减排存在一定的难度，或者说其本身在没有进行交易之前也许就有一定程度的减排，因此，在进行碳排放权交易后，其所产生的"额外性"减排是否真的达到了目标就难以被评估和确认。

第五章　绿色金融的中国实践

第一节　绿色信贷

一、我国绿色信贷市场概况

近年来，我国绿色金融实践取得了明显进展，可持续发展理念逐步建立，绿色产品不断创新，绿色金融市场也在逐步完善。其中，中国银行业在绿色金融领域发展较早，在政策、流程、监管等方面的实践进展较快。因此，绿色信贷也成为目前我国最为成熟和最为重要的绿色融资方式之一。

（一）我国绿色信贷市场持续增长

近年来，我国绿色信贷市场规模持续稳步增长，截至2016年6月末，21家主要银行机构绿色信贷余额达7.26万亿元，占各项贷款的9.0%。近年来，绿色信贷余额占各项贷款比例持续提高，2013—2015年末分别为8.7%、9.3%和9.7%。各家银行积极推进绿色信贷建设，为经济转型提供绿色融资方面成绩显著。以中国工商银行为例，截至2016年年底，中国工商银行投向绿色项目的贷款余额为9785.61亿元，占同期公司贷款的比重为14.2%，贷款余额较2015年增长7.0%，高于同期公司贷款余额增速约6.8个百分点。

（二）我国绿色信贷资产质量较好

一方面，由于考虑了环境与社会风险，我国绿色信贷资产风险较低。截至2016年6月末，21家主要银行机构节能环保项目和服务贷款不良率仅为0.41%，低于同期各项贷款不良率1.35个百分点；另一方面，绿色信贷支持了优质的节能环保项目，环境效益显著。按照2016年6月末节能环保项目和服务贷款支持资金比例测算，绿色信贷的投放预计可年节约标准煤 1.87 亿吨，减排二氧化碳当量 4.35 亿吨，减排化学需氧量 397.73 万吨、氨氮 43.45 万吨、二氧化硫 399.65 万吨、氮氧化物 200.60 万吨，节水 6.23 亿吨，为我国经济绿色转型做出了重要贡献。

（三）我国绿色信贷支持了多领域的绿色项目

从资金投放来看，2015 年我国绿色信贷主要投放的领域为绿色交通、战略性新兴产业贷款和可再生能源及清洁能源，其中绿色交通项目贷款 2.65 万亿元，占全部绿色信贷的 36.6%。节能环保、新能源、新能源汽车等战略性新兴产业贷款余额共 1.69 万亿元，占比 23.34%；可再生能源及清洁能源项目贷款 1.47 万亿元，占比 20.3%。

二、我国绿色信贷政策体系

（一）我国绿色信贷政策发展回顾

绿色信贷政策在我国的发展是随着经济体制的改革以及环境管理的发展而逐步建立和完善的，大致可以分为以下三个阶段。

1. 起步阶段

早在 1995 年，中国人民银行就下发了《关于贯彻信贷政策与加强环境保护工作有关问题的通知》，对金融部门在信贷工作中落实国家的环境政策问题做出规定。要求各级金融部门在信贷工作中要重视自然资源和环境的保护，把支持生态资源的保护和污染的防治作为银行贷款的考虑因素之一。这是我国首次采用金融手段来限制和引导企业投资活动，也是绿色信贷政策的雏形。

2. 引导推动阶段

2007 年，为加强环保和信贷管理工作的协调配合，强化环境监督管理，严格信贷环保要求，促进污染减排，防范信贷风险，原国家环境保护总局、中国人民银行和中国银行业监督管理委员会（以下简称银监会)联合下发了《关于落实环境保护政策法规防范信贷风险的意见》(环发〔2007〕108号),严格指出对企业和建设项目的环境监管和信贷管理已经成为一项紧迫的任务。金融机构应依据国家建设项目环境保护管理规定和环保部门通报情况,严格贷款审批、发放和监督管理。各商业银行要将支持环保工作、控制对污染企业的信贷作为履行社会责任的重要内容。这是一项全新的信贷政策,与当前倡导的绿色信贷理念高度契合。

同年,为配合国家节能减排战略的顺利实施,督促银行业金融机构把调整和优化信贷结构与国家经济结构紧密结合,有效防范信贷风险,银监会下发了《节能减排授信工作指导意见》(银监发〔2007〕83号),要求银行业金融机构从落实科学发展观、促进经济社会全面可持续发展、确保银行业安全稳健运行的战略高度出发,从战略规划、内部控制、风险管理、业务发展着手,防范高耗能、高污染带来的各类风险,切实做好与节能减排有关的授信工作。

3. 全面发展阶段

2012年2月,为落实各项宏观调控政策、监管政策与产业行业政策,推动银行业金融机构以绿色信贷为抓手,积极调整信贷结构,更好地服务实体经济,促进经济发展方式转变和经济结构调整,银监会下发了《绿色信贷指引》(银监发〔2012〕4号,以下简称《指引》),从多个方面对银行业金融机构发展绿色信贷提出了具体要求。

《指引》下发后,银行业金融机构积极落实各项要求,牢固树立绿色信贷理念,并将其作为自身经营战略的重要组成部分,加强绿色信贷相关组织、制度、流程和能力建设,逐步完善绿色信贷政策制度,不断增强以绿色信贷促进生态文明建设的自觉性、主动性。按照风险可控、商业可持续的原则,加大对战略性新兴产业、文化产业、生产性服务业、工业转型升级等重点领域的支持力度,主动防范因产能过快扩张带来的信贷风险,严防环境和社会风险引发的风险损失及不利影响,多措并举共同推动绿色信贷的蓬勃发展。

（二）绿色信贷政策体系框架

为引导社会经济的良性发展，我国近年来先后制定出台了一系列重大政策和文件，以鼓励和倡导金融机构积极开展绿色信贷。目前已经基本形成由绿色信贷指引、绿色信贷统计制度、绿色信贷考核评价体系、银行自身的绿色信贷政策组成的绿色信贷政策体系。

1. 绿色信贷指引

《指引》是我国银行业绿色信贷政策体系的重要组成部分，也是境内所有银行业金融机构发展绿色信贷的纲领性文件。《指引》对绿色信贷的内容进行了界定，提出绿色信贷应包括对绿色经济、低碳经济、循环经济的支持，防范环境和社会风险，提升自身的环境和社会表现等基本内容。此外，还从组织及流程管理、政策和制度制定、内控管理与信息披露等方面对银行业金融机构节能减排、环境保护、防范环境与社会风险提出了具体要求，督促银行业金融机构从战略高度推进绿色信贷工作。《指引》不仅具有导向作用，更具有现实意义。

2. 绿色信贷统计制度

2013年，银监会制定了《绿色信贷统计制度》，要求银行业金融机构对所涉及的环境、安全重大风险企业贷款和节能环保项目及服务贷款进行统计。通过归纳分类，明确了12类节能环保项目及服务的绿色信贷统计口径，在此基础上不仅对节能环保项目及服务贷款的变化和五级分类情况进行了统计，还对其形成的年度节能减排能力进行了统计，包括标准煤、二氧化碳减排当量、化学需氧量、氨氮、二氧化硫、氮氧化物、节水7项指标。《绿色信贷统计制度》的出台，使银行业金融机构开展绿色信贷业务有了进一步的规范。

3. 绿色信贷考核评价体系

2012年6月，银监会印发了《银行业金融机构绩效考评监管指引》（银监发〔2012〕34号），要求银行业金融机构在绩效考评中设置社会责任类指标，对银行业金融机构提供金融服务、支持节能减排和环境保护等方面的业务进行考评,同时要求银行业金融机构在社会责任报告中对绿色信贷相关情况予以披露。

此外,银监会还研究制定了《绿色信贷实施情况关键评价指标(试行)》,拟将考核评价结果作为银行业金融机构准入、工作人员履职评价和业务发展的重要依据,探索将绿色信贷实施成效纳入机构监管评级的具体办法,逐步完善绿色信贷考核评价体系。

4. 银行自身的绿色信贷政策

在银监会和银行业协会的指导和推动下,银行业金融机构针对环境和社会风险,逐步构建并完善自身的绿色信贷政策体系,既包括从全局出发、整体统筹的绿色信贷总体政策,也包括针对国家重点调控的限制类行业以及存在重大环境和社会风险行业制定的行业信贷政策,从而加大对节能环保等绿色经济领域的信贷支持力度,严控"两高一剩"行业授信和贷款,建立绿色信贷发展的长效机制。

三、我国银行业绿色信贷实践

在多年践行绿色信贷的过程中,我国部分商业银行已经探索并积累了一套开展绿色信贷的经验,将绿色信贷理念融入到银行的信贷文化、发展战略、信贷政策、管理流程和产品创新等各个环节之中,形成了一套行之有效的绿色信贷建设和发展的长效机制。

(一) 绿色信贷战略与目标

绿色信贷战略是从长期发展的战略高度,统一全集团对环境和社会风险的认识,制定全集团环境与社会风险管理相关政策以及配套措施的指导性原则。目前,我国的部分银行已经将绿色信贷战略融入企业的发展战略中,例如中国工商银行在2007年就提出了"绿色信贷"建设的理念,建立了政策体系,将绿色发展作为企业未来发展的重要方向;兴业银行在2008年加入了赤道原则,成为我国第一家"赤道银行",将绿色发展作为企业战略,赢得了广泛的国际赞誉。

绿色信贷目标是战略的分解与细化，目标的明确将为绿色信贷工作的顺利推进以及实施绩效考核提供有效的制度保障。国内商业银行设置的绿色信贷发展目标与其业务指标密切相关。例如中国工商银行，将环境敏感行业作为当前阶段全行环境和社会风险管理的重点，在《关于加强绿色信贷建设工作的意见》中设置了环境敏感行业占公司贷款比重、环境友好及合格类客户贷款余额以及客户数占比等指标作为绿色信贷发展目标。再如民生银行，该行提出严格控制"两高一剩"行业贷款，提出其贷款增速要远低于全行贷款总量增速的目标。

（二）绿色信贷组织管理

绿色信贷关乎银行的发展战略和经营决策，需要董事会、管理层到部门、基层分行自上而下的传导和践行。

董事会是银行经营的最高决策机构，在绿色信贷实施中其承担的职责包括：推进全行绿色信贷理念与发展战略和经营管理的融合；董事会战略委员会审议和批准本行绿色信贷工作重大事项，包括绿色信贷战略和目标、绿色信贷报告，评估全行绿色信贷发展战略执行情况，向董事会提出相关建议；董事会审计委员会通过聘请第三方审计机构、委托内部审计（分）局等方式对环境和社会风险管理情况进行专项审计；董事会薪酬委员会加强监督，确保绿色信贷实施情况在高级管理人员和其他员工绩效考核中得到恰当体现。

高级管理层负责组织银行的经营管理活动，其在绿色信贷工作中的管理目标主要是制定绿色信贷战略及目标，通过建立完善的工作机制，确保绿色信贷战略实施所需要的高层管理制度得到有效的确立。高级管理层的管理职责主要有：制定绿色信贷发展战略，确立绿色信贷目标，明确职责分工，定期向董事会汇报绿色信贷战略实施情况及重要事项。

归口管理及协调部门是指银行中牵头及配合开展绿色信贷工作的部门。从国内银行实施情况来看，绝大多数银行采用将绿色信贷工作嵌入现有工作流程的模式。所以，这项工作往往很难由一个部门来独立完成，必然会涉及公司业务、授信审批、风险管理、法律事务、内控合规、办公室等相关条线的共同参与配合。归口部门主要牵头全行绿色信贷工作，并协调各相关部门和机构开展绿色信贷工作。参与部门应在各银行自身的组织架构和工作机制、流程管理基础上，在各自工作职能范围内按照本行战略方向推动绿色信贷落到实处；同时就专业领域内重大绿色信贷问题制定应对措施，并及时、完整地向高级管理层汇报；就绿色信贷工作相关重要事项与信息及时与牵头部门沟通。

（三）绿色信贷政策

目前，我国商业银行的绿色信贷政策主要包括两方面的核心内容：

（1）准入政策。鼓励信贷支持资源节约、环境友好的项目和企业，如果客户及其重要关联方在建设、生产、经营活动中可能给环境和社会带来危害及相关风险，存在包括与能耗、污染、土地、健康、安全、移民安置、生态保护、气候变化等有关的环境与社会问题，则对该项目和企业不予信贷支持。

（2）退出政策。退出政策是银行实现信贷结构调整、加强高风险领域风险防控的重要措施。对存量客户和已发放的贷款，如项目和企业出现环境保护违法违规行为或环境和社会风险加大等情况，银行应积极采取措施加速信贷退出。

（四）绿色信贷分类管理

我国商业银行的绿色信贷分类管理，一般从行业、客户、项目等多个维度开展。

（1）行业维度。按照行业维度进行绿色信贷分类，是相对简单、容易操作的方式。2013年银监会发布的《绿色信贷实施情况关键评价指标（试行）》吸收借鉴了赤道原则的分类标准，结合我国的实际国情，对A类、B类项目（客户）的行业做出了界定（即分别具有高、中级别的环境或社会风险)。

(2) 客户维度。交通银行根据银监会《节能减排授信工作指导意见》指导原则，按照授信客户对环境的影响程度，对所有建立信贷关系的授信客户实行分类标识。标识分类为红色（环保风险）、黄色（环保关注和警示）、绿色（环保合格及以上）三色共7类。招商银行对全部对公贷款进行了"四色"分类，即环保绿色贷款（环境友好型）、环保蓝色贷款（环保合格型）、环保黄色贷款（环保关注型）与环保红色贷款（环保缺失型），并运用贷款限额、风险权重以及经济资本占用比率等手段，不断推动环保绿色和环保蓝色贷款所占比重的上升。

(3) 多重维度。考虑到目前业务多元化已成为很多企业的发展模式，企业的主营业务可能跨越多个行业领域，因此有的银行采用了客户、项目相结合的多重维度进行分类管理。例如，中国工商银行吸收借鉴了赤道原则以及IFC绩效标准，从客户维度、项目维度、贷款维度建立四级、十二类分类标准及管理办法（四级包括环境友好类、环境合格类、环境观察类和环境整改类）；将绿色信贷分类嵌入银行流程管理过程中，建立了绿色信贷分类与企业评级的关联，并提出了相应的绿色信贷分类管理要求。

(五) 绿色信贷流程管理

目前，我国多家商业银行已经将环境风险因素纳入信贷管理流程，在客户准入、贷前调查、授信审批、合同签订、贷款支付及贷后管理等方面落实绿色信贷相关要求，将节能、环保、生态、安全与社会风险纳入客户及项目风险管理的重要评价内容，确保项目节能环保方面的合规性、完整性和相关程序的合法性。

1. 尽职调查阶段

尽职调查阶段的环保与社会风险的调查与识别是银行防范风险的重中之重，该阶段环保与社会风险信息的收集和初步判断对于后续流程中的决策具有至关重要的作用。尽职调查阶段主要由客户经理或前台业务部门发起完成，必要时还需要法律部门出具法律审查意见，涉及的主要工作包括：全面了解客户信息，进行绿色信贷分类，形成尽职调查报告，重点风险要点调查，等等。

2. 审查审批阶段

银行应根据客户面临的环境与社会风险的性质和程度，确定合理的授信审批流程和权限。除了审查客户的信用风险外，还需关注环境与社会风险对其信用风险的影响程度，并依据总体风险大小确定是否授信或授信多少，同时在贷款条件中落实风险释缓措施。如对于潜在环境与社会风险较大的企业（项目），即使其资产负债率等与授信相关的指标，经测算可给予授信或可给予较大的授信额度，银行也可基于自身的风险偏好，确定小于授信测算值的最终授信额度，甚至施行"一票否决"不予授信。

3. 贷后管理阶段

贷后管理是银行整个信贷风险管理的重要环节，对贷款能否按期收回本息有着十分重要的作用。银行应采取综合措施，尤其要加强对环境敏感行业或存在重大潜在环境与社会风险的客户的贷后管理。贷款发放后，银行应加强和当地政府环保部门、工信部、安全生产部门的沟通，了解分管企业的环保及安全生产依法合规情况，对存在较大环境与社会风险以及发生环境违法违规或重大安全生产事故事件的客户，应及时进行风险预警，并通知分支机构采取相关的风险处置措施。

（六）绿色信贷的创新

近年来，我国银行业对于绿色经济领域的支持力度不断加强，产品创新持续深化，风险管理继续加强，多家银行业金融机构积极开展绿色信贷创新，为推动我国经济转型做出了重要贡献。例如，中国工商银行通过业务模式创新，加大网上银行、手机银行等新兴业态的业务占比，在国内率先建立了"亿"级电子银行客户群体，目前电子银行业务占比达到80%以上，减少了银行业务运营及客户业务办理过程中产生的碳排放量。兴业银行在安排信贷专项规模支持节能减排、适用赤道原则等绿色信贷项目的基础上，还开发形成了企业节能技术改造项目贷款模式、节能服务商或能源合同管理公司融资模式等绿色产品，并在2016年发行了我国首单信贷资产支持绿色证券。民生银行通过提高授信额度、实行审批绿色信贷通道等方式，加大对资源消耗小、环境友好型行业的信贷投放，在绿色信贷流程优化领域进行了有益的探索和实践。

四、我国绿色信贷存在的问题及展望

（一）我国绿色信贷发展中存在的问题

我国绿色信贷发展中存在以下几个方面的问题：

（1）由于部分绿色项目不同程度地存在前期投入大、技术尚不成熟、投资回收期长等特点，对市场资金的吸引力仍不足，而目前对银行业金融机构开展绿色信贷业务尚无实质性的激励和支持政策，部分银行业金融机构出于成本效益以及风险等因素的考虑，对风险收益评估不能满足要求的项目较难介入。

（2）国内银行业对环境与社会风险重要性的认识及风险识别能力仍有待提高。在盈利压力较大的情况下，环境与社会风险容易被忽视，这是全球银行业普遍存在的问题；同时对环境与社会风险的识别尚未建立专家咨询队伍，大多依靠项目的环境批文，这在项目面临复杂环境与社会风险时易存在因评估不足可能出现的风险隐患；另外，对环境风险的评估大多没有进行定量分析。

（3）环境信息披露是发展绿色信贷的基础，同西方发达国家相比，我国尚未建立起完善的绿色信息披露机制，即使信息透明度最好的上市公司中，也少有企业披露二氧化碳、二氧化疏排放量等环境数据，对外披露的环境信息中也是定性多、定量少。银行业金融机构在评估企业环境风险、为企业和项目的信贷资产定价、制定行业信贷政策时，由于环境信息的缺乏，上述工作常常存在一定的盲目性，无法做到定量化，这对绿色信贷乃至我国绿色金融的发展形成了阻碍。

（二）我国绿色信贷的未来展望

1. 法律体系日渐完善，配套激励有望落地

为了激励银行业积极践行绿色信贷，将发行绿色信贷由"政策拉动"的公益活动变为"市场选择"的主动行为，目前，我国的政策制定机构正在致力于完善相关制度，有效激励银行业发行绿色信贷。在未来，绿色信贷专项的产业、财税、采购方面的鼓励政策有望出台，绿色信贷实施的法制环境将会持续改善。

2. 方法和工具不断创新，银行业开展绿色信贷的能力得到提升

压力测试、绿色评级和绿色指数等方法的不断推广为银行业金融机构管理绿色信贷提供了有效工具，银行业金融机构将有能力建立起科学、精确的企业绿色评级机制，对企业、行业、不同领域的公司进行有效的风险识别，同时发掘具有可持续发展潜力的价值客户予以支持。此外，随着绿色信贷理念与经营结合更加紧密，银行业金融机构将会建立起一支能够胜任环境与社会风险评估及授信审查能力的复合型人才队伍，提高绿色信贷的独立评审能力。

3. 银行业金融机构将在完善绿色信息披露机制方面发挥作用

建立健全绿色信息披露机制，除了加强立法，制定统一的环境风险评估标准，强制性要求上市公司和发债企业披露环境信息外，还应当考虑让银行业金融机构参与进来，尤其是商业银行拥有广泛的客户资源，并在多年经营信贷中形成了一套完善的客户调查和审核流程，也有能力为建立健全我国绿色信息披露机制做出贡献。例如，中国工商银行目前正在进行客户环境数据采集系统的开发，该数据系统由信贷经理获取企业环境数据并纳入工商银行大数据系统，工商银行可在其基础上研发相关指数产品，在保护客户经营信息安全的前提下，由银行向社会披露环境信息。

第五章 绿色金融的中国实践

第二节 绿色债券

一、我国绿色债券的发展历程和相关政策

（一）我国绿色债券的发展历程

2015年12月22日，中国人民银行发布39号文件，公布了发行绿色金融债券的有关事宜。同日，人民银行绿色金融专业委员会（以下简称绿金委）发布了《绿色债券支持项目目录（2015年版）》（以下简称《目录》），明确了绿色债券募集资金投放范围。39号文件和《目录》是我国首个对绿色债券发行制定的正式规则，也是世界上第一个针对绿色债券发布的国家政策。

其实早在绿色债券政策推出之前，我国企业在绿色债券领域的实践就已经开始。2014年5月，中广核风电发行了5年期人民币"碳债券"——中国广核风电有限公司附加碳收益中期票据，被视为国内绿色债券实践第一单。2015年10月中国农业银行在伦敦发行了"美元+人民币"双币种计价的绿色债券，是我国企业首次在海外发行绿色债券。2016年1月27日，浦发银行和兴业银行率先获准在全国银行间债券市场公开发行不超过500亿元和200亿元人民币的绿色金融债券，国内首单绿色金融债券的落地，标志着绿色标签金融债正式登上中国资本市场的舞台。

（二）我国绿色债券的相关政策

在国际市场中，投资者的价值判断和市场实践推动产生了国际债券标准，这是一种"自下而上"的模式，而中国的绿色债券标准是由政策层推动制定的，具有"自上而下"的特征。目前，在我国的绿色债券市场中，绿色金融债和绿色企业债是发展较快的两只债券品种，绿色

政府债券、绿色非金融企业债务融资工具、绿色熊猫债券等债券类别尚在酝酿之中。在各家监管机构中，中国人民银行和国家发展改革委率先对绿色金融债和绿色企业债的发行制定了政策。

在绿色金融债方面，2015年12月22日，中国人民银行发布39号文件，公布了发行绿色金融债券的有关事宜，随同绿金委制定的《绿色债券支持项目目录（2015年版）》一同发布。39号文件和《目录》是我国首个对绿色债券发行制定的正式规则，是一项重要的基础性和指导性工作。在绿色企业债方面，2015年12月31日，国家发展改革委公布了《绿色债券发行指引》，对其监管的企业债发行主体发行绿色债券确定了规则，并出台了一系列激励措施。两项政策间既有重合，也有差异，同国际标准相比也有所差异：

1. 两项政策的差异：国家发展改革委重"激励"，中国人民银行重"管制"

受债券市场长期"划疆而治"的格局影响，绿色债券市场上也存在着多个监管机构。国家发展改革委此次制定的绿色债券指引针对的发行主体是企业，中国人民银行则主要规范金融机构的发债行为，两部门发布的政策指引对比，如表5-1所示。

表5-1 中国人民银行39号文件与国家发展改革委《绿色债券发行指引》对比

项目	中国人民银行39号文件	《绿色债券发行指引》
发行主体	金融机构	企业
担保方式	无	差额担保、专项担保、新型担保
激励机制	允许分期发行，鼓励政府出台优惠政策措施，鼓励各类金融机构投资	加快和简化审核流程，放宽募集资金用途，灵活设计发行方案
后期监督	开立专门账户或建立专项台账进行资金管理	鼓励商业银行进行债券和贷款统筹管理
信息披露	按季度向市场披露募集资金使用情况，按年度向市场披露由独立的专业评估或认证机构出具的评估报告	无

从对比中可以看出，中国人民银行偏重监管和信息披露，激励措施多为鼓励性质，激励机制不足；国家发展改革委则侧重于激励企业发行绿色债券的积极性，但监管力度相对薄弱，尤其是信息披露要求极少。此外，两部门文件中包含了绿色项目的目录，但国家发展改革委规定中的分类较为宽泛，绿金委发布的绿色债券支持目录较为详细，但二者都强调了支持项目类别的动态性和开放性。

2. 与国际标准的差异：绿色项目范畴大致重合，略有不同

GBP 准则是目前国际绿色债券市场的主要共识性准则，其列举了绿色债券支持的 8 个典型项目类别，主要包括可再生能源、能效、废弃物处理、可持续的土地利用、生物多样性、清洁交通、水处理、气候变化适应。CBI 准则是目前市场上细分程度最高的标准体系，它规定了能源、建筑、工业、废物处理、交通、农林、信息技术、气候变化适应等绿色行业。我国标准与国际标准相比大体相同，但存在一定差异。2016年，按国内标准统计的中国绿色债券市场规模为 3430 亿美元，按国际标准统计的为 2460 亿美元，重合部分约为 2200 亿美元。

产生上述差异的原因主要有：第一，对于化石能源项目的认定不同。国际标准排除了一切与煤炭等化石能源有关的项目，而我国考虑到自身能源结构的特征在短期内无法改变的国情，将清洁能源纳入《绿色债券支持项目目录》（以下简称《目录》）。第二，对于新能源汽车的认定不同。国际标准中，审慎对待新能源汽车等行业门类，但我国《目录》中明确表示了对此予以支持。第三，国际标准对绿色项目的认定主要依据项目所处行业，我国标准除了行业外，还对项目本身进行了约束，例如，新能源汽车行业发行绿色债券还需要光电转化效率、衰减率等标准。

二、我国绿色债券的发展现状

我国的绿色债券起步相对较晚。直到 2015 年，我国才着手正式建立绿色债券的制度框架。2015 年下半年，在监管层的推动下，绿色债券在我国开始加速发展。2015 年 7 月 14 日，北京市金融局、中国人民

银行营业管理部、北京节能环保中心等共同签署了《绿色债券联盟发起成员单位合作备忘录》。各单位据此在各自职责范围内密切合作，助推北京辖内企业在境内外资本市场发行绿色债券。2015 年 7 月，新疆金风科技发行了企业绿色债券。2015 年年底中国农业银行在伦敦发行绿色债券。2015 年 12 月中国人民银行发布公告称，在银行间债券市场推出绿色金融债券，即金融机构法人依法在银行间债券市场发行的、募集资金用于支持绿色产业项目并按约定还本付息的有价证券。

2016 年，35 个新的中国绿色债券发行人进入市场，其中两个最大的发行人是上海浦东发展银行和兴业银行，其绿色债券占中国发行规模的 43%，它们也成为 2016 年全球范围内最大的绿色债券发行人（见表 5-2）。当上海浦东发展银行、兴业银行分别发行境内首批绿色金融债券且全部实现超额认购后，各金融机构和企业纷纷参与。中国绿色债券市场呈现出快速增长态势，全年发行规模达 2000 亿元，占全球绿色债券发行规模的近 40%，已成为全球最大的绿色债券发行市场。随着发行规模的增长，绿色债券的种类也愈加多样化，比如绿色基金支持债券（ABS）和中国银行的绿色担保债券等。①

表 5-2　2016 年我国发行的绿色债券

发行人	发行数量（只）	发行规模（亿元）	发行主体类型
兴业银行	8	530	商业银行
上海浦东开发银行	3	500	商业银行
交通银行	2	300	商业银行
中国银行	6	253	商业银行
中国长江三峡集团	2	60	企业
国家电网公司	2	100	企业

---

① 气候债券倡议组织、中央国债登记结算有限责任公司《中国绿色债券市场现状报告 2016》，2017 年．

续表

发行人	发行数量（只）	发行规模（亿元）	发行主体类型
江西银行	4	80	商业银行
青岛银行	4	80	商业银行
中国农业发展银行	1	60	政策性银行
北控水务（中国）投资有限公司	2	56	企业
中国节能环保集团公司	4	50	企业
新开发银行	1	30	开发银行
新疆金风科技	3	28	企业
浙江吉利控股	1	28	企业
北京汽车集团公司	2	25	企业
大唐新能源	3	20	企业
武汉地铁	1	20	企业
天津市交通产业集团	1	20	企业
华能新能源	1	11	企业
清新环境	1	11	企业
京能清洁能源	1	10	企业
盾安控股集团	1	10	企业
中国进出口银行	1	10	政策性银行
广东华兴银行	1	10	商业银行
北控水务集团	1	7	企业
格林美	1	5	企业
乌鲁木齐银行	1	5	商业性银行
江苏南通农业银行	1	5	商业性银行
云南能源投资集团	1	5	企业
浙江嘉化能源	1	3	企业
博天环境集团	1	3	企业

续表

发行人	发行数量（只）	发行规模（亿元）	发行主体类型
协和风电投资	1	2	企业
江苏国信资产管理有限公司	1	2	企业

数据来源：气候债券倡议组织、中央国债登记结算有限责任公司《中国绿色债券市场现状报告2016》。

三、我国绿色债券市场的展望

（一）法治化与规范化

市场的发展一定要相关法律制度先行，包括建立绿色债券发行、交易、信息披露监管、做市商制度、投资者保护等各项制度，为投资者创造一个健康有序的市场环境，从而在市场创新的同时有效防范金融风险。"加强绿色债券市场的规范和监管，关键是使绿色债券成为真正的绿色债券，降低'漂绿'或虚假绿色项目产生的风险，起到保护和改善环境、促进经济结构调整的作用，也吸引更多投资者。"绿色债券市场的规范和监管，关键在于两个方面：一是管住募集资金用途，"严禁名实不符，冒用、滥用绿色项目名义套用、挪用资金"。二是确保发行人信息披露的真实性、准确性和完整性。

绿色债券市场的发展要以法制为基础，通过政府和市场的双轮驱动、监管与市场的统筹沟通、环保理念的推广、责任投资者的培育以及绿色金融体系的建设，共同推动绿色化发展进程。

（二）共推绿色债券标准一致化

绿色债券标准的统一问题是绿色债券市场的核心问题之一，作为在全球绿色债券方面处于创新前沿的欧洲投资银行，其对绿色债券标准制定经验为我国统一标准提供了借鉴。

"目前，中国发行的绿色债券还主要是针对国内市场。如果要国际化，就需要设立一个统一标准。这个标准首先指的是对绿色债券确切并且统一定义；其次是在资本市场，如何对项目进行筛选，筛选标准也需要统一；最后是如何衡量资本投资达到了预期。"通过推进绿色债券标准的国际一致化，来推动跨境绿色资本流动。

（三）利用债券通推进跨境资本流动

我国已成为全球最大的绿色债券市场。数据显示，2016年我国机构在境内发行了2000亿元的绿色债券，在境外发行了价值约300亿元的绿色债券，我国发行的绿色债券占全球绿色债券发行总量的40%。在这一背景下，推进绿债市场互联互通及跨境绿色资本流动尤为重要。各企业和金融机构应研究如何利用债券通将更多的国际资金引入我国的绿色债券市场。为促进绿色债券的跨境合作，应推动境内绿色债券指数尽快被纳入MSCI、美银美林等国际指数，这有助于扩大我国绿色债券的国际影响力，吸引更多的境外投资者。

第三节 绿色基金

一、我国绿色基金政策沿革

我国从2010年开始大力推进绿色基金的建立，出台了多项鼓励政策，绿色基金从此进入快速发展阶段。

2010年国务院先后发布了多个明确支持绿色产业基金发展的文件，2010年4月发布《关于支持循环经济发展的投融资政策措施意见》，其中第四部分第二点明确鼓励绿色股权投资基金的发展："发挥股权投资基金和创业投资企业的资本支持作用。鼓励依法设立的产业投资基金

（股权投资基金）投资于资源循环利用企业和项目，鼓励社会资金通过参股或债权等多种方式投资资源循环利用产业。加快实施新兴产业创投计划，发挥各级政策性创业投资引导基金的杠杆作用，引导社会资金设立主要投资于资源循环利用企业和项目的创业投资企业，扶持循环经济创业企业快速发展，推动循环经济相关技术产业化。"

2010年10月发布的《国务院关于加快培育和发展战略性新兴产业的决定》，其中明确表示要"大力发展创业投资和股权投资基金。建立和完善促进创业投资和股权投资行业健康发展的配套政策体系与监管体系。在风险可控的范围内为保险公司及社保基金、企业年金管理机构和其他机构投资者参与新兴产业创业投资和股权投资基金创造条件。发挥政府新兴产业创业投资资金的引导作用，扩大政府新兴产业创业投资规模，充分运用市场机制，带动社会资金投向战略性新兴产业中处于创业早中期阶段的创新型企业。鼓励民间资本投资战略性新兴产业"。其中提到的战略性新兴产业有节能环保产业、新能源产业、新能源汽车产业等。

同在2010年10月发布的《关于加强环境保护重点工作的意见（2011）》中明确指出"大力发展环保产业。加大政策扶持力度，扩大环保产业市场需求。鼓励多渠道建立环保产业发展基金，拓宽环保产业发展融资渠道"。

2012年6月16日，国家发展改革委公布了《"十二五"节能环保产业发展规划》（以下简称《规划》），《规划》提出要拓宽投融资渠道："鼓励银行业金融机构在满足监管要求的前提下，积极开展金融创新，加大对节能环保产业的支持力度。按照政策规定，探索将特许经营权、收费权等纳入贷款抵押担保物范围。建立银行绿色评级制度，将绿色信贷成效作为对银行机构进行监管和绩效评价的要素。鼓励信用担保机构加大对资质好、管理规范的节能环保企业的融资担保支持力度。支持符合条件的节能环保企业发行企业债券、中小企业集合债券、短期融资券、中期票据等，重点用于环保设施和再生资源回收利用设施建设。

选择若干资质条件较好的节能环保企业，开展非公开发行企业债券试点。支持符合条件的节能环保企业上市融资。研究设立节能环保产业投资基金。推动落实支持循环经济发展的投融资政策措施。鼓励和引导民间投资和外资进入节能环保产业领域，支持民间资本进入污水、垃圾处理等市政公用事业建设。"

2012年11月，党的十八大提出生态文明建设目标，确立了实现经济绿色转型的重要战略。2015年10月，党的十八届五中全会将"绿色"发展作为五大发展理念之一，提升到一个新的战略高度。绿色发展核心理念是绿色化和发展的统一，实现的基础是绿色产业的市场化、规模化和集约化的整合发展。只有产业绿色化不再是财政的负担，而是成为经济增长的新动力，才能真正实现绿色与发展的共赢，才能真正实现绿色发展目标。要实现这一转换，绿色金融是重要手段，因此，党的十八届五中全会通过的《中共中央关于制定国民经济和社会发展第十三个五年规划的建议》中提出：发展绿色金融，设立绿色发展基金。

2016年2月，国务院发布的《关于深入推进新型城镇化建设的若干意见》（国发〔2016〕8号），明确提出加快推进绿色城市、智慧城市、人文城市的意见，而包括绿色建筑、绿色交通等的绿色产业在城镇化的过程中具有长足的发展空间。如何创新金融服务来推动政府层面和企业层面等多元化的资金保障成为社会关注的热点，而绿色基金无疑是城市绿色转型的重要投融资工具。目前，内蒙古、云南、河北、湖北等地已纷纷建立起绿色发展基金，以推动绿色投融资，这对地方政府投融资改革和统筹协调绿色城镇化资金十分有利，也会推动经济绿色发展进程。

2016年7月，在中国推动下，G20财长和央行行长会议正式将七项发展绿色金融的倡议写入公报。政府通过绿色金融带动民间资本进入绿色投资领域也达成全球共识。会议公报对绿色金融的表述为："我们认识到，为支持在环境可持续前提下的全球发展，有必要扩大绿色投融资。我们欢迎绿色金融研究小组提交的《G20绿色金融综合报告》和由其倡议的自愿可选措施，以增强金融体系动员私人资本开展绿色投资的能力。具体来说，我们相信可通过以下努力来发展绿色金融：提供清晰的战略性政策信号与框架，推动绿色金融的自愿原则，扩大能力建设学习网络，支持本地绿色债券市场发展，开展国际合作以推动跨境绿色债券投资，鼓励并推动在环境与金融风险领域的知识共享，改善对绿色金融活动及其影响的评估方法。"

2016年8月22日，中共中央办公厅、国务院办公厅印发的《国家生态文明试验区（福建）实施方案》中明确提出"支持各类绿色发展基金并实行市场化运作"。

2016年8月31日，中国人民银行联合七部委下发了《关于构建绿色金融体系的指导意见》（以下简称《指导意见》），为全球首个政府主导的较为全面的绿色金融政策框架，对绿色金融的发展给出了顶层设计。《指导意见》中第四部分指出：设立绿色发展基金，通过政府和社会资本合作（PPP）模式动员社会资本。具体包括以下三条具体内容：

（1）支持设立各类绿色发展基金，实行市场化运作。中央财政整合现有节能环保等专项资金设立国家绿色发展基金，投资绿色产业，体现国家对绿色投资的引导和政策信号作用。鼓励有条件的地方政府和社会资本共同发起区域性绿色发展基金，支持地方绿色产业发展。支持社会资本和国际资本设立各类民间绿色投资基金。政府出资的绿色发展基金要在确保执行国家绿色发展战略及政策的前提下，按照市场化方式进行投资管理。

（2）地方政府可通过放宽市场准入、完善公共服务定价、实施特许经营模式、落实财税和土地政策等措施，完善收益和成本风险共担机制，支持绿色发展基金所投资的项目。

（3）支持在绿色产业中引入PPP模式，鼓励将节能减排降碳、环保和其他绿色项目与各种相关高收益项目打捆，建立公共物品性质的绿色服务收费机制。推动完善绿色项目PPP相关法规规章，鼓励各地在总结现有PPP项目经验的基础上，出台更加具有操作性的实施细则。鼓励各类绿色发展基金支持以PPP模式操作的相关项目。

同时,《指导意见》第七部分指出:支持地方发展绿色金融,建立绿色发展基金。

二、我国绿色基金的发展现状

近年来,在国家政策的大力支持下,经过大量社会资本、金融机构的不断探索实践,一大批绿色基金应运而生、发展迅猛。截至2016年年底,全国已设立并在中国基金业协会备案的节能环保、绿色基金共265只,其中59只由地方政府及地方融资平台公司参与发起设立,占比达到22%;成立于2012年及之前的共21只;2013年共成立22只;2014年共成立21只;2015年共成立80只;2016年共成立121只,呈明显上升趋势。

截至2016年年底,在中国基金业协会备案的265只节能环保、绿色基金中,股权投资基金159只,占比达到60%;创业投资基金33只;证券投资基金28只;其他类型基金45只。

按投资领域划分,投资环保产业的基金共79只,投资节能产业的仅6只,投资清洁能源领域的136只,未明确具体投资产业类型的44只。其中清洁能源是指不排放污染物、能够直接用于生产生活的能源,包括太阳能、风能、生物能、地热能、水能等。

三、我国绿色基金存在的问题及展望

(一)我国绿色基金发展中存在的问题

我国绿色基金发展中存在以下几个方面的问题:

(1)政策与实践都主要集中在绿色产业基金,对绿色PPP区域基金推动不足。

通过对我国绿色基金政策和实践的分析发现,政策的引导和基金的实践目前主要集中在绿色产业基金领域,而对绿色PPP区域基金推动不足,主要因为政策的制定者还没有认识到这两类绿色基金的根本区别。

绿色产业基金是纯金融性基金，其与一般产业基金的区别在于，其投资总额的60%以上必须投资于绿色项目。但是，其管理和运作与一般的纯金融性基金没有区别，它的主要任务是在绿色项目领域投资中实现基金的增值。绿色产业基金并没有专门的环境目标，其绿色项目的选择也主要是根据项目潜在收益的高低，而不是根据其实现环境目标的绩效。因此，绿色产业基金的设立并不需要特殊的基金设计。

绿色PPP区域基金，是为实现一个区域的专门绿色目标或者环境目标而设立的，例如京津冀大气污染防治基金、流域水环境保护基金等。在这里，基金只是一种手段，具体绿色目标和环境目标的实现才是目的，基金是作为一个金融平台在为整个绿色目标的实现而进行综合性的金融运作，因此，基金在选择项目投资时必须考虑项目的环境目标和绩效。一般来说，这样的基金是需要进行严格的基金模式设计的，否则就无法实现与具体绿色目标的配合。

这两种绿色基金的特征、实现目标以及在推动绿色产业发展中所起的作用都不一样，需要互相配合，共同推动。绿色产业基金主要扶持具体绿色产业的发展，而绿色PPP区域基金主要为实现地区具体绿色发展目标而搭建融资平台，这样的基金融资平台，不仅要为实现具体绿色发展目标整合金融资源，还要整合商业资源和技术资源，对地区绿色发展目标的实现是非常重要的。

（2）仅按照产业基金的思路建立，没有与具体绿色发展目标或环境目标挂钩。

绿色PPP区域基金的设计，第一，要分析绿色目标，以及通过怎样的行动方案和项目群设计来实现这些绿色目标，基于这些项目群的融资需求特点以及内部收益率特征，绿色基金要根据其灵活多样性的设计来满足项目群的融资需求特点。因为其直接与绿色目标或者环境目标挂钩，所以一般是由财政强力支持的，那么怎样最大效率地运用有限的财政资金来最大化地吸纳社会资金以支撑绿色目标的实现就成为基金设计的重要内容。

第二，绿色区域PPP基金，因为是为特定绿色发展目标或者环境目标设立的，所以必须首先为实现特定绿色发展目标或者环境目标服务。其项目群的设计和选择，首先就是如何实现这些环境目标。但是，因为其资金来源很大部分是社会资本，所以必须实现基金的增值来满足社会资本的盈利需求。这种公共利益与商业利益共赢的强烈需求，要求基金必须进行严格设计才能达到目标。

第三，绿色区域PPP基金，因为直接与绿色发展目标或者环境目标挂钩，往往会有强力的财政资金进入。财政资金的管理政策和社会资金的管理有显著的不同，如何在绿色基金中融合这两种资金并实现有效管理，需要严格设计。

（3）已经成立的绿色发展基金缺乏基于绿色发展目标或者环境目标的设计。

目前各地区成立的PPP模式绿色发展基金，虽然政府出资了，但在基金管理方面，往往只是引入基金管理公司，采取与普通市场基金一样的管理方法，这将导致政府出资无法有效发挥引导实现绿色发展目标的作用。PPP模式绿色发展基金应该有明确的绿色发展目标，例如，在区域内，希望通过绿色发展基金解决怎样的生态环境问题，要解决这些生态环境问题需要采取哪些措施以及建设哪些项目，这些项目的总体资金需求是多少，融资特征怎样，存在怎样的融资困难或者技术以及商业模式发展的困难。也就是说，PPP模式绿色发展基金，是为解决特定生态环境问题所形成的一种新型融资工具。为了保障基金的运作真正能实现这些生态环境目标，在基金管理层形成政府与社会资本共同管理的模式很重要。

PPP模式绿色发展基金，本质上是一种政府融资行为，是政府为实现绿色发展目标向社会资本进行融资，因此融资前的规划编制就十分重要。例如，如果是流域绿色发展基金，就要基于流域生态环境保护规划；如果是某个地区绿色发展基金，就要基于该地区的生态环境保护规划。根据规划的生态环境目标，确定所需融通的资金总量，以及项目群特征和金融需要扶持发展的方向。

不同地区有不同的绿色产业特色,其需求金融支持的发展方向和趋势是不同的。例如,脱硫脱硝除尘以及污水处理厂等重资产行业,适合单项做强做大,形成具有核心技术优势的领先企业。在这种情况下,绿色发展基金或者下设的子基金就可以采取股权投资的方式,通过资金注入帮助其上市或者帮助其并购重组等。绿色股权投资基金的特征是有益于优质企业的识别和培育的,但是,对于流域治理、生态改良等区域性或者地域性较强且需要多产业联动治理的生态环保问题,就需要绿色发展基金或者下设的子基金将整个区域当作一个大项目包进行全面的综合融资和管理,因为区域产业链间环环相扣的关系,如果只是运用股权投资基金选择收益好的产业,就会导致产业链的失衡,使一些在产业链衔接中很重要但单项收益不高的产业面临困境,最终影响整个区域生态环境保护大项目包市场化的推进。目前大部分地方绿色发展基金采取的是股权投资模式,在绿色项目中选择盈利较高的项目,并规定对所有绿色项目投资总额不超过项目资金总需求的10%或者20%,这很适合扶持单项做大做强的绿色项目,但是,对于大型的流域治理、生态城建设、海绵城市、工业园区综合环境整治等项目,需要培育可以提供环境综合服务的强大企业,这种环保企业不是以单项做强取胜,而是提供综合的环境服务,并可以就区域环境问题设计具有国际领先的综合治理规划和方案,通过产业链的综合衔接设计,既提高生态环境保护绩效,又增强整体项目包的市场盈利能力。这就需要绿色区域PPP基金。

(二) 我国绿色基金的前景展望

绿色金融是个整体推进的系统工程,绿色基金、绿色信贷、绿色债券、绿色证券、绿色保险等需要互相配合,共同发展。绿色基金在绿色金融推进中的重要作用就在于,它是其他绿色金融工具的基础和载体。

每种绿色金融工具都有其独特的优势,以适应不同的融资需求,但是绿色信贷、绿色债券、绿色证券融资起点都比较高,一般要求比较成熟的企业，而我国很多绿色产业正处于起步和迅速成长阶段，还没有进入成熟期，因此很难运用绿色信贷、绿色债券、绿色证券的政策优势。绿色产业基金通过股权融资注入股本金，与绿色产业共进退、同成长，是正在起步和迅速成长的绿色产业迫切需要的绿色金融资金来源。可以培育它们顺利渡过成长期，进入成熟期。在进入成熟期后，绿色企业就有能力运用各种绿色金融政策和融资工具来拓展资金来源。

未来的二十年，是我国绿色产业发展的高峰期。各种新型绿色产业不断出现，例如环境第三方治理公司、合同能源管理公司、环境综合服务公司、生物质能公司等，都是近年涌现的，从试点到大规模推广，正处于起步和成长期。随着全球生态环境问题解决的不断深化，随着环境科学工程技术的迅速发展以及生态环境治理和管理模式的不断创新，各种新型绿色实体经济会不断涌现出来，亟须培育壮大使其进入成熟期，这必然会产生对绿色产业基金的强烈需求。

另外，环境治理和绿色发展目标的实现，越来越需要各种产业的综合配合，特别是区域环境目标的实现，绝不是单一产业可以实现，因此，基于绿色发展目标而构建的绿色区域PPP基金，就可以成为一种特定的融资平台，直接对应于具体的环境目标，组合各种产业链通过产业结构重组来从源头治理环境。未来的环境管理发展趋势将是以绩效管理为主导，以综合治理为模式，以政府行政长官统一监管为体制，而绿色区域PPP基金是支撑这种环境管理模式的重要金融平台，因此，在未来的发展中，绿色区域PPP基金将会发挥重要的作用。

第四节　绿色保险

一、我国绿色保险的范畴

狭义来讲，绿色保险是指以被保险人由于污染水、土地或者空气等自然环境，依法应该承担的赔偿责任为保险对象的商业保险，也称为"环境责任保险"（以下简称"环责险"）。在我国当前又特指"环境污染责任保险"，这是一种以企业发生污染事故对第三者造成的损害依法应承担的赔偿责任为标的的保险。

广义来讲，是指与环境风险管理有关的各种保险计划，是一种可持续发展的金融工具，是绿色金融中的重要组成部分，以应对气候变化、能源替代、环境污染与生态破坏等问题。

以环境污染责任保险为代表的绿色保险是一种环境风险治理机制，可以通过保费将未来可能存在的环境风险成本显性化，促使投资者和生产者重新评估项目的费用效益比，有助于抑制对污染项目和风险项目的过度投资。此外，保险公司可以通过积极的事前干预和全过程风险控制，督促生产行为达到环境标准要求，最大限度地降低环境污染损害和风险发生的概率。

目前，国内关于绿色保险的讨论众多，而且观点不一。已经开展的绿色保险种类较多，形式多样。这里选择了部分开展时间久、研究比较成熟的保险产品来说明我国绿色保险的开展情况，如表5-3所示。

表5-3　绿色保险的分类和开展情况

分类	开展情况
环境污染责任保险	强制型（试点）： 行业包括：重工业、重金属、印染、化学、危险废弃物处理、污水处理、垃圾填埋、医药、矿业、船舶 地区包括：辽宁、四川、广东、湖南、江苏、江西、河北、福建、内蒙古、山西、湖北、云南
	环境污染任意型责任保险
气候保险	水稻种植天气指数保险
	小麦种植天气指数保险
	烟草气象指数保险
	蜜橘气象指数保险
	橡胶飓风指数保险

续表

分类	开展情况	
气候保险	西瓜梅雨强度指数保险	
	羊群天气指数保险	
	花生干旱指数保险	
	农作物种植雹灾保险	
	台风巨灾保险	
	花生种植旱灾保险	
	林木火灾保险	
	……	
其他	美国	成本上限险
		预先资助计划
		担保贷款人险
	日本	土壤修复第三方责任险
		清理超支保险
		承包商污染责任保险

根据不完全统计，表5-4显示了一些开展绿色保险的保险公司信息。

表5-4 开展绿色保险的公司情况

保险产品名称	公司名称	备案年份
环境污染责任保险	诚泰财产保险	2014
	大众保险	2013
	信达财产保险	2012
	阳光财产保险	2011
	民安财产保险	2011
	安诚财产保险	2011
	中国平安财产保险	2010

续表

保险产品名称		公司名称	备案年份
环境污染责任保险		中国大地财产保险	2010
		中国人民财产保险	2009
气候保险	羊群天气指数保险	中国人民财产保险	2015
	蜜橘树气象指数保险	中国人民财产保险	2013
	烟草种植天气指数保险	中国人寿财产保险	2012
	小麦种植天气指数保险	国元农业保险	2011
	水稻种植天气指数保险	国元农业保险	2009
	甜瓜梅雨强度指数保险	上海安信农业保险	2007
	小麦旱灾保险	中华联合财产保险	2013
	蔬菜种植旱灾保险	国元农业保险	2013
	香蕉风灾保险	中国太平洋财产保险	2010
	林木火灾保险	中国大地财产保险	2009

二、环境污染责任保险的中国实践

针对环境污染损害赔偿的保险属于责任保险的范畴，是由公众责任保险发展而成的险种。一般指加害人对其环境污染（和其他公害）行为给受害人造成的财产损害、人身损害、精神损害和环境损害进行的赔偿。

我国保险公司和环保部门自1991年开始试点环境污染责任保险，长期处于小范围与小规模的起步阶段。

2005年11月松花江污染事件之后，2006年6月，国务院发布了《关于保险业改革发展的若干意见》，明确指出要大力发展环境责任保险。2007—2012年是环境污染责任保险的试点发展阶段，在几个重工业发达而污染隐患较大的城市以及环境风险较高的行业与企业中进行了环境污染责任保险试点。试点地区包括河北、湖南、浙江、江苏、辽宁、上海、四川、湖北、福建、重庆、云南、广东等地，试点行业和企业主要是与危险化学品生产、经营、储藏、运输和使用相关的企业,容易造成污染的石油化工企业以及危险废物处置行业。在承保范围上,主要为突发性的环境污染事故造成的环境责任。这一阶段,试点情况不容乐观,存在参保企业数量少、参保企业占实际应参保的环境风险高的企业比重低等问题。

2013年之后,进入了环境污染强制责任保险试点阶段。2013年1月,国家环境保护部和保监会联合印发《关于开展环境污染强制责任保险试点工作的指导意见》,我国环境污染责任保险制度建设开始转向强制型保险。强制责任保险的试点企业范围包括涉重金属企业、按地方有关规定已被纳入投保范围的企业以及其他高环境风险企业。2013—2014年,各地密集出台了地方性的环境污染强制责任保险实施方案。2014年4月修订的《中华人民共和国环境保护法》(以下简称《环境保护法》)在第五十二条新增"国家鼓励投保环境污染责任保险"。2015年9月,中共中央、国务院发布《生态文明体制改革总体方案》,要求在环境高风险领域建立环境污染强制责任保险制度。

(一) 我国开展环境污染责任保险的现状

环责险开展十余年来,试点地方参加环责险的企业不断增加,投保企业和理赔案例也呈上升趋势。2013年我国试点地方的投保企业数量大幅增长,增幅相比2011年达到150%。然而,2015年和2013年相比,多数试点地区投保企业数量呈现缩减趋势。部分企业特别是在法治情况较好的经济发达地区,认为2013年政策试点与新《环境保护法》的鼓励投保规定不符,拒绝投保。各试点地方的开展情况差异比较大,呈现出如下特征:

一是各地环责险投保情况不均。大部分省份的环责险投保企业约数百家,有些省份的环责险投保企业只有十几家,有些省份的环责险投保企业则多达2000多家。

二是各地环责险的平均保险费率有别,平均保险费率基本在1%~2%。

有些省市的环责险平均保险费率低于1%，有些省市的环责险平均保险费率高达3%。具体企业的环责险保险费率低的有0.1%，高的有10.8%。

三是保险公司的赔付金额一般仅在数千至数万元之间，很少有几十万元甚至是上百万元的赔付情况，与环境污染责任的赔偿需求差异甚大。究其原因，往往是发生污染损害后，企业因害怕环保部门对损害进行认定而被追究更大的法律责任，选择不报案。

部分地区环境污染强制责任保险投保的变化情况，如表5-5所示。

表5-5 部分地区环境污染强制责任保险投保的变化情况（2011—2015年）

省份	2011年投保企业数（家）	2013年投保企业数（家）	2015年投保企业数（家）	2013年增长率（%）	2015年增长率（%）
辽宁	0	53	297	100	460.38
四川	71	372	284	424	-23.66
广东	9	480	680	5233	41.67
湖南	582	1453	220	150	-84.86
江苏	944	1653	2357	75	42.59
合计	1606	4011	3838	150	-4.31

（二）我国开展环境污染责任保险的政策基础

我国开展环境污染责任保险的政策基础，如表5-6所示。

表5-6 环境污染责任保险的政策基础

发布时间	文件名称	发布单位
2013.1.21	《关于开展环境污染强制责任保险试点工作的指导意见》	环境保护部、中国保险监督管理委员会
2007.12.4	《关于环境污染责任保险工作的指导意见》	环境保护总局、中国保险监督管理委员会
2006.6.26	《关于保险业改革发展的若干意见》	国务院

除表5-6所示的国家层面出台的相关政策基础外，2009—2014年，

陆续有15个涉及环境污染责任保险的地方法规正式实施，以鼓励为主，以针对涉水污染物排放的环境污染责任保险规定为主，相关条例占全部条例的约80%。

2000—2014年陆续出台的环境污染责任保险的地方法规，如表5-7所示。

表5-7　环境污染责任保险的地方法规

实施日期	条例名称	相关条文
2014.12.1	巢湖流域水污染防治条例（修订）	第42条：县级以上人民政府应当根据国家规定开展环境污染强制责任保险、排污权交易，落实污水处理、污泥无害化处理、垃圾收集处理等方面优惠政策，实施有利于环境保护的经济政策
2014.1.1	陕西省大气污染防治条例	第21条：逐步推行企业环境污染责任保险制度，降低企业环境风险，保障公众环境权益；省环境保护行政主管部门根据区域环境敏感度和企业环境风险度，定期制定和发布强制投保环境污染责任保险行业和企业目录；鼓励、引导强制投保目录以外的企业积极参加环境污染责任保险
2014.1.1	青海省湟水流域水污染防治条例	第27条：高环境风险企业推行环境污染责任保险制度，及时赔偿污染受害者损失，保护污染受害者权益
2013.4.1	湖南省湘江保护条例	第44条：鼓励湘江流域重点排污单位购买环境污染责任保险或者缴纳环境污染治理保证金，防范环境污染风险；湘江流域涉重金属等环境污染高风险企业应当按照国家有关规定购买环境污染责任保险
2012.10.1	海南省环境保护条例	第55条：鼓励危险化学品生产使用、危险废物处理、放射源使用等环境风险大的单位参加环境污染责任保险
2012.4.1	江苏省通榆河水污染防治条例	第27条：推行环境污染责任保险制度。鼓励和支持保险企业在沿线地区开发环境污染保险产品，引导排放水污染物的单位投保环境污染责任险

续表

实施日期	条例名称	相关条文
2012.2.1	新疆维吾尔自治区环境保护条例	第43条：鼓励从事有毒有害化学品生产、危险废物处理等环境风险大的单位参加环境污染责任保险
2011.10.1	重庆市长江三峡水库库区及流域水污染防治条例	第23条：鼓励排污单位根据环境安全的需要，投保环境污染责任保险
2011.4.1	辽宁省辽河流域水污染防治条例	第7条：鼓励有水污染物排放的工业企业办理环境污染责任保险
2011.1.1	山西省减少污染物排放条例	第18条：鼓励有毒有害化学品生产、危险废弃物处理等重污染排污单位参加环境污染责任保险
2010.3.1	河南省水污染防治条例	第8条：鼓励单位和个人通过保险形式抵御水环境污染风险。
2010.1.1	江苏省固体废物污染环境防治条例	第40条：鼓励和支持保险企业开发有关危险废物的环境污染责任险，鼓励和支持产生、收集、贮存、运输、利用、处置危险废物的单位投保环境污染责任险。
2009.7.1	河北省减少污染物排放条例	第26条：积极推进有毒有害化学品生产、危险废物处理等重污染排污单位参加环境污染责任保险
2009.1.1	江西省环境污染防治条例	第4条：组织编制突发环境事件应急预案，逐步推行环境污染责任保险
2009.1.1	沈阳市危险废物污染环境防治条例	第8条：支持和鼓励保险企业设立危险废物污染损害责任险种，支持和鼓励产生、收集、贮存、运输、利用和处置危险废物的单位投保危险废物污染损害责任险种
2002.12.1	福建省海洋环境保护条例	第3条第2款：载运散装油类的船舶应当依法办理油污损害民事责任保险。第30条第2款：在港内从事油料补给和残油、污油水接收处理的船舶，应当依法办理油污损害民事责任保险
2000.3.1	深圳经济特区海域污染防治条例	第17条：禁止载运2000吨以上散装货油，未持有油污损害民事责任保险或其他财务保证证书的船舶进行装卸作业

(三) 我国环境污染责任保险试点中存在的问题

我国环境污染责任保险试点中存在以下几个方面的问题:

(1) 强制性环责险的法律依据不足。

2013年我国试点地方的投保企业数量大幅增长,增幅相比2011年达到150%。然而,2015年和2013年相比,多数试点地区投保企业数量呈现缩减趋势,特别是在法治情况较好的经济发达地区,由于强制性政策试点与新《环境保护法》的鼓励投保规定不符,出现企业拒绝投保的现象。

环境污染强制责任保险试点缺乏立法依据,目前只能依靠行政手段推行,受地方政府部门的工作方式、领导人风格等影响较大。地方环保部门采取各种约束与激励手段积极推动的当地投保企业数量增长较快;不采取积极推动手段的,投保企业数量较低。不仅如此,目前地方试点实施方案中规定的试点期限陆续结束,对下一步环境污染责任保险试点如何开展缺乏后续指导。

(2) 相关法律在责任认定、赔偿范围和索赔期限方面明显存在不足。

首先,环境侵权责任的认定、追责与相关法律中的违法性要件方面有冲突,导致环境侵权责任的认定和追责存在困难。

其次,环境侵权赔偿范围偏窄。《环境保护法》等相关法律对环境污染损害赔偿范围的规定一般局限于受害人的人身与财产损失。2013年《关于开展环境污染强制责任保险试点工作的指导意见》明确列举的保险责任赔偿范围已经扩大到发生的必要合理的施救费用、必要合理的清污费用以及投保双方约定的其他赔偿责任。实践中,不包括生态环境本身所遭受的污染损失以及精神损害。

最后,环境侵权索赔期限仅为3年,与环境污染的长期性、潜伏性特征不匹配,助长了风险企业的侥幸心理,削弱了环境污染强制责任保险制度的公益性。

(3) 赔付率低,风险管理服务差异大。

同比我国其他一般责任保险赔付率在40%~60%,环境污染责任保险赔付率极低。

试点地方的风险管理服务情况差异较大,大部分地方并未开展风险管理服务。原因在于环责险试点政策并未对保费或风险保障限额提出要求。根据不完全统计,2014年环责险平均保费为3万元左右,保险公司不愿意从保费中分割经费开展风险评估与管理服务。在少数试点地方,保险公司拿出10%左右的保费让风险评估机构进行风险评估与风险管理服务,多数试点地方并未开展风险评估与风险管理服务。

强制环责险的试点中在一些重大风险污染源,如化工、石化、火电、钢铁、医药、造纸、食品、建材等行业,投保企业大多为风险相对集中的中小企业,这不符合保险业经营的"大数法则",也不符合保险投保人选取上的相互补充原则,不利于保险公司的持续经营。

(4)技术标准不健全。

环责险技术难度远大于其他商业保险险种,危害后果严重,涉域广泛,受害众多,修复困难。我国环境污染强制保险市场累计经验并不丰富,相关技术支撑尤显不足,主要表现为:

第一,环境污染行业风险评估机制不健全,评估标准不明确、不全面,评估程序不规范;缺乏对第三方专业技术评估机构及人员的相应资质要求,难以突破重大复杂技术。目前我国在涉重行业领域已经制定出行业环境风险评估技术指南,但仍未颁布其他诸多行业的环境风险评估技术指南,相应行业的风险评估缺乏技术支撑。在时空范围界定、监测调查、快速评估等核心技术方面也存在较大瓶颈。

第二,环境污染损害鉴定评估机构数量有限,在能力建设、机构设置和人才培养上都比较薄弱。

第三,受限于第三方评估鉴定机制不完善,保险公司难于掌握环责险的风险类别、分布概率、投保企业历史环境事故损失、环境风险管控能力等方面的真实情况,风险评估、标的定价、事故定损等专业细节缺乏客观、详细的数据支撑,致使保险费率的科学厘定、保险险种的拓展研发和保险条款的合理设计均存在现实困难。

（5）缺失长效激励机制。

环境污染强制责任保险兼具商业保险和政策保险的双重特征，其发展初期，需要国家对投保业和保险金业进行配套资金扶持和税收激励机制。但环境污染责任保险推出的几年来，国家相关扶持与激励措施仍落实困难。2013年《关于开展环境污染强制责任保险试点工作的指导意见》对投保企业规定了两项鼓励和引导措施，即在安排环境保护专项资金或者重金属污染防治专项资金时对投保企业污染防治项目予以倾斜以及金融机构对投保企业优先给予信贷支持，但这些激励措施因为没有法律上的制度保障，具体执行中随意性较强，贯彻落实面临困难，企业积极性缺乏稳定的制度激励。

目前，国家在政策层面和法律层面上没有对承保环境污染强制责任保险的保险公司给予有效激励措施。事实上，根据《财政部、国家税务总局关于保险公司开办一年期以上返还性人身保险业务免征营业税的通知》（财税〔2005〕145号）的规定，我国对于保险业一直实行严格的税收制度，除对农牧保险和指定的8家保险公司经营的一定范围的人寿保险品种免征营业税外，其他保险均按照保费收入的5%收费，影响了保险公司自我积累能力。同时，国家对保险合同的双方也没有给予财政补贴优惠，政府对社会力量发动不够，尚未建立环境损害赔偿社会救济基金，保险公司开拓市场的积极性受到影响。[①]

第五节　碳金融

一、我国低碳融资实践

目前，我国已建立较完备的绿色金融政策体系，在全球绿色金融治

[①] 马中，周月秋，王文. 中国绿色金融发展报告2017［M］. 北京：中国金融出版社，2018.

理中发挥着领跑者的作用。除绿色信贷、绿色债券、绿色基金、绿色保险外，还有碳债券、碳质押等低碳融资形式。

（一）碳债券

债券是另一种项目融资方式，发行债券能够缓解金融机构期限错配，提供长期资本，有利于金融系统透明度提升，并保证其稳定性。同时，债券还能够促进银行贷款，开拓银行新的业务增长空间。对于企业来说，债券也提供了更多融资选择，解决融资难、融资成本高的问题。2015年12月，中国人民银行发布《中国人民银行公告［2015］第39号》和与之配套的《绿色债券支持项目目录》，国家发展改革委发布了《绿色债券发行指引》。欧洲投资银行创立了气候意识债券（Climate Awareness Bonds）来投资一些城市的项目，如巴黎的分区供暖机制。约翰内斯堡政府早前发行了目标值约为1.36亿美元的绿色市政债券，为可再生能源、废水发电、废物转化能源和混合动力巴士提供资金。2016年9月，中央国债登记结算有限公司与气候债券倡议组织等合作的"气候债券指数"发布，成为全球首只气候债指数。2015年发行的绿色债券中，规模最大的绿色债券是用于清洁交通和清洁能源两大类别，两者占总的绿色债券的规模分别为55%和30%。清洁交通主要包括铁路和城市轨道建设，清洁能源则主要体现为水电、风电的项目建设和运营。

碳资产具有可测量和可报告的特性。碳资产可以自由交易，有公开的市场价格，因而碳资产价值可以衡量。因权属明确，碳资产的来源、数量和价值等均是可以公开发布的信息，并通常由政府主管部门、碳咨询公司、碳交易所等专业单位或专业机构出具相关的报告，以供市场交易方了解。由此，碳资产可以作为债券的发行标的。碳资产的权属明确，持有人可以控制和支配。碳资产的价值以市场上的碳价为依据，与发债主体的性质基本无关。因此，碳债券的发行标的属于项目/资产信用的应用范畴。

碳债券在我国有一单案例，即中广核碳债券。该债券全称为"中广核风电有限公司2014年度第一期中期票据",由中广核风电、浦发银行、国开行、中广核财务及深圳排放权交易所于2014年5月在银行间交易商市场成功发行。该笔碳债券的发行人为中广核风电,发行金额为10亿元,发行期限为5年。主承销商为上海浦东发展银行和国开行,由中广核财务及深圳排放权交易所担任财务顾问。债券利率采用"固定利率+浮动利率"的形式,其中浮动利率部分与发行人下属5家风电项目公司在债券存续期内实现的碳资产(主要是中国核证自愿减排量)收益正向关联,固定利率为5.65%,浮动利率的区间设定为5BP~20BP。

碳债券在我国仅有中广核碳债券一单案例,且碳资产价值对浮动利率并没有发生影响,此债券中"碳"的概念只是发债方的一种营销手段。

可以看出,在企业债券的设计中,碳资产的价值高低是其能否纳入债券考虑范畴的重要原因。在中广核碳债券采用的CCER碳收益,对应于项目产生的减排量,因而收益较小。但对于一般重点排放单位而言,其持有的碳配额总价值是相当可观的,如何把这部分资产纳入碳债券范畴是一个值得研究的问题。[①]

(二) 碳质押

质押是指债务人或者第三人将其动产或权利移交债权人占有,将该动产或权利作为债权的担保。当债务人不履行债务时,债权人有权依照法律规定,以其占有的财产优先受偿。由于碳配额具备当作质押品的特性,那么在实际碳市场中就可能存在敢于尝试碳质押贷款的放款机构。从碳市场中实际采取的形式来看,有银行直接向控排企业实施的碳质押贷款,也有其他碳资产投资公司或投资基金与控排企业直接进行的融资回购交易。兴业银行于2014年9月与湖北宜化集团达成了国内第一笔碳排放权质押贷款项目,贷款金额为4000万元,贷款质押物全部为湖

---

① 王宇飞. 全国碳市场背景下的碳金融机制研究: 硕士学位论文 [D]. 北京: 中国人民大学, 2016.

北宜化持有的湖北省碳配额。国内最早实施碳配额融资回购发生于 2015 年 1 月，融资方是北京华远意通热力科技股份有限公司，其交易对手方为中信证券，融资总规模达 1330 万元人民币。2016 年 1 月，华远意通又与招银国金投资公司再次进行了碳配额融资回购交易，融资规模 1000 万元人民币。[①]

从产品性质和质押的合法性上来看，碳资产质押获得了政府的书面认可和鼓励，因此其作为质押标的合法性是有保障的。此外，碳排放权作为质押品，还有着以下独特的优势：第一，有统一、标准化的特征。与一般的大宗商品不同，碳排放权由政府予以核准、颁发的产生方式决定了其根源上的同质性。第二，有规范、透明的交易流程。各试点地区建立了各自的交易平台，制定了相应的交易规则，并要求参与方进场交易。第三，有可作为价格参考的市值。碳排放权在交易所进行交易，交易所的公开交易价格可为碳质押在前期设计和后期处置时的价格提供市值参考。在违约情况下，交易所可作为处置碳排放权的固定场所。

碳质押融资是我国当前碳市场中运用最为广泛的碳金融方式，但是相比于其他抵押或质押品（如房屋、土地等不动产）融资，仍然处于小众地位。具体原因如下：首先，监管部门和支持政策有待明确。在相关监管政策不清晰的情况下，碳金融产品开发的方向未免会受到不确定政策的影响，这会导致碳质押标的价格的不确定性。其次，主管部门公开操作带来的影响。主管部门公开操作的积极意义在于稳定碳价在合理区间，减少市场投机行为。但如果主管部门从未进行过公开操作，则一旦公开市场操作实施，可能会造成标的价值的缩水或膨胀，增加了银行评估的困难以及资产处置的风险。最后，质押登记功能设置不清晰造成的技术性障碍。完成碳质押的交易所应具备质押登记、冻结功能。实际操作中，由于碳排放权采取电子化分配与交易，并无纸质化的权利凭证用于交换或背书，这就要求交易

---

① 王宇飞. 全国碳市场背景下的碳金融机制研究：硕士学位论文 [D]. 北京：中国人民大学，2016.

所自身开设登记、冻结功能，或通过 IT 系统与碳排放权登记薄联网，通过指令对处于质押状态的碳排放权进行冻结并出具质押函。但是，当前各地交易所的交易系统及碳排放登记簿系统设计有较大差异，难以为大规摸、规范化的碳资产质押融资提供技术保障。

（三）寻求综合性的多元融资渠道

以上列举了一些低碳项目的融资形式。表 5-8 汇总了国外主要的低碳金融产品。可见，目前国际市场上低碳金融产品种类非常丰富，灵活多样。对比之下，我国的低碳金融产品还有待进一步丰富。在实践中，由于各个融资渠道获得的资金规模都不太可能满足项目投资的全部需求，因此在实践中需要将各种融资渠道进行组合，实现融资渠道的综合性和多元化。①

表 5-8 国外主要低碳金融产品汇总

融资方式	分类	主要产品	发行机构
对公	私人账户碳金融产品	关注土地项目的存款账户	西太平洋银行
		生态存款	太平洋岸边银行
	低碳项目融资	清洁能源长期融资专业金融服务	巴黎银行、摩根大通等
		环保技术融资资产组合	Dexia（Wind）
		垃圾处理能源融资项目	国际金融公司
	低碳项目风险投资基金与私募基金	可持续发展项目投资	花旗银行
		森林保护与生物多样化项目	美洲银行
	低碳投资基金	生态绩效资产基金	瑞士联合银行
		清洁能源目标基金	瑞士联合银行
	低碳发展基金	CDM 原型碳基金	世界银行
		国家主权碳基金	各国政府
		政府多边合作基金	区域金融组织与各国政府

---

① 杜莉，等. 低碳经济时代的碳金融机制与制度研究 [M]. 北京：中国社会科学出版社，2014.

续表

融资方式	分类	主要产品	发行机构
对私	低碳排放交通工具贷款	低碳汽车优惠贷款	温室信贷储蓄
	绿色信用卡	气候信用卡	荷兰拉博银行
		绿色 Visa 卡	汇丰银行
		巴克莱呼吸卡	巴克莱银行
	绿色销售绑定产品	绿色出行产品	巴克莱银行、汇丰银行
	低碳汽车保险	"你的驾驶"保险	Aviva 保险
		低碳汽车保险	联合金融服务公司
		可再生能源保险	瑞士瑞信银行
	低碳家庭与商业保险	绿色建筑覆盖保险	加利福尼亚消防基金
		"气候中立者"房屋保险	美国 ETA 保险公司
		小企业绿色商业保验	英国 AXA 保险公司
		环境损害保险	荷兰拉博银行

二、我国碳市场的进展及存在的问题

(一) 全国统一碳市场进展及困难

1. 立法准备

全国碳市场预计将形成"1+3+N"的法规体系,即以《碳排放权交易管理条例》为中心,配套《企业碳排放报告管理办法》《碳排放权交易第三方核查机构管理办法》《碳市场交易管理办法》等管理办法和一系列的实施细则。《企业碳排放报告管理办法》将明确企业碳排放核算和报告的责任,规定核算与报告的程序和要求;《碳排放权交易第三方核查机构管理办法》将规定核查机构的资质要求、认定程序和核查程序,以及对核查机构的监督管理等;《碳市场交易管理办法》将规定参与交易的交易品种、交易方式、风险防控及对交易机构的监督管理等。

目前作为碳市场"根本大法"的《碳排放权交易管理条例》，国务院法制办已将其列入优先立法的计划，经过多轮征求社会意见后，下一步将进入立法程序。国家发展改革委已起草完成了配套管理办法的初稿，并将开展利益相关方征询和实地调研，完善相关的配套细则。此外，新能源汽车碳排放配额预计也将作为独立的交易产品纳入全国碳市场的管理框架。

2. 工作动员

2016年1月，国家发展改革委发布《关于切实做好全国碳排放权交易市场启动重点工作的通知》，为确保2017年启动全国碳排放权交易和实施碳排放权交易制度进行准备和动员，要求各地主管部门提出拟纳入全国碳排放权交易体系的企业名单，对参与全国碳市场的8个行业拟纳入企业的历史碳排放进行核算、报告与核查，培育和遴选第三方核查机构及人员，同时开展相关的能力建设等工作。

3. 覆盖范围

2016—2020年为全国碳市场第一阶段，涵盖石化、化工、建材、钢铁、有色、造纸、电力、航空八大行业及其18个子行业。八大行业里，凡是能耗3年平均达到1万吨标准煤的企业都必须加入，预计首批纳入企业7000~8000家。2020年以后为全国碳市场的第二阶段，将逐步降低门槛到5000吨标准煤，预计将有超过10万家企业进入碳市场，如表5-9所示。

表5-9 全国碳市场覆盖范围

国民经济行业分类	企业子类
电力、热力生产和供应业	纯发电
	热电联产
	电网
石油加工、炼焦和核燃料加工业	原油加工
化学原料和化学制品制造业	乙烯

续表

国民经济行业分类	企业子类
化学原料和化学制品制造业	合成氨
	电石
	甲醇
非金属矿物制品业	水泥熟料
	平板玻璃
有色金属冶炼和压延加工业	电解铝
	铜冶炼
黑色金属冶炼和压延加工业	钢铁
造纸和纸制品业	纸浆制造
	机制纸和纸板
航空运输业	航空旅客运输
	航空货物运输
	机场

4. 存在困难

国家层面研究制定了碳排放权交易市场总体设计方案，编制了全国碳排放权配额总量设定与分配方案，但尚未公布。方案只是规定了基本原则，具体分配、履约监管等则由省一级政府负责。按照要求，在过去的一段时间里，各地培育并遴选数百家第三方核查机构，组织数千家重点排放企业开展数据报送、核查等基础工作。目前，全国已有24个省市按照要求将本地区碳强度下降目标纳入年度计划或政府工作报告，福建、浙江、甘肃等地方还印发了本省碳排放权交易市场建设实施方案，8个省市建设了碳市场能力建设中心，但是部分省份碳排放核算与核查工作进度严重拖后，而且数据报送质量较低。

全国碳排放权交易管理条例和碳排放配额分配方案等系列法规政策出台在即，碳配额分配工作也已经开始，下一步将启动配额注册登记系统以及开展第三方核查机构评估。此外，全国碳排放交易体系中的政策法规也在不断完善。被誉为碳市场"根本大法"的《碳排放权交易管理条例》也被国务院法制办列入优先立法的计划，有望尽快出台。但是同时在碳配额分配、碳排放权的定性等方面还存在争议。

(二) 全国碳市场配额分配及存在的问题

1. 配额分配方法

全国碳排放配额在分配方法上采取基准法和强度下降法，以基准法为主。基准值通常设置在代表行业先进水平的一端，达到此排放水平的企业可以获得足够的配额，否则会面临配额不足的压力，借此引导企业降低碳排放强度。

这一配额分配方法坚持公平性，但缺乏对差异性的考虑，会进一步削弱欠发达地区的经济竞争力，因此会面临一定的地方保护阻碍。这一配额分配方法在理论上具有科学性，但是最佳基准值的获得成本仍然较高。

2. 配额分配的管理机制

全国碳市场采用两级分工的模式，中央层面主导方法和标准，省级层面管理配额分配、履约监管，由于地方主管部门承担了日常的主要工作，因此地方主管部门的行政能力成了制约因素。

国家发展改革委气候司参考相关行业主管部门的意见，确定统一的配额免费分配方法和标准；制定国家配额分配方案，明确各省、自治区、直辖市免费分配的排放配额数量、国家预留的排放配额数量等。

省级气候主管部门依据国家确定的方法和标准，提出本行政区域内重点排放单位的免费分配配额数量，报国务院碳交易主管部门确定后，进行免费分配排放配额；各省、自治区、直辖市可制定并执行比全国统一的配额免费分配方法和标准更加严格的分配方法和标准；各省、自治区和直辖市的排放配额总量中，扣除免费分配的配额量后剩余的配额，由省级碳交易主管部门用于有偿分配。

(三) 碳排放权交易所的准入和退出问题

2016年12月16日，继北京、上海、天津、重庆、湖北、广东、深圳7个碳排放权交易试点地区之后,四川碳市场成功开市,成为全国非试点地区首家拥有国家备案碳交易机构的省份。全国碳市场能力建设(成都)中心的揭牌,则对2017年全国碳市场的建立和布局形成了有效补充。2016年四川碳市场只上线CCER产品,开市首日四川碳市场完成10笔CCER交易,总量为363 000吨,成交的CCER主要来自风电、光伏、水电、瓦斯发电和沼气利用项目。

福建省《关于印发福建省碳排放权交易市场建设实施方案的通知》确定的碳市场目标是,到2016年年底,建立福建省碳排放报告和核查制度、配额管理和分配制度、碳排放权交易运行制度等基础支撑体系,实现碳排放权交易市场正式运行。2017年实现与国家碳排放权交易市场的有效对接,并适时扩大交易范围,林业碳汇交易初具规模,碳金融产品进一步丰富。到2020年,基本建成覆盖全行业、具有福建特色的碳排放权交易市场。

2016年12月22日,福建省碳排放权交易在福建海峡股权交易中心正式启动,福建碳市场可交易产品共有三项,包括:福建省碳排放配额、福建林业碳汇以及国家核证自愿减排量。福建省碳排放配额开盘价为33元/吨,交易方式主要有竞价、挂牌点选、协议转让三类,开市首日总成交量为78.63万吨,成交金额为1822.65万元。福建林业碳汇首发上线的2家企业福建顺昌县国有林场、德化县林业局率先获得产品上线证书,共挂牌成交21.75万吨,成交金额391.56万元。

新增两家碳市场有利于推动全国碳交易尽快启动,具有先行先试的示范作用。但是一旦全国碳市场启动,试点碳市场的交易所将面临严酷的竞争,由于交易所业态的自然垄断特征,一些缺乏竞争力的交易所将会被淘汰,碳交易所的重复建设带来沉重成本。

(四)全国碳市场数据建设进程及存在的问题

1. MRV建设

截至2016年年底,国家发展改革委已经公布了三批共24个行业的温室气体排放核算方法与报告指南，2016年6月起实施11项国家标准，包括一项总标准《工业企业温室气体排放核算和报告通则》，适用于指导行业温室气体排放核算方法与报告要求系列标准的编制，10项行业分标准覆盖了电力、电网、化工、钢铁、铝冶炼、镁冶炼、平板玻璃、水泥、陶瓷、民航等企业温室气体排放核算与报告要求系列标准，并制定了《企业碳排放报告管理办法》加以规范，建立全国企业碳排放数据报送系统集中管理。

同时加强数据核查，国家发展改革委制定了《碳排放权交易第三方核查机构管理办法》，对第三方核查机构实行备案管理，要求具备执业经验和执业能力。

2. 能力建设

国家发展改革委调动试点地区交易所的专业力量为非试点地区纳入全国碳市场做好能力建设工作，2016年以来国家发展改革委正式批复成立了北京、深圳、湖北、广东、重庆、上海和成都7个全国碳市场能力建设中心，将试点碳市场运行积累的经验与非试点地区交流、分享，为其提供借鉴。以全国碳市场能力建设（北京）中心为例，2016年，北京环境交易所先后在北京、辽宁、江西、陕西、新疆、宁夏、内蒙古、广西、山东、河南、南京、大连等地举办近20场针对非试点省市地方政府、控排企业以及第三方服务机构的碳市场相关系列培训，培训人数近3000人，有效地提高了非试点地区参与全国碳市场建设的能力。

3. 存在问题

虽然碳市场的数据管理取得了较大的进展，但是原始数据基础依然很薄弱。企业对碳排放数据的质量管理程序尚未建立，企业首次报送的数据真实性有待核查，而核查机构由地方发展改革委招标委托，由于数据核查经费有限，核查质量也难以保证。①

---

① 马中，周月秋，王文. 中国绿色金融发展报告2017 [M]. 北京：中国金融出版社，2018.

第六章 我国绿色金融发展的经验与教训

第一节 我国绿色金融政策的演进和评估

一、我国绿色金融政策的演进

我国作为全球首个进行绿色金融顶层设计并制定绿色金融专项政策的国家,绿色金融的市场建设和实践推进与绿色金融政策的演进紧密相关。一系列政策的制定、发布和生效见证了中国绿色金融从萌芽到初具规模,从多个市场各自发展到金融、财政、环保协同并进的过程。这一过程可以划分为萌芽、起步和全面推进三个阶段。

(一) 萌芽阶段

在这一阶段中,银行业金融机构率先以环境保护、节能减排、产业结构优化升级为突破口,提出了通过信贷调节手段加速高污染、高能耗企业退出,预防环境风险的理念。"环境污染责任保险""碳排放权交易"的概念已经进入政策视野,但是包括"绿色金融"乃至"绿色信贷""绿色保险"等概念在这一阶段都未被明确地提出。虽然金融系统已经在借助特定的渠道和方式支持环境保护和产业的绿色转型,但是由于绿色发展的理念刚刚被提出,政策的制定还是更多地聚焦负面现状的改善,而非如何借助金融系统的力量引导经济、环境和社会实现绿色化发展。

1. 信贷投放支持节能减排

2007 年,《中华人民共和国国民经济和社会发展第十一个五年规划纲要》提出了"十一五"期间单位国内生产总值能耗降低 20% 左右、主要污染物排放总量减少 10% 的约束性指标。同时也将其作为"贯彻落实科学发展观,构建社会主义和谐社会,建设资源节约型环境友好型社会;推进经济结构调整,转变增长方式;提高人民生活质量,维护中华民族长远利益"的重大举措、必然要求、必由之路和必然选择。

为了推进这一指标的落实,同年11月,中国银行业监督管理委员会(以下简称"银监会")从经济结构调整和增长方式转变的角度出发,以优化银行业信贷结构、有效防范信贷风险为着力点,制定并印发了《节能减排授信工作指导意见》(以下简称《意见》)。[1] 这是中国基于政策层面首次就金融系统的信贷供给提出具体的、可操作的、具有一定约束力的"绿色化"授信指南,可以说是中国绿色金融政策指导绿色金融实践迈出的第一步。

银行业金融机构应依据国家产业政策,对列入国家产业政策限制和淘汰类的新建项目,不得提供授信支持;对属于限制类的现有生产能力,且国家允许企业在一定期限内采取措施升级的,可按信贷原则继续给予授信支持;对于淘汰类项目,原则上应停止各类形式的新增授信支持,并采取措施收回已发放的授信。银行业机构不得绕开项目授信的程序,以流动资金贷款、承兑汇票或其他各种表内外方式向建设项目提供融资和担保。

——银监会《节能减排授信工作指导意见》

《意见》首次将促进全社会节能减排上升到银行业金融机构社会责任层面,明确提出银行业金融机构要强化全体员工的节能减排意识,掌握节能减排政策法规和标准,增强授信工作的科学性和预见性,从战略规划、内部控制、风险管理、业务发展四个方面着手,防范高耗能、高污染带来的各类风险。

在此基础上,《意见》对银行业金融机构的授信政策和授信管理工作提出了具体的指导性意见,明确了12个授信重点支持领域;建议有条件的机构参考赤道原则,依据借款项目对环境影响的程度将其分为A、B、C三类进行管理;要求各银行业金融机构,对于完工后应获得

---

[1] 中国银监会《关于印发〈节能减排授信工作指导意见〉的通知》,银监发[2007]83号2007年11月.

而未获得竣工环评审批的项目,不得拨付项目运营资金。

2. 环境污染责任保险首度试水

同样立足于节能减排的目标性要求,国家环境保护总局联合中国保险监督管理委员会(以下简称"保监会"),于2007年12月发布了《关于环境污染责任保险工作的指导意见》(以下简称《意见》)。该《意见》是中国在环境污染责任保险领域的首次试水,向环保和保险系统内的各家机构和单位明确了开展环境污染责任保险工作的意义、指导原则和工作目标,并建议由政府统一组织各地在地市以上区域开展试点,主要进行立法和制度建设、投保主体认定、责任范围认定、理赔和环境污染事故预防五个方面的实践探索,同时提出了"到2015年,环境污染责任保险制度相对完善,并在全国范围内推广"的工作目标,总的来看《关于环境污染责任保险工作的指导意见》是对中国环境污染责任保险工作的原则性指导意见,为后续工作的开展定下了基调。

> 环境污染责任保险是以企业发生污染事故对第三者造成的损害依法应承担的赔偿责任为标的的保险。利用保险工具来参与环境污染事故处理,有利于分散企业经营风险,促使其快速恢复正常生产;有利于发挥保险机制的社会管理功能,利用费率杠杆机制促使企业加强环境风险管理,提升环境管理水平;有利于使受害人及时获得经济补偿,稳定社会经济秩序,减轻政府负担,促进政府职能转变。国际经验表明,实施环境污染责任保险是维护污染受害者合法权益、提高防范环境风险的有效手段。
>
> ——国家环保总局、保监会《关于环境污染责任保险工作的指导意见》

3. 碳排放权交易试点工作起步

为了落实"十二五"规划中提出的到2015年全国单位国内生产总值二氧化碳排放量比2010年下降17%的目标,探索建立碳排放权交易市场,发挥市场机制的作用,以较低成本实现温室气体控排减排,同时加快经济发展方式转变和产业结构升级,国家发展改革委办公厅于

2011年10月发布了《关于开展碳排放权交易试点工作的通知》，批准在北京、天津、上海、重庆、湖北、广东及深圳7个省市开展联碳排放权交易试点工作，宣告中国在碳排放权交易市场建设领域正式起步，开始了新的实践探索。

4. 金融监管助力环境保护和节能减排

在这一阶段，除了对绿色金融工具的实践探索外，包括中国人民银行、银监会、证监会和保监会在内的金融监管机构均就金融系统支持环境保护、节能减排、淘汰落后产能工作提出了指导意见，但是内容上以对信贷业务的引导和约束性内容为主，由此可见，绿色信贷在中国绿色金融体系建设初期受到了较多的关注。这一阶段，金融监管部门发布的主要政策有：

（1）中国人民银行于2007年6月发布的《关于改进和加强节能环保领域金融服务工作的指导意见》，要求各银行类金融机构要将环评作为授信条件之一，加强信贷管理，严控高耗能、高污染行业信贷投入；对贷款实行差别定价，加大对节能环保企业和项目的信贷支持；开展金融产品和信贷管理制度创新，对节能减排和环境保护技术研发给予重点的信贷支持；搜集企业环境违法信息，并将之纳入企业征信管理系统；进一步完善节能环保领域的直接投资，从而推进节能环保领域的金融服务工作。

（2）中国人民银行、银监会、证监会、保监会于2009年12月发布《关于进一步做好金融服务支持重点产业调整振兴和抑制部分行业产能过剩的指导意见》（以下简称《意见》）。该《意见》主要从优化信贷结构、转变经济发展方式、淘汰落后产能的角度出发，对金融机构提出了推进金融产品和服务方式创新，拓宽重点产业调整和振兴的融资渠道，加强信贷结构和信贷风险预警监测等要求，引导民间资本参与重点产业调整和振兴，发挥保险对重点产业调整振兴的风险保障作用，严格发债、资本市场融资审核程序等一系列要求。

禁止对国家已明确为严重产能过剩的产业中的企业和项目盲目发放

贷款。进一步加大对节能减排和生态环保项目的金融支持，支持发展低碳经济。鼓励银行业金融机构开发多种形式的低碳金融创新产品，对符合国家节能减排和环保要求的企业和项目按照"绿色信贷"原则加大支持力度。探索建立和完善客户环保分类识别系统，支持发展循环经济，从严限制对高耗能、高污染和资源消耗型的企业和项目的融资支持。

——中国人民银行、银监会、证监会、保监会《关于进一步做好金融服务支持重点产业调整振兴和抑制部分行业产能过剩的指导意见》

（3）中国人民银行、银监会于2010年5月制定并发布的《关于进一步做好支持节能减排和淘汰落后产能金融服务工作的意见》（以下简称《意见》）。该《意见》在现有的政策和实践基础之上，进一步明确了金融监管机构信贷政策指导和督导检查的职责；同时要求金融机构将信贷项目对节能和环境的影响评估作为前期审贷和贷后管理的重要内容；在对违规贷从严控制的同时，加大对合规项目的合理信贷支持；通过应收账款抵押、清洁发展机制（CDM）预期收益抵押、股权质押、保理等方式加快金融产品和服务方式创新；关注产业结构调整、发展方式转变和节能减排等工作开展过程中可能提前暴露出来的信贷风险。

（二）起步阶段

随着绿色经济、绿色增长等理念的提出以及广泛被认可，"绿色"一词与金融有了更加深入的交集。在这一阶段，《绿色信贷指引》《绿色债券支持项目目录》《绿色债券发行指引》《碳排放权交易管理暂行办法》等具体的指导性文件相继发布，环境污染强制责任保险试点正式启动，主流绿色金融工具的内涵、应用范围和运行规则也随之得以明确，金融市场中的各参与主体已经具备了参照基础的绿色政策指南开展绿色金融实践活动的条件。但是，"绿色金融"的概念尚不明确，各组成部分孤立存在，未能实现系统化的发展。

1. 绿色信贷指引发布

2012年1月,银监会发布了我国第一份以绿色信贷为主题的政策文件《关于印发绿色信贷指引的通知》。《绿色信贷指引》具体从组织管理、政策制度及能力建设、流程管理、内控管理和信息披露、监督检查等方面,对所有境内银行业金融机构提出了加大对绿色经济、低碳经济、循环经济的支持,防范环境和社会风险,提升自身环境和社会表现的30条具体要求。与此前发布的绿色信贷政策相比较,《绿色信贷指引》首次在题目中使用"绿色信贷"的表述,其涵盖的内容范畴不再局限于环境保护和节能减排,更加强调经济、环境和社会三个方面的影响。此外《绿色信贷指引》进一步明确了银行业金融机构的环境和社会风险内容,并就银行业金融机构的环境和社会风险识别、计量、监测、控制、管理及相关制度及流程设计提出了具体的要求。总体而言,《绿色信贷指引》的发布为银行业金融机构提供了更具参考价值和实践意义的绿色信贷行为指南,同时突出了环境和社会风险这一风险要素在绿色信贷政策、流程和管理中的重要地位,是我国信贷政策由支持环境友好、资源节约向"绿色化"转型的重要政策节点。

> 本指引所称环境和社会风险是指银行业金融机构的客户及其重要关联方在建设、生产、经营活动中可能给环境和社会带来的危害及相关风险,包括与耗能、污染、土地、健康、安全、移民安置、生态保护、气候变化等有关的环境与社会问题。
>
> ——银监会《绿色信贷指引》

2. 绿色债券发行指引发布

2015年12月,中国人民银行发布了《关于在银行间债券市场发行绿色金融债券有关事宜的公告》(以下简称《公告》),明确了金融机构法人依法发行、募集资金用于支持绿色产业并按约定还本付息的绿色金融债券的条件、申请材料、备案材料、发行方式、资金流向、资金管理、信息披露和其他权利及义务。随《公告》同时发布的还有《绿色债券支持项目目录》，将绿色产业分为节能、污染防治、资源节约与循环利用、清洁交通、清洁能源、生态保护和适应气候变化六大类，为绿色产业项目的认定和识别提供了权威参考，进而有助于开展绿色债券的"贴标"工作，防止"泛绿"和"非绿"项目扰乱绿色债券市场的秩序。

> 绿色债券是指，募集资金主要用于支持节能减排技术改造、绿色城镇化、能源清洁高效利用、新能源开发利用、循环经济发展、水资源节约和非常规水资源开发利用、污染防治、生态农林业、节能环保产业、低碳产业、生态文明先行示范实验、低碳试点示范等绿色循环低碳发展项目的企业债券。
>
> ——国家发展改革委办公厅《绿色债券发行指引》

几乎是同一时间，国家发展改革委办公厅发布了《绿色债券发行指引》，提出要"发挥企业债券融资对促进绿色发展、推动节能减排、解决突出环境问题、应对气候变化、发展节能环保产业等的支持作用，引导和鼓励社会投入"，同时为绿色企业债的发行提供可参考的行为指南。《绿色债券发行指引》基于绿色债券募集资金流向的角度首次明确给出了"绿色债券"在中国金融政策中的定义，同时给出了现阶段绿色企业债券重点支持的12类项目，如表6-1所示。

表6-1 现阶段绿色企业债券重点支持的12类项目

序号	项目类别	项目具体内容
1	节能减排技术改造项目	包括燃煤电厂超低排放和节能改造，以及余热暖民等余热余压利用、燃煤锅炉节能环保提升改造、电机系统能效提升、企业能效综合提升、绿色照明等
2	绿色城镇化项目	包括绿色建筑发展、建筑工业化、既有建筑节能改造、海绵城市建设、智慧城市建设、智能电网建设、新能源汽车充电设施建设等
3	能源清洁高效利用项目	包括煤炭、石油等能源的高效清洁化利用

续表

序号	项目类别	项目具体内容
4	新能源开发利用项目	包括水能、风能、核能、太阳能、生物质能、地热、浅层地温能、海洋能、空气能等开发利用
5	循环经济发展项目	包括产业园区循环化改造、废弃物资源化利用、农业循环经济、再制造产业等
6	水资源节约和非常规水资源开发利用项目	包括节水改造、海水（苦咸水）淡化、中水利用等
7	污染防治项目	包括污水垃圾等环境基础设施建设，大气、水、土壤等突出环境问题治理，危废、医废、工业尾矿等处理处置
8	生态农林业项目	包括发展有机农业、生态农业，以及特色经济林、林下经济、森林旅游等林产业
9	节能环保产业	包括节能环保重大装备、技术产业化，合同能源管理，节能环保产业基地（园区）建设，等等
10	低碳产业项目	包括国家重点推广的低碳技术及相关装备的产业化，低碳产品生产项目，低碳服务相关建设项目，等等
11	生态文明先行示范试验项目	包括生态文明先行示范区的资源节约、循环经济发展、环境保护、生态建设等项目
12	低碳发展试点示范项目	包括低碳省市试点、低碳镇试点、低碳社区试点、低碳园区试点的低碳能源、低碳工业、低碳交通、低碳建筑等低碳基础设施建设及碳管理平台建设项目

资料来源：《绿色债券发行指引》。

3. 环境污染强制责任保险试点启动

2013年1月，国家环境保护部、保监会联合发布了《关于开展环境污染强制责任保险试点工作的指导意见》（以下简称《意见》），进一步就环境污染强制责任保险试点企业的范围、保险条款和保险费率的设计原则、环境风险评估和投保程序设计、环境风险防范和污染事故理赔机制等方面提出了具体的指导意见。此外，《意见》还提出了加强环境信息和保险信息公开、强化约束手段、完善激励措施、健全政策法规四项保障措施。虽然早在 2007 年，国家环境保护总局和保监会就已经赴吉林省和浙江省就开展环境污染责任保险的相关问题进行了调研，并于同年 7 月发布了《关于开展环境污染责任保险的调研报告》，继而于同年 12 月发布了《关于环境污染责任保险工作的指导意见》，决定由各级地方政府统一组织环保部门和保险监管部门共同开展环境污染责任保险试点工作。但是，由于环境污染责任保险产品对于环境风险计量、风险概率精算、产品设计和定价等方面均有较高的专业要求，因此，试点工作的推进速度难与预期相匹配。《关于开展环境污染强制责任保险试点工作的指导意见》聚焦试点建设工作中存在的实际困难和需求，有针对性地提出了具体的意见建议，具有更强的实践意义和可操作性。

二、明确环境污染强制责任保险的试点企业范围

（一）涉重金属企业

按照国务院有关规定，重点防控的重金属污染物是：铅、汞、镉、铬和类金属砷等，兼顾镍、铜、锌、银、钒、锰、钴、铊、锑等其他重金属污染物。

重金属污染防控的重点行业是：

1. 重有色金属矿（含伴生矿）采选业：铜矿采选、铅锌矿采选、镍钴矿采选、锡矿采选、锑矿采选和汞矿采选业等。

2. 重有色金属冶炼业：铜冶炼、铅锌冶炼、镍钴冶炼、锡冶炼、锑冶炼和汞冶炼等。

3. 铅蓄电池制造业。

4. 皮革及其制品业：皮革鞣制加工等。

5. 化学原料及化学制品制造业：基础化学原料制造和涂料、油墨、颜料及类似产品制造等。

上述行业内涉及重金属污染物产生和排放的企业，应当按照国务院有关规定，投保环境污染责任保险。

（二）按地方有关规定已被纳入投保范围的企业

地方性法规、地方人民政府制定的规章或者规范性文件规定应当投

保环境污染责任保险的企业,应当按照地方有关规定,投保环境污染责任保险。

(三) 其他高环境风险企业

鼓励下列高环境风险企业投保环境污染责任保险:

1. 石油天然气开采、石化、化工等行业企业。
2. 生产、储存、使用、经营和运输危险化学品的企业。
3. 产生、收集、贮存、运输、利用和处置危险废物的企业,以及存在较大环境风险的二噁英排放企业。
4. 环保部门确定的其他高环境风险企业。

——国家环境保护部、保监会《关于开展环境污染强制责任保险试点工作的指导意见》

4. 碳排放权交易管理暂行办法出台

在7个地方碳交易试点陆续启动一年半后,2014年12月,国家发展改革委发布了全国碳排放权市场交易的管理办法《碳排放权交易管理暂行办法》(以下简称《办法》)。该《办法》主要明确了管理主体、交易主体、交易产品、配额分配、核查与配额清缴、信息披露、监管重点、法律责任等内容。

其中,各级发改委是碳排放权交易的主管部门,负责各级碳排放权交易市场的建设,并对其运行进行管理、监督和指导。省级碳交易主管部门报送、经国务院碳交易主管部门审批的重点排放单位,以及符合交易规则规定的机构和个人是碳排放权交易的主体。现阶段,碳排放权交易市场的交易产品为国家分配的碳排放配额和国家核证自愿减排量(CCER)。国家发展改革委负责确定国家以及各省、自治区和直辖市的排放配额总量、预留配额的数量、配额免费分配方案。配额分配方式以免费分配方式为主,适时引入有偿分配,并逐步提高有偿分配的比例。该《办法》明确了中国碳排放交易市场建设需规范的基本要素,为全国碳市场建立的主要思路和管理体系提供了框架设计和原则性的指导,但是对于交易机制、定价机制、违规处罚机制、重点排放单位确定标准等关键环节的具体操作细则仍需通过配套文件进一步细化。

（三）全面推进阶段

在这一阶段，构建绿色金融体系的思路得到了政策层面的支持。包括多种绿色金融工具，以及财政、税收、环境等跨领域政策支持在内的绿色金融体系已设计完毕，并将引导经济发展向绿色化转型。绿色债券市场蓬勃发展，催生了其市场结构的持续完善。随着气候问题的日益加剧，秉持对全人类发展负责任的态度，我国的碳排放权交易市场建设也由试点阶段全面升级，全国性的碳排放权交易市场启动在即。随着绿色金融的理念得到更多的认可，金融系统在支持经济、环境、社会全面协调可持续绿色发展过程中理应发挥更加积极的作用。

1. 绿色债券政策指导进一步完善

自《绿色债券支持项目目录》和《绿色债券发行指引》发布以来，中国的绿色金融债和绿色企业债市场发展迅速，规模位居全球前列。为了完善绿色债券市场的建设工作，进一步拓宽绿色债券的发行主体范围，上海证券交易所和深圳证券交易所分别于2016年3月和4月宣布开展绿色公司债试点工作，债券募集资金流向的绿色化认证同样参考中国人民银行发布的《绿色债券支持项目目录》。2017年3月，证监会发布了《关于支持绿色债券发展的指导意见》（以下简称《意见》）。

《意见》就证券交易所发展绿色公司债券的有关事项提出了具体建议，具体包括：明确发行人应当具备的条件；表明将对债券受理及审核实行"专人对接、专项审核"，适用"即报即审"政策；强调债券募集资金必须投向绿色产业项目；鼓励独立评估机构就绿色公司债进行评估认证；鼓励机构投资者投资绿色债券；运用财政手段支持绿色债券发展；要求发行人定期披露债券相关信息；研究发布绿色公司债券指数；丰富绿色债券产品种类；等等。

拟发行绿色公司债券的发行人，除要符合《证券法》《公司法》和《公司债发行与交易管理办法》规定的公司债券发行条件外，原则上不得属于高污染、高能耗或其他违背国家产业政策导向的行业。重点支持下列主体发行绿色公司债券：

（一）长期专注于绿色产业的成熟企业；

（二）在绿色产业领域具有领先技术或独特优势的潜力企业；

（三）致力于中长期绿色产业发展的政府和社会资本合作项目的企业；

（四）具有投资我国绿色产业项目计划或致力于推动我国绿色产业发展的国际金融组织或跨国公司。

——证监会《关于支持绿色债券发展的指导意见》

2. 启动全国碳排放权交易市场

2016 年 1 月，国家发展改革委办公厅发布了《关于切实做好全国碳排放权交易市场启动重点工作的通知》（以下简称《通知》），提出要以 2017 年启动全国碳排放权交易为工作目标，推进全国碳排放权交易市场建设。《通知》进一步明确了拟纳入全国碳排放权交易体系的企业标准：参与主体应涉及石化、化工、建材、钢铁、有色、造纸、电力、航空等重点排放行业；2013—2015 年中任意一年的综合能源消费总量应达到 1 万吨标准煤以上（含 1 万吨）；应为企业法人单位或独立核算企业单位。

此外，《通知》宣布启动对拟纳入企业的历史碳排放核算、报告与核查工作，具体由民航局、地方碳交易主管部门负责。首先，组织管辖范围内拟纳入的企业按照所属的行业，分年度核算并报告其 2013 年、2014 年和 2015 年共 3 年的温室气体排放量及相关数据。随后，由地方主管部门选择第三方核查机构对企业的排放数据等进行核查，并由第三方核查机构出具核查报告。最后，由企业将排放报告和第三方核查机构出具的核查报告提交注册所在地地方主管部门进行审核。

与《通知》配套发布的还包括支持第三方核查机构开展核查工作的《全国碳排放权交易第三方核查机构及人员参考条件》以及《全国碳排放权交易第三方核查参考指南》。它们的发布使得《通知》对《碳排放权交易管理暂行办法》形成了有效的补充,尤其是在推进交易主体认定、第三方核查实践方面。因此,这一《通知》的发布意味着开启了全国性碳排放权交易市场建设工作,同时明确了下一阶段全国性碳排放权交易市场建设的工作目标,并为初始配额分配工作的开展奠定了基础。

3. 构建绿色金融体系

随着环境和资源约束的日益凸显,高耗能和高污染的增长模式使我国的经济结构和经济增长方式面临着转变的压力,寻找与绿色发展路径相匹配的新的经济增长点已经成为我国经济发展面临的重要挑战之一,解决绿色发展的资本供给和资金来源,形成健康、高效的绿色资本循环对这一问题的解决至关重要,这也对我国绿色金融体系的构建提出了要求。

另外,上述绿色信贷、绿色债券、绿色保险、碳排放权交易等绿色金融政策指南、意见、办法的出台和实施,在规范我国绿色金融市场建设和运行的同时助推了绿色金融理念在金融系统各参与主体中的传播,为我国绿色金融体系的构建营造了良好的制度环境和社会认同氛围。

最后,随着金融体系的日益完善以及绿色金融工具应用经验的积累和丰富,我国在绿色金融产品创新方面发展迅速。以绿色债券为例,目前产品线已经覆盖了金融债、公司债、企业债、中期票据、资产支持证券、熊猫债非公开定向债务融资工具等多种类型。

但是从发展的全局出发,仅靠单一或多种绿色金融工具的组合显然不能满足绿色产业和经济、社会可持续发展的资本需求。同样,金融服务对于实体经济的支持往往需要信贷、债券、股票、基金、保险等多个市场间的互动和整合,也需要来自政策、技术、人力资源和财政税收的支持。因此,整合既有的绿色金融资源,构建绿色金融体系正当其时。

2016年8月31日,中国人民银行、财政部、国家发展改革委、环境保护部、银监会、证监会、保监会七部委联合发布了《关于构建绿色金融体系的指导意见》(以下简称《指导意见》)。《指导意见》是我国政府对我国绿色金融体系构建的顶层设计，开篇即明确了绿色金融和绿色金融体系的含义，构建绿色金融体系的目的，指出绿色金融体系的构建需要金融、财政、环保等政策法规的协同支持，同时需要适当的激励和约束政策来解决环境外部性的问题。

绿色金融是指为支持环境改善、应对气候变化和资源节约高效利用的经济活动，即对环保、节能、清洁能源、绿色交通、绿色建筑等领域的项目投融资、项目运营、风险管理等所提供的金融服务。

绿色金融体系是指通过绿色信贷、绿色债券、绿色股票指数和相关产品、绿色发展基金、绿色保险、碳金融等金融工具和相关政策支持经济向绿色化转型的制度安排。

构建绿色金融体系主要目的是动员和激励更多社会资本投入到绿色产业，同时更有效地抑制污染性投资。构建绿色金融体系，不仅有助于加快我国经济向绿色化转型，支持生态文明建设，也有利于促进环保、新能源、节能等领域的技术进步，加快培育新的经济增长点，提升经济增长潜力。

——中国人民银行、财政部、国家发展改革委、环境保护部、银监会、证监会、保监会《关于构建绿色金融体系的指导意见》

《指导意见》围绕绿色信贷、绿色证券市场、绿色基金、绿色PPP、绿色保险、环境权益交易等绿色金融市场板块分别提出了23条具体的指导意见。除此之外，《指导意见》还就如何开展地方绿色金融、绿色金融国际合作、防范金融风险三个方面的绿色金融配套支持工作提出了具体的思路。

虽然《指导意见》依旧属于原则性的政策指引，而非具体的业务指南和操作手册，但是作为我国乃至全球首个由政府主导设计的绿色金融政策框架，它的发布向市场、公众乃至全球社会释放了明确的政策信号。我国政府正在并继续将绿色金融体系的构建作为经济发展的一项重要工作，整合现有的制度、技术、资金、人员，着重推进这项工作的开展；同时也表明了我国政府在应对环境、资源和生态挑战的过程中，已经意识到了金融系统的重要支持作用，愿意并将为之付诸行动，以实现人类社会的绿色可持续发展。

二、我国绿色金融政策的评估

（一）政策体系的基本框架初步成型

一是银监会、证监会、保监会等主要金融监管机构都在政策层面明确了金融绿化的导向和措施。环保部门和金融监管部门合作，搭建了绿色信贷、绿色证券和绿色保险的政策框架，并且在各自范围内不断完善相关制度建设。比如绿色信贷制度，2007年建立以来不断推出新的举措。2012年2月，银监会印发了《绿色信贷指引》，从组织及流程管理、政策和制度制定、内控管理与信息披露等方面对银行业金融机构节能减排、环境保护、防范环境与社会风险提出了具体要求；2013年银监会制定了《绿色信贷统计制度》，对银行业金融机构开展绿色信贷业务进一步加以规范；此外，银监会还于2012年和2013年分别发文，以便建立绿色信贷实施情况的考核评价体系。从业务指引到统计制度再到考核评价，绿色信贷的政策体系日趋健全。

二是将绿色金融视为环境经济政策体系的有机组成部分，注重配套制度的建设。自"十一五"规划开始，我国高度重视环境法规体系和环境经济政策体系的建设。其中，环境经济政策体系涵盖的内容十分广泛、全面，除绿色金融以外，还涉及财税政策、价格改革政策、基础设施建设等内容。绿色金融的发展离不开这些金融以外制度的支持。在中央政策层面，许多重要的配套制度建设已经初见成效。例如，2014年4月十二届全国人大常委会第八次会议表决通过了修订后的《环境保护法》，自2015年1月1日施行。新的《环境保护法》正式纳入环境污染责任保险制度，明确鼓励企业投保环境污染责任险，这显然有利于环责险在全社会范围内的推广。此外，环保税将逐渐取代排污费，更有针对性的污染企业罚款规则、第三方环评机构违法需承担连带责任等一系列新规也利于绿色金融业务向更深层次拓展。在地方政府层面，更有很多带有创新性的宝贵探索。

（二）政策体系对推动绿色金融市场的发展发挥了关键作用

在 2007 年之前，我国绿色金融市场几乎可以忽略不计，但随着各项政策的推出，环保部门、金融监管部门、地方政府、金融机构等的共同努力，我国绿色金融市场取得了可喜成绩，获得了初步发展。以占主导地位的银行业务为例，目前我国商业银行普遍树立了绿色信贷意识，相关政策措施产生了积极的效果。

（三）政策体系仍处于演进中，完善建设工作亟待推进

从金融部门与环保部门开展密切合作启动绿色金融制度算起，有 10 余年时间，一些政策只是搭建了框架，缺乏更深入的细节（如环境债券、上市公司信息披露制度）；有些则由于配套政策的进展滞后而无法获得有效落实（如缺乏对金融机构从事绿色金融业务的财税支持）；有些政策则是实施不久，还没来得及对市场产生重大影响（如企业环境行为信用评价制度、新环保法等）。这意味着，我国绿色金融政策体系的建设仍然任重而道远。

第二节　我国绿色金融的进展和困境

一、我国绿色金融的进展

自 2015 年以来，中国绿色金融进入了发展的快车道，在顶层设计、政策体系、市场实践、外部环境等方面都取得了长足的进步。

（一）顶层设计方面：绿色金融在促进国内经济转型、开展国际合作中的作用得到进一步明确和提升

我国经济面临"不协调、不平衡、不可持续"问题，其中不可持续重点体现在气候和环境方面，严重的雾霾、水污染、土地污染、能源资源浪费、过度使用等使我国面临前所未有的资源环境压力。自十八届三中全会以来，加快生态文明制度建设、推进绿色发展已成为我国经济社会发展的一项战略任务。这个思路在"十三五"规划中得到了进一步体现。"十三五"规划提出了"创新、协调、绿色、开放、共享"五大发展理念，既是全面建成小康社会决战阶段的强大思想武器，也是引领未来发展的指导原则，其中的绿色理念正体现了经济由"不可持续"向"可持续"的转型要求。

绿色金融作为为绿色发展提供支持的金融体系，是绿色可持续发展不可或缺的组成部分。

一方面，发展绿色金融有利于动员更多的社会资本进入绿色产业，从而培育新的经济增长点，加速"绿水青山"向"金山银山"的顺利转化；另一方面，不同金融机构和金融手段的全面参与能够帮助抑制资金流向"两高一剩"等领域，"有保有压"，既帮助增加绿色投资，也帮助抑制非绿色投资，也有利于推动我国经济结构的转型。由此可见，绿色金融能同时发挥稳增长、调结构的双重作用。正因为如此，2015年以来，在中共中央、国务院发布的纲领性文件《关于加快推进生态文明建设的意见》《生态文明体制改革总体方案》中，绿色金融都是重要的内容。2016年，全国"两会"通过《中华人民共和国国民经济和社会发展第十三个五年规划纲要》（以下简称《"十三五"规划纲要》），明确提出要建立现代金融体系，支持绿色金融发展。2016年8月31日，中国人民银行、财政部、国家发展和改革委员会、环境保护部、中国银行业监督管理委员会、中国证券监督管理委员会、中国保险监督管理委员会七部委联合印发了《关于构建绿色金融体系的指导意见》，更是成

为绿色金融发展的顶层设计文件。

我国是全球绿色金融的倡导者和先行者，在政策框架和市场实践上走在全球前列。在中国的倡议和推动下，2015年12月通过的《巴黎协议》为全球气候行动开启了新的征程。2016年上半年，《巴黎协议》开放签署，获得热烈响应。截至当年6月底，已有179个缔约方完成签署，并有19个缔约方递交了国内批准文件。2015年年底在我国的倡议下，G20设立绿色金融研究小组，由中国人民银行和英格兰银行共同主持，秘书处工作由联合国环境署承担。2016年9月召开的G20杭州峰会上，首次将绿色金融和气候合作列为重点议题，并成立"绿色金融工作组"，在全球范围内研究建立绿色金融体系、推动全球经济绿色转型、加强绿色金融的国际合作等问题。2015年10月，中国农业银行在伦敦成功发行绿色债券。2016年7月，金砖国家新开发银行在资本市场的首次亮相，同样选择了在中国银行间债券市场发行人民币绿色金融债券。上述现象说明，绿色金融正成为少有的既能凝聚国际共识又有鲜明中国烙印的金融领域，更成为我国开展国际合作、进一步获得国际话语权和发挥国际影响力的重要抓手。

（二）政策体系方面：绿色金融的政策体系进一步完善

不同于发达国家采取的自下而上、主要由机构投资者推动的路径，我国绿色金融发展主要采取了自上而下的推动方式，重点表现在多个相关政策文件出台，既有多个部委联合颁布的政策，也有单个职能部门独自出台的政策。表6-2列示了2015年以来主要的绿色金融政策文件，发文单位包括国务院、国家发展改革委、"一行三会"、交易所、交易商协会等多种机构。这些文件的出台，对过去两年中国绿色金融市场的快速发展至关重要。例如，中国金融学会绿色金融专业委员会的《绿色债券支持项目目录（2015年版）》和国家发展改革委《绿色债券发行指引》颁布了有关绿色债券的国内标准，为中国绿色债券的蓬勃发展提供了动力。

表6-2　2015年以来与绿色金融相关的主要政策文件

发布部门	文件颁布时间和文件	主要内容
七部委	2016年，《关于构建绿色金融体系的指导意见》	在立足我国国情的基础上，借鉴国际经验，总结了近一年来我国绿色金融发展的成功实践，研究提出了很多创新性的融资工具和激励约束机制，以更好地满足绿色产业发展多层次、多元化的投融资需求，如设立绿色发展基金、通过央行再贷款支持绿色金融发展、发展碳交易市场和碳金融产品
国务院	2016年，《"十三五"控制温室气体排放工作方案》	要出台综合配套政策，更好地发挥中国清洁发展机制基金作用，积极运用政府和社会资本合作模式及绿色债券等手段，完善气候投融资机制
银监会	2015年，《能效信贷指引》	衡量信贷投放对企业能源效率的效果
中国人民银行	2015年，《绿色金融债券公告》	在银行间债券市场推出绿色金融债券，建立绿色金融债券发行核准绿色通道，允许发行人在资金闲置期间投资于信用高、流动性好的货币市场工具及非金融企业发行的绿色债券
国家发改委	2015年，《绿色债券发行指引》	明确现阶段"绿色债券"的12个重点支持领域，企业申请发行绿色债券可适当调整审核准入条件
上交所、深交所	2016年，《关于开展绿色公司债券试点的通知》	绿色公司债券设立了专门的申报受理及审核绿色通道，并对绿色公司债券进行了统一标识
保监会	2015年，《关于保险业履行社会责任的指导意见》	引导保险企业树立社会责任理念，并把保险企业履行社会责任情况与保险机构服务评价体系等监管工作结合起来
证监会	2017年，《关于支持绿色债券发展的指导意见》	绿色公司债券募集资金必须投向绿色产业项目，严禁名实不符，证监会应建立审核绿色通道，适用"即报即审"政策，提升绿色公司债券发行的便利性
银行间市场交易商协会	2017年，《非金融企业绿色债务融资工具业务指引》	明确了绿色债务融资工具的资金用途、遴选机制、专户管理、信息披露等

(三) 市场实践方面：绿色金融的市场实践向纵深发展

1. 绿色信贷

绿色信贷是我国绿色金融发展的主导形式。2013—2015 年，21 家主要银行业金融机构的绿色信贷余额从 5.2 万亿元增加到 8.08 万亿元。截至 2016 年 6 月末，绿色信贷余额已达到 7.26 万亿元，占各项贷款的 9%；其中，不良贷款余额 226.25 亿元，不良率为 0.41%，低于同期各项贷款不良率 1.35 个百分点。

2. 绿色债券

2016 年我国绿色金融市场实践最突出的特点就是绿色债券市场的异军突起。根据气候债券倡议组织（CBI）和中央国债登记结算有限责任公司联合编制的《中国绿色债券市场现状报告 2016》，在 2016 年全球绿色债券发行规模达到了 810 亿美元（约合人民币 5590 亿元），这在很大程度上是受到中国发行人的推动。中国发行人发行的绿色债券在 2016 年迅速增长，从几乎为零增长到 2380 亿元（约 362 亿美元），占全球发行规模的 39%。它们中的大部分债券在境内市场发行，少部分在离岸市场发行。绿色债券类型十分丰富，出现了绿色资产支持债券（ABS）和绿色担保债券等新品种。

3. 绿色保险

我国的绿色保险主要是指环境污染责任保险。近年来，环境污染责任保险的试点范围和领域不断扩大。截至 2016 年年中，几乎全国所有省份都开展了试点，试点涉及重金属、石化、危险化学品、危险废物处置、电力、医药、印染等多个领域。广东、南京等省市在全国率先试行将环境污染责任保险由自愿变为强制。例如，2015 年 7 月起实施的新《广东省环境保护条例》规定"在重点区域、重点行业依法实行强制性环境污染责任保险"。2007 年至 2015 年三季度，全国投保环境污染责任保险的企业累计超过 4.5 万家次，保险公司提供的风险保障金累计超过 1000 亿元。2015 年，我国环境污染责任保险签单数量 1.4 万单，同比增长 5.27%；签单保费 2.8 亿元人民币，同比增长 14%；提供风险保障 244.21 亿元，同比增长 7.52%。

2017 年，环境污染责任保险的推广有了新的进展。当年 5 月，保监会发布实施《化学原料及化学制品制造业责任保险风险评估指引》，对化学原料及化学制造企业的环境污染风险从政策、经营、管理等方面进行量化分析，以便为保险公司承保前风险评估制定参考标准。这是保险业首个环保责任保险金融行业标准。6 月，环境保护部和保监会联合研究制定了《环境污染强制责任保险管理办法（征求意见稿）》，对"从事环境高风险生产经营活动的企业事业单位或其他生产经营者"强制投保环境污染责任保险及其相关事项做出了规定。

在绿色投资业务方面，保险业也日趋活跃。根据中国保险资产管理业协会数据统计，截至 2016 年，保险机构通过发起设立债权投资计划、股权投资计划、资产支持计划等投资计划 651 项（不含组合类产品），合计注册（备案）金额 16 524.9 亿元。在这一过程中，保险资金坚持责任投资和绿色投资，以多种方式和途径参与到绿色金融的进程中。项目涵盖了清洁交通、清洁能源、资源节约与循环利用、污染防治等多个领域。截至 2016 年，保险资金实体项目投资中涉及绿色产业债权投资计划规模达 5258 亿元，投资规模占比达到 39%。

4. 其他实践

一是地方实践。从 2016 年开始，国务院开始制定并批准跨区域的城市群规划，例如长三角城市群、珠三角湾区城市群等，这些城市群在规划设计时，均明确提出资源集约节约利用、实现绿色低碳发展的目标。许多地方政府都出台了专门文件，意图通过构建绿色化的金融组织体系、加快绿色金融产品和服务方式创新、拓宽绿色产业融资渠道、推进绿色金融要素交易市场建设等综合手段，推动本地绿色金融市场的发展。

二是绿色指数。上海证券交易所和中证指数有限公司于 2015 年 10 月正式发布上证 180 碳效率指数，用于高效地识别资源利用效率高的低碳行业和股票，帮助被动式的机构投资者进行绿色投资。截至 2016 年年中，我国绿色股票指数共有19个，分为可持续发展指数、环保产业指数、绿色环境指数三类，占全部指数的约2%。相应地，根据绿色指数进行产品开发的活动日益活跃。截至2016年7月中旬，国内基金管理机构已推出环保、低碳、新能源、清洁能源、可持续为主题的基金近百只，规模近980亿元。

三是个人碳账户。2016年8月27日蚂蚁金服宣布为旗下支付宝平台的4.5亿用户全面上线"碳账户"。碳账户是一种创新的碳金融工具，是支付宝三大账户（资金账户、信用账户、碳账户）之一。该账户目前主要用于记录人们的低碳绿色足迹，未来还可能变成碳资产的交易账户，实现碳资产买卖、投资。

四是碳排放市场。近年来我国已经在7省市开展了碳排放权交易试点，积极探索建立符合中国国情的碳排放交易体系，截至2016年9月，试点的碳市场配额现货交易累计成交达到了1.2亿吨二氧化碳，累计成交金额超过32亿元。

（四）外部环境方面：绿色金融外部发展环境进一步优化

1. 司法环境

2015年，为配合新《环境保护法》实施，最高人民法院发布《最高人民法院关于审理环境民事公益诉讼案件适用法律若干问题的解释》，对"环境公益诉讼"做出细化规定。2016年1月1日起修订后的《中华人民共和国大气污染防治法》施行，在许多方面进行了修改完善，例如，专章阐述"重污染天气应对"，县级以上地方人民政府应当将重污染天气应对纳入突发事件应急管理体系，要求由设区的市级以上地方政府环境保护主管部门确定重点排污单位名录，并向社会公布。此外，加大了企业处罚力度，取消了罚款"最高不超过50万元"的封顶限额，同时增加"按日计罚"的规定。环保部发布实施"按日连续处罚""查封、扣押""限制生产、停产整治""企业事业单位环境信息公开""环境保护公众参与""突发环境事件应急管理""约谈暂行办法"等部门规章，进一步对环境监督进行规划。

在执行层面，环境违法行为的惩罚力度显著加强。根据原《环境保护法》，企业的违法行为只接受一次处罚；而根据新《环境保护法》，如果企业不改正违法行为，可以按照原处罚金额按日连续处罚，罚款上不封顶。这一规定大幅度提高了企业的环境违法成本，实际执行中效果也已经初显。根据金融指数提供商明晟（MSCI）2016年6月发布的研究：自从2015年1月新的《环境保护法》实施以来，155家样本企业受到环境处罚的金额是前一年的近两倍，罚金总额从2014年的220万元升至420万元，同时对违法企业采取处罚行动的可能性提高了近两倍。

2. 地方政府环境保护主体责任

2015年7月1日，中央全面深化改革领导小组十四次会议审议通过《环境保护督察方案（试行）》，要求全面落实党委、政府环境保护"党政同责""一岗双责"的主体责任。此外，会议还通过了《生态环境监测网络建设方案》《开展领导干部自然资源资产离任审计试点方案》《党政领导干部生态环境损害责任追究办法（试行）》等文件，强化了地方政府对环境保护的主体责任。2016年1月4日，被称为"环保钦差"的中央环保督察组正式亮相启动，首站选择河北进行督察。督察内容和形式将借鉴中纪委（中央巡视组），拟在未来两年对全国各省（自治区、直辖市）督察一遍。环境督查结果将作为被督察对象领导班子和领导干部考核评价任免的重要依据，在环保绩效与官员仕途间建立稳定联系。2016年9月，中共中央办公厅、国务院办公厅印发了《关于省以下环保机构监测监察执法垂直管理制度改革试点工作的指导意见》，上收生态环境质量监测事权，建立环境监察专员制度，加强环保重点领域基层执法力量。上述措施的目的均在于督促地方政府更主动、更积极地开展环境保护工作。①

---

① 张承惠，谢孟哲. 中国绿色金融：经验、路径与国际借鉴[M]. 北京：中国发展出版社，2017.

二、我国绿色金融的困境

(一) 标准问题

对绿色和非绿色的不同界定直接影响相关政策设计及金融机构和投资者的决策。以近年来蓬勃发展的绿色债券为例,目前有关绿色债券的界定存在很多标准。国际标准包括国际资本市场协会(ICMA)的绿色债券原则(GBP)、气候债券组织(CBI)的气候债券标准、世界银行标准等。国内在这个领域有很大进展,目前已经出台了两个相关标准,一是中国人民银行旗下中国金融学会绿色金融专业委员会(以下简称"绿金委")的《绿色债券支持项目目录(2015年版)》,二是国家发展改革委的《绿色债券发行指引》。

目前存在的最大问题不是标准的有无,而是标准过多需要相互协调。一方面,中外标准之间存在协调问题。例如,发达国家由于污染问题已经基本解决,更关注气候变化风险,他们往往对化石能源采取较为极端的态度,将对化石能源的所有投资均定义为"非绿色";相比之下,我国更关注环境污染问题,只要能够节约化石能源的使用量而降低单位能耗,其投资都属于"绿色"。另一方面,国内标准之间也存在协调问题。央行主导下的绿金委标准共有6大类(一级分类)和31小类(二级分类);国家发展改革委标准则涵盖12大项,相对更为宽泛。两个标准在口径方面有差异,而且缺少互相的认可,额外增加了发行、交易成本。

(二) 财政补贴问题

通过适当的补贴政策,有助于培育和激励绿色金融市场的发展。不过整体看来,我国绿色市场的补贴效率不高,存在企业骗取补贴的行为。2016年9月,财政部发布通报,包括苏州金龙在内的5家问题企业,一共骗取了10.1亿元的新能源汽车补助。这一骗补案件推高了舆论对产业政策和补贴效率的争论,可能对未来绿色金融的补贴政策产生影响。如何看待补贴政策、如何实施补贴政策是个非常复杂的问题,还需要进一步加强研究。不过可以肯定的是,补贴绝对不是给钱就可以一走了之的事情,而是涉及一系列综合事项,包括:由谁以及如何来确定接受补贴的资格;如何对补贴发放后的绩效进行追踪复核;如何在实际操作中确定明确的、严格的标准,堵住可能的漏洞;如何根据情况灵活调整;等等。

(三) 外部发展环境问题

尽管环境违法行为处罚力度相比以往显著加大,但还不足以产生足够的威慑和激励效果,环责险的投保意愿仍然偏低。例如在江西省,从2013年12月至2015年年底,试点两年,只有57%的投保企业购买了环责险,投保到期后少有企业主动续保。在环保部督查方面,力度仍然有限,且掣肘颇多。例如,区域督查中心的督查工作职责大部分与地方环保部门执法检查职责重叠,事权层级划分不清,存在"多头执法、重复检查"现象;督查发现环境违法问题,督查中心只有检查、调查和建议权,缺乏相应的制约手段;国家环保督察职责尚未完全执行到位,等等。

(四) 相关基础设施建设问题

在信息搜集和共享机制建设方面,仍有省市尚未将环境违法信息充分纳入中国人民银行企业信用信息基础数据库,进入银征信系统,作为银行审批贷款的必备条件之一。在绿色债券的第三方评估或认证机构方面,存在机构不足、能力偏弱问题。目前,国外的专业认证机构有7家,而我国目前尚没有独立专门从事绿色认证的第三方机构,主要由评级机构、第三方咨询公司、会计师事务所等担当绿色评估工作,评级的专业性和质量有待提高,评级行为的规范性也有待加强。

第三节 我国绿色金融发展的经验和教训

我国在绿色金融的政策体系和市场实践方面不断探索，在取得积极进展的同时，也在根据时代发展潮流以及宏观社会经济形势不断进行着自我调整和完善，在这一过程中，出现了很多值得总结和汲取的经验、教训。总结我国绿色金融发展的经验和教训，不仅能够推动我国沿着可持续发展之路更稳健地迈进，而且能够为其他国家（特别是新兴市场国家）提供宝贵借鉴。

（一）战略和战术上都应高度重视绿色金融的发展

正确的行动来自正确的理念。对于许多以经济发展为第一要义而全民绿色环保理念又普遍有待加强的新兴市场国家而言，将绿色可持续发展定为国策，并自上而下地强力推动，无疑是迈向正确发展道路的重要一步。在这一方面，我国可谓既有经验也有教训。

我国的经验是，将经济社会的绿色可持续发展上升为国家战略，予以前所未有的重视，不仅赋予了绿色金融发展广阔的空间，更为其提供了前所未有的机遇。

早在"六五"计划期间（1981—1985年），国家环境保护计划作为独立的篇章开始尝试纳入国民经济和社会发展规划中。其后，环境保护规划在科学性和可操作性方面都有一定进展。随着可持续发展战略逐步被认知和接受，自"九五"规划开始（1996年），环境保护规划目标在国民经济和社会发展规划中开始单列，但直到"十五"规划，总体上仍然是以污染防治为主。自2006年开始的"十一五"，第一次由国务院印发专门的《国家环境保护"十一五"规划》（以往国务院批复的形式较多），规划发布层次的提升，表明其已经摆脱了部门规划的色彩，开始纳入国家层面。2012年，中共十八大将生态文明建设上升到"五位一体"建设总体布局,强调将生态文明建设摆到更加突出的位置,融入经济建设、政治建设、文化建设、社会建设各方面和全过程。2014年4月,最新修订的《中华人民共和国环境保护法》出台,增加了保护环境是国家的基本国策。这些现象表明,绿色可持续发展已经成为我国的国家战略之一。

在地方政府层面,近年来对绿色可持续发展的重视程度也大幅提升。一个例证就是,许多省份都单独出台了支持生态文明建设的文件,其中绿色金融是重要的内容;有的省份干脆联合监管部门针对绿色金融而专门发文。例如,2013年9月,江西省出台了《关于加快发展节能环保产业发展的二十条政策措施》,明确指出将对节能环保产业加大财税、金融政策的支持。2014年2月,中国人民银行呼和浩特中心支行、自治区发改委、环保厅、金融办、银监局、证监局和保监局7个部门联合印发《金融支持内蒙古生态文明建设指导意见》,指出应充分发挥金融在生态文明建设中的杠杆作用和资源配置功能,并进一步细化为发展绿色信贷,支持节能减排和淘汰落后产能,发展"绿色保险",支持生态建设和环境保护;严禁对产能过剩行业违规建设项目提供任何形式的新增授信和直接融资;积极开展森林、草原保险试点,探索建立对森林及草原火灾、洪涝、病虫害等自然灾害的保险补偿机制,提高森林、草原的防灾减灾能力;对列入国家、省级循环经济发展综合管理部门批准的循环经济示范试点园区(示范基地)、企业给予包括信用贷款在内的多元化信贷支持等。

另一方面,我国的教训是,绿色可持续发展这一国家战略尚未在金融政策的制定和实施过程中得到充分有效的落实,换句话说,绿色金融发展的战略和战术尚未有效衔接。

在我国,金融支持实体经济发展的过程中存在两大薄弱环节:农村金融和中小企业融资,并由此成为政策的关键着力点。不论是货币政策、财税政策,还是信贷政策、资本市场发展政策,都对农村金融和中小企业融资倾斜有加。相比之下,绿色金融却没有被提到同样的重视高度，享受的政策支持也相对有限。表 6-3 列示了农村金融、中小企业融资和绿色金融的政策支持对比，不难看出，我国的绿色金融政策体系还有很大的扩展空间。

表 6-3　农村金融、中小企业融资和绿色金融的政策支持对比

实施主体	农村金融、中小企业融资	绿色金融
中国人民银行	有专门针对农村金融机构、小型城商行等发放的支农再贷款、支小再贷款；对"三农"和小微企业贷款达到一定比例的商业银行定向下调准备金率	无类似再贷款，也不在定向准备金下调范围内
银监会	与农户和小微企业贷款有关的相关贷款不计入存贷比考核指标	存贷比调整中没有涵盖绿色金融
资本市场	允许商业银行发行"三农"专项金融债、小微企业专项金融债	无类似专项绿色金融债
保险市场	高度重视农业保险的发展，并出台了专门的农业保险条例	无专门的绿色保险条例
财政部	对"三农"和小微金融业务提供相关的补贴，包括金融机构业务经营补贴、农业保险保费补贴等，并有相应的税收优惠	经营绿色金融的金融机构及其相关业务很少直接享受财税激励政策

（二）必须在政府意愿（利益）和市场意愿（利益）之间寻求共同点

绿色金融涉及政府和市场等多个主体，政府包括中央政府及相关职能部门、各级地方政府、金融监管（"一行三会"），市场包括金融机构（银行、保险公司、证券公司、PE/VC 机构等）、投资者（机构投资者和个人投资者）、融资者（绿色企业或项目）、其他利益相关者等。即使绿色可持续发展已经成为人类共识，已上升为国家战略，现实中出于不同的利益考量，一段时期内这些主体在行为上也可能表现出相当大的偏差或背离。这意味着，良好的政策设计可能无法充分落实，或者产生扭曲的后果，或者进展缓慢。从这个角度看，协调好政府利益和市场利益至关重要。

我国在这方面有一定的正面经验，主要表现为，在政策框架搭建和实施时对协调各方利益这一因素有所考虑。比如，许多绿色金融及其配套政策都是以地方试点的形式展开，鼓励地方在一定框架内进行创新性探索，旨在调动地方的积极性，协调中央和地方的利益。又比如，一些省份的人民银行对旗下商业银行绿色信贷实施效果进行综合量化评定定级，并根据评分结果予以通报表扬或批评，旨在引导商业银行沿着监管机构的思路进行"合意贷款"。

不过，我国在协调各方利益方面更多表现出的是负面的教训。由于考核机制不完善、政策体系仍有待健全等因素，政府意愿和市场意愿、政府利益和市场利益之间存在很大偏差和背离，直接导致绿色金融市场的发展滞后于预期发展。这突出表现在以下两个方面：

一是中央政府意愿和地方政府意愿的偏差。有些地方政府以GDP增长为最高目标，急于发展地区经济。在这种情况下，环保目标自然退居二线。结果是，尽管中央部门出台的绿色信贷政策严格限制"两高一资"贷款，绿色证券制度规定高污染行业申请IPO时必须进行环保核查，但地方政府往往通过给金融机构施加压力或者给环保部门施加压力等手段规避这些规定，使得环保没有达标的项目仍然如愿获得融资支持。

通过表6-4环境保护部和各省环境部门2010—2012年出具的环保核查意见对比一定程度上可以看出这些偏差。没有通过环保核查的企业只是少数，而且主要集中在有环境保护部审核的部分；各省环保部门的环保核查意见都是通过的，没有否决。

表6-4 2010—2012年环境保护部门出具的环保核查意见统计表

年份	核查单位	申请核查公司数量	通过核查数量	未通过核查数量	暂停核查数量	终止核查数量	待核查或补充材料数量	不予受理数量
2010-2012	环境保护部	176	145	2	3	2	23	1
2011	各省级环境部门	95	95	0	0	0	0	0
2012	各省级环境部门	87	87	0	0	0	0	0

出现中央意愿和地方意愿偏差的重要原因在于政府官员的考核机制。整体来看，我国很长一段时间以来对地区及领导干部的考核指标主要侧重于经济增长、招商引资等内容，环境绩效考核流于形式，力度和刚性不强。环境绩效考核在我国更多的只是一种理念，虽然有些地方进行了探索，但一来真正实践的地区有限，二来即使将环境因素纳入党政干部政绩考核体系中，其所占比重也偏低，尚不能发挥重要作用。不过，这一状况有望改变。根据十八届三中全会发布的《中共中央关于全面深化改革若干重大问题的决定》，在加强生态文明制度建设部分，提出了"探索编制自然资源资产负债表，对领导干部实行自然资源资产离任审计，建立生态环境损害责任终身追究制"这样的表述，显示出中央政府强化领导干部环境绩效考核力度的决心。

二是政府意愿和市场意愿之间的偏差。尽管金融监管部门大力推动绿色金融制度，绿色金融市场也获得了初步发展，但多源于行政性的强力推动，而非来自市场的主动行为。在绿色信贷方面，一方面许多"两高一资"企业因高利润、高回报等特点对很多商业银行仍然颇具吸引力；另一方面，大量以中小企业为主的节能环保企业，由于缺乏抵押品或担保机制而无法获得贷款。结果是，"两高一资"项目贷款虽然总体上降低了，但是占比依然偏高，特别是中小商业银行在"两高一资"项目和企业上的投资还是比较多；商业银行在节能环保产品方面的总体开发动力不足。在绿色保险方面，虽然2013年以来绝大部分省份都启动了环境污染责任保险试点，但实际的业务发展并不是很理想。

影响政府意愿和市场意愿偏离的一个重要因素在于，企业环保违法违规行为的成本偏低，从而降低了对绿色金融的有效需求，使得金融机构研发和经营绿色金融业务的动力不足。随着新《环境保护法》的实施，这种情况有望改变。根据原《环境保护法》，企业的违法行为只接受一次处罚；而根据新《环境保护法》，如果企业不改正违法行为，可以按照原处罚金额按日连续处罚，罚款上不封顶。这一规定显然将大幅度提高企业的环境违法成本。

(三) 应该对绿色金融的内涵和外延进行清楚的定义

什么是绿色金融？金融机构如何认定某一类企业或项目能否予以贷款或必须投保环责险？符合什么样的标准就应该被纳入绿色金融政策框架所覆盖的范围？监管机构如何统计绿色金融业务发展情况并与以往年度进行对比？发展绿色金融不可避免地会遇到这类问题。由此可见，清楚定义绿色金融的内涵和外延非常关键。

在定义方面，我国做出了很多积极尝试。例如，尽管 2012 年银监会《绿色信贷指引》没有对绿色信贷进行定义，但 2013 年的《绿色信贷统计制度》纳入统计的绿色信贷包括 12 类，即绿色农业开发项目、绿色林业开发项目、工业节能节水环保项目、自然保护/生态修复及灾害防控项目、资源循环利用项目、垃圾处理及污染防治项目、可再生能源及清洁能源项目（包括太阳能、风电、生物质能、水力发电、其他以及智能电网项目）、农村及城市水项目、建筑节能及绿色建筑项目、绿色交通运输项目、节能环保服务项目、采用国际惯例或国际标准的境外项目，并依次给出了定义。此外，银监会还要求对这些绿色信贷项目形成的年节能减排能力进行统计，包括标准煤、二氧化碳减排当量、化学需氧量、氨氮、二氧化硫、氮氧化物、节水 7 项指标。

不过，我国目前所做的还远远不够，至今缺乏完整、统一、明确的绿色金融概念框架以及详细定义，并由此导致了实践中存在很多问题。可以说，某种程度上正是现实中存在的诸多问题提示我国获得了这一宝贵经验，即对绿色金融进行清楚定义是多么重要。

1. 对绿色金融的狭隘理解，可能限制政策支持体系以及市场实践的发展

突出表现在保险领域。在国外，绿色保险通常是指与环境风险管理有关的各种保险计划，其实质是将保险作为一种可持续发展的工具，以应对与环境有关的一些问题，包括气候变化、污染和环境破坏。相比之下，现阶段我国对绿色保险的定义要狭窄得多，通常指一类特定的险

种，即"环境污染责任保险"，还没有把气候变化这一长期的环境风险纳入绿色保险范畴内。考虑到作为发展中的大国，理应把有限的资源和拓展重心放在最为迫切同时又相对容易入手的议题，发展初期对绿色保险的这种狭窄认知是完全可以理解的。然而，如果一直保持这种认识，无疑将大大限制绿色保险的拓展。比如，目前我国不论在监管政策上还是保险公司实践中，对电动汽车和燃油汽车投保无任何区别，条款、费率、价格等方面都不能反映出对绿色能源汽车的支持导向。显然，这与"车险和绿色保险基本无关"的狭隘思路有非常密切的关系。实际上，保险机制在环境风险管理领域应用广泛，远远超出环境污染损害责任赔偿这一范畴。

2. 多个类似的概念框架关系不清，容易使人无所适从

在实践中，我国还有一些与绿色金融类似的概念框架：

（1）非"两高一剩"行业。这是政策文件中经常出现的名词，其中，"两高"行业指高污染、高能耗的资源性行业；"一剩"行业即产能过剩行业。与之类似的还有"两高一资"，即高污染、高耗能和资源性。

（2）战略新兴产业。这是2010年9月《国务院关于加快培育和发展战略性新兴产业的决定》中提出的概念。根据这一决定，从我国国情和科技、产业基础出发，现阶段选择节能环保、新一代信息技术、生物、高端装备制造、新能源、新材料和新能源汽车7个产业作为战略新兴产业，在重点领域集中力量，加快推进，采取扶持政策加以支持。

（3）低碳经济。这是指在可持续发展理念指导下，通过技术创新、制度创新、产业转型、新能源开发等多种手段，尽可能地减少煤炭、石油等高碳能源消耗，减少温室气体排放，达到经济社会发展与生态环境保护双赢的一种经济发展形态。2010年8月，国家发展改革委确定在5省8市开展低碳产业建设试点工作。

上述概念之间是什么关系？是否均属于绿色经济从而应该被纳入绿色金融的服务范畴？是否有遗漏？对上述问题还需要深入研究才能解

答。不过有一点可以肯定，上述定义都十分笼统，过于简单，因而用处不大。以国家发展改革委披露的一组数据进行分析，自 2000 年以来，截至 2013 年 11 月底，经国家发展改革委批准，企业债券累计发行 32 044 亿元。从企业债券资金投向结构看，9470 亿元投向铁路、公路、港口、机场等交通项目，4786 亿元投向水电、火电、太阳能、风能、煤矿等能源项目，4685 亿元投向市政基础设施项目，3987 亿元投向保障房及棚户区改造项目，2464 亿元投向工业领域传统产业升级改造和并购重组项目，1030 亿元投向水务项目，840 亿元投向江河湖泊治理项目，639 亿元投向产业园区基础设施项目，513 亿元投向城市轨道交通项目，其他投向还包括农业、旅游等国家政策支持领域的项目建设。在这些债券中，哪些可以归类为绿色债券？哪些属于战略新兴产业？是否有些债券有"两高一资"行业之嫌而得到了不应该的支持？从统计数据本身不难看出，国家发展改革委并没有"绿色债券"的统计意识，而上述提到的几个定义也都不足以直接引用来回答上述问题。

3. 概念缺乏细则规定，使得实践中缺乏指导

一是概念之间可能存在冲突。例如，节能环保自然属于绿色金融应该支持的范畴。然而，光伏产业一般被视为典型的绿色经济代表，但其生产过程，特别是发展初期技术不太成熟时，往往会造成高耗能、高污染。这种情况下是否应该继续予以支持？此外，本来属于高污染、高能耗的行业，由于采取了必要的技术和手段，在生产、运输、储存等环节将环境污染降到最低程度、能源节约到最大程度，那么这些企业是否予以信贷支持？

二是不同金融机构执行不同的标准，导致数据缺乏可比性。目前，各商业银行出于对"绿色信贷"内涵、外延的不同理解，采取了不同的信贷政策执行标准。如中国工商银行在行业信贷政策中归纳提炼了 90 条绿色信贷标准和 125 条国家产业政策标准，并将其全部纳入行业（绿色）信贷政策，作为全行必领严格执行的信贷标准；国家开发银行的评审管理手册中，针对"两高一资"行业的信贷准入、退出政策和

评审条件等做出明确规定，并出台了一系列节能环保行业政策；中国建设银行制定了《落实银监会绿色信贷指引工作方案》，确定绿色信贷发展战略，并在信贷政策与结构调整政策中，将节能环保产业和战略性新兴产业列为优先支持行业。在不同的标准下，不仅数据统计受到影响，甚至可能影响具体业务的开展。有些项目在这家银行贷不到款，在另外一家却贷得到。

（四）应建立有效的多部门协调和合作机制

绿色金融既是生态保护问题，也是金融改革问题，是一项涉及多个主管部门的系统工程，因此建立多部门协作机制的重要性不言而喻。我国在这方面同样既有经验又有教训。

我国的经验是，很早就意识到部门协作的重要性，因此在制度搭建之初就对此有所涉及，主要表现在两个方面：

一是部门联合发布政策文件。2007年之前，已发布一些相关的政策文件，不过都是由部门单独发布（如中国人民银行或者环境保护部）。直到2007年以后，金融监管部门和环保部门加强合作，联合发文，绿色金融制度才得以正式建立。例如，早在1995年，中国人民银行就颁布了绿色信贷的相关文件，但影响不大。2007年6月中国人民银行又单独发布《关于改进和加强节能环保领域金融服务工作的指导意见》，这一文件的影响力显然不如稍后7月由中国人民银行、环境保护部、银监会三部门联合发布的《关于落实环境保护政策法规防范信贷风险的意见》。因为后一个文件中，环境保护部、银监会的加盟进一步强化了文件的权威性，特别是银监会的加入为监督商业银行落实环境政策提供了组织条件。

另一个例子是在绿色证券方面。早在2003年国家环保总局出台了《关于对申请上市的企业和申请再融资的上市企业进行环境保护核查的通知》，自此开展了重污染上市公司的环保核查工作；2007年国家环保总局办公厅文件《关于进一步规范重污染行业生产经营公司申请上市或再融资环境保护核查工作的通知》。但直到 2008 年 1 月，证监会发布《关于重污染行业生产经营公司 IPO 申请申报文件的通知》，对相关问题进行回应，上市公司环保核查制度才有了实质进展。

类似地，绿色保险的两个关键性文件也是由环境保护部联合保监会共同发布的，这些都是部门合作的具体体现。

二是制度设计时就强调了有关部门间环境监管和信息沟通的问题。2007 年在绿色信贷的文件中，明确要求环保和金融部门要加强相互沟通和协调配合，建立信息沟通机制。环保部门要按照职责权限和《环境信息公开办法（试行）》的规定，向金融部门提供 8 个方面的环境信息，主要是环保部门执法过程中形成的信息，以作为银行信贷管理的直接依据或重要参考。此外，文件还要求环保部门和金融部门及有关商业银行可根据需要建立联席会议制度，确定本单位内责任部门和联络员，定期召开协商会议，沟通情况。经过 6 年多的建设，环保部门和银行业监管机构的合作不断加强，企业环境信息共享机制初步建立并不断完善，报送的信息从企业违法信息扩大到环评、"三同时"验收、强制性清洁生产审核等类型。

由于制度细节不完善等原因，目前我国绿色金融中的部门协作仍存在很大问题，并由此导致了协作沟通不足、措施落实不力等问题，制约了绿色金融的发展。信息的缺失或不完整可能直接影响金融机构的判断，从而使得一些环境风险很高的企业仍然可能得到贷款，仍然能够获得 IPO 资格。

具体说来，我国在绿色金融的部门协作方面有以下几方面的教训值得汲取：

一是政策设计中的信息共享机制并未完全得到落实。目前虽然在中央层面和部分省级层面已经建立起了环保部门与金融监管部门之间的信息沟通机制，但仍有很多省市尚未建立。北京市直到 2013 年 8 月才出台相关规定，将企业环境违法信息纳入中国人民银行企业信用信息基础数据库，进入银行征信系统，作为银行审批贷款的必备条件之一。进一步来说，即使有些地区建立了信息沟通机制，在具体执行时也没能全面、及时地进行信息交流。

二是信息共享机制是单向流动的。目前的政策文件仅要求环保部门向金融监管机构提供企业环境违法信息，而没有要求金融监管机构向环保部门共享污染企业的信贷等信息，即信息流动是单向的，环保部门并不了解相关企业在银行的融资信息。这种信息单向流动既不利于环保部门加强监督职能，也影响部门之间的互信，从而妨碍长效合作机制的建立。

三是缺乏来自外部的有效监督。绿色金融的部门协作，不仅仅是内部事宜，而具有外部溢出效应，涉及环境安全和公众利益，因此需要外部机制对这种协作进行监督，或者至少有一种外部机制评估协作的效果。然而，目前我国缺乏这一机制，普通公众对污染企业的相关融资信息毫无知情权，即使这一企业的环境违法行为已经严重威胁到普通公众的生命健康安全。

（五）配套政策必须充分

我国在这方面的经验是，把绿色金融作为环境经济政策的有机组成部分进行整体规划设计。根据"十二五"规划，环境经济政策体系涵盖10个领域、33项具体任务，除了绿色金融的相关内容外，还包括财政政策、税收政策、环境价格政策、环保收费制度、绿色贸易政策、生态补偿机制、环境保护综合名录和污染损害鉴定评估等内容，这些实际上构成了绿色金融发展所依托的内外部环境，既有激励约束机制，也有金融基础设施。这表明，我国充分认识到，绿色金融的发展不完全是金融监管部门或者金融市场的事，金融以外的因素同样重要。

与此同时，我国在绿色金融配套政策方面存在很多问题，构成了以下几个方面宝贵的教训：

一是配套机制发展得较晚，还没能对绿色金融的发展产生足够积极的作用。2007年绿色信贷制度基本建立，但企业信用风险评价制度直到2014年3月1日才正式实施；还有许多配套制度的建设虽然已经启动，但多只限于地方的零星试点，影响有限。例如，包括环境资源产品定价机制、收费机制等内容的环境损害成本的合理负担机制尚未形成，使得市场主体加大环保投资、防控环境风险的内在动力不足，进而影响了绿色信贷、环境污染责任保险、绿色证券等环境经济政策的有效实施。

二是针对金融机构经营绿色金融业务所实施的财税激励政策不充分、不到位。目前的财税政策主要针对节能环保企业或项目展开，但对支持这类企业或项目发展的金融机构及其业务却缺乏相应的配套激励政策。例如，在绿色信贷方面缺乏财政贴息、税收减免、税前计提拨备、坏账自主核销等优惠政策，在绿色保险方面缺乏中央财政的保费补贴，等等。

三是一些配套机制的建设尚未引起足够的重视。如专业的人才发展战略等。绿色金融是专业性、技术性较强的工作，需要同时掌握环保技术和金融业务等方面的复合型知识。目前我国金融机构在这类复合型人才的建设、引进、培育等方面还缺乏专门规划，相关工作尚未启动。

（六）必须发展均衡的绿色金融市场服务体系

均衡的绿色金融市场服务体系有其深刻的内涵，包括：①融资渠道的均衡，即绿色经济的融资不仅仅依赖银行间接融资，还包括直接融资市场。事实上，对于很多节能环保项目而言，传统的银行信贷并不是适合融资的方式，而更适宜采用股票、债券、PE/VC、融资租赁等其他方式。②投资者的均衡，即投资者结构不会被某一类群体所主导，从而形成很高的集中度风险。③服务的均衡。既有银行、保险公司等资金提供者，也有提供其他市场服务的中介机构，比如独立的环境损害鉴定和评估机构、环境风险评估机构、数据服务公司等。此外，还有有效保护消费者利益的监管机构。④功能的均衡，即有丰富的金融产品满足各类绿色金融投资者、融资者及环境风险管理者的需求。

第六章 我国绿色金融发展的经验与教训

我国在发展绿色金融市场方面有一些经验，比如目前绿色金融政策就涵盖了绿色信贷、绿色保险和绿色证券等多方面内容，显示了均衡发展的愿望。然而仔细分析就会发现，我国的绿色金融市场主要由银行信贷主导，相关政策支持体系也更偏向绿色信贷；绿色保险和绿色证券市场则尚未完全启动，政策支持体系也比较薄弱。这与我国现阶段以银行为主导的金融体系特征相一致。

简而言之，现阶段我国在发展均衡的绿色金融市场服务体系方面的教训远远多于经验，主要表现为以下几个方面。

1. 融资渠道不均衡

银行长期扮演着企业融资主渠道的角色。近年来，随着非银行金融机构的发展以及资本市场的兴起，银行贷款占比虽然有所下降，但仍占据主导地位。2016年，全社会融资规模达到17.80万亿元，其中，人民币贷款占69.9%，外币贷款占3.2%，委托贷款占12.3%，信托贷款占4.8%，未贴现的银行承兑汇票占11.0%，企业债券占16.9%，非金融企业境内股票融资占7.0%。考虑到在债券市场、信托市场、融资租赁市场等领域银行直接或间接控制着资金汇集、承销、交易等关键环节，发挥着极其重要的作用，我国由银行主导金融体系的格局并没有发生根本性变化。

相比之下，直接融资市场和非银行金融机构尽管发展很快，但总体实力仍然偏弱。2016年末保险业总资产为15.12万亿元，而同期银行业总资产为232.25万亿元，保险业资产只有银行业资产的6.51%。

2. 投资者结构不均衡

一是机构投资者实力较弱，占比较低。在国外发达市场，重要的机构投资者，例如大学捐助基金会、慈善基金会，在我国基本不存在，或者刚刚起步，还没有发展到运用专业管理团队进行投资运作的阶段。现有的机构投资者以所谓契约性储蓄机构为代表，实力较弱。2016年年末，保险业总资产为15.12万亿元，全国社会保障基金总资产为2.04万亿元，企业年金基金累积规模为11 074.62亿元。契约性储蓄机构资产合计只有18.27万亿元，占当年GDP的比重为24.55%，远远低于发达国家平均水平。

由于机构投资者规模小、实力弱，在金融市场的参与度相对较小。以股票市场为例，投资交易仍以中小散户为主。截至2013年年底，A股市场以公募基金、保险机构、QFII为代表的三类专业机构投资者合计持有的A股市值为2.58万亿元，仅占两市总市值的10.87%。

在组合投资方面，近年来外资开放力度有所加大。截至2016年12月末，共有407家境外机构获准进入银行间债券市场，包括：58家境外央行类机构（包括境外央行、国际金融机构和主权财富基金）、112家境外商业银行、28家非银行类金融机构、204家金融机构产品类投资者、5家其他类型机构投资者。

2016年年末，QFII和RQFII两者合并后的总批准额度约为1600亿美元。在市值高达7.3万亿美元的A股中，国外资金的比例还不足3%。

3. 产品和服务不均衡

在产品方面，以传统的信贷业务为主。尽管近年来有一些创新，开发了诸如绿色融资租赁、碳金融产品和清洁发展机制应收账款保理融资等新型产品，但多属于零星的探索，并没有成为市场主流。绿色信贷资产证券化等业务也没有发展起来，绿色保险、绿色证券领域同样存在类似问题。

在服务方面，环境风险评估、损失鉴定等专业的绿色金融服务机构十分缺乏。

4. 市场机制没有充分发挥作用

我国金融市场上，政府在所有者、监管者、行业促进者三个方面仍然扮演着重要的角色，有时角色职能相互冲突，有时相互重合，从而使金融市场产生扭曲。这种扭曲也反映在绿色金融市场上，使得市场机制没有充分发挥作用，而更多的是政府推动和主导。主要表现为：

（1）商业性金融机构和政策性金融机构的职能和业务边界需进一

步厘清；

(2) 股票和债券市场都存在不必要的行政审批制；

(3) 资本市场信息披露不足，透明度不高；

(4) 企业的公司治理机制有待进一步完善；

(5) 金融监管框架有待进一步完善；

(6) 金融衍生品市场发育不够；

(7) 投资者保护制度存在缺陷。

第七章　我国绿色金融发展的长效机制

第一节　新时代发展绿色金融的重大意义

党的十九大报告给出了中国特色社会主义进入了新时代新的历史方位。我国经济发展也进入了新时代，基本特征就是我国经济已由高速增长阶段转向高质量发展阶段。新时代，要实现经济高质量发展需要建设现代化经济体系。在资源环境与经济发展矛盾日益凸显的今天，过去以资源消耗和高环境成本为代价的粗放型发展模式难以为继。随着我国经济全面步入"新常态"，发展绿色经济成为破解当前资源环境瓶颈制约的必然选择，也是推动我国经济结构转型升级、加快新旧动能转换、实现可持续发展的内在需求。这其中，绿色金融作为绿色经济发展的核心和利器，是推动绿色经济发展不可或缺的金融制度安排，是落实"五大任务"和确保"传统产业绿色转型"以及培育"新兴战略产业"的支撑力量，也是从金融层面推进供给侧结构性改革，促进金融服务实体经济的内在要求。

（一）发展绿色金融是全球共识和大势所趋

工业革命以来，全球经济高速增长的同时，资源消耗、环境污染和生态恶化等问题日益严峻，人类的生存环境面临着极大的威胁和挑战。为应对这一问题，1987年，世界环境与发展委员会提出了"可持续发展"的概念，倡导在经济发展的同时注重生态环境的保护，这一理念已成为世界各国的共识。在可持续发展理念影响下，《联合国气候变化框架公约》《京都议定书》等一系列关于绿色环保、可持续发展的国际性文件陆续出台，全球绿色发展的实践不断深化。绿色经济是绿色发展的基础，绿色金融是绿色经济的核心。绿色金融具有引导市场资源配置的强大功能，是推动绿色经济发展的"源头活水"和动力所在。绿色金融代表了未来金融发展的新趋势和新方向，是金融领域的一场创新和变革，在环境问题全球化的今天，发展绿色金融是全球共识和大势所趋。

（二）发展绿色金融是国家顶层设计和战略部署

党的十八大提出，大力推进生态文明建设，把生态文明建设融入经济、政治、文化、社会全过程，努力建设美丽中国，着力促进绿色发展、循环发展、低碳发展。党的十九大再次指出，要加快生态文明体制改革，建设美丽中国。绿色发展和美丽中国的建设离不开绿色金融的支持和驱动。近年来，国家关于绿色金融的一系列政策文件的出台将发展绿色金融提升到国家发展战略的新高度。2015年9月，中共中央、国务院发布《生态文明体制改革总体方案》，首次明确了建立中国绿色金融体系的顶层设计。2015年11月，《中共中央关于制定国民经济和社会发展第十三个五年规划的建议》提出了"创新、协调、绿色、开放、共享"五大发展理念，建议"发展绿色金融，设立绿色发展基金"。[1] 2016年3月，全国人大通过的《中华人民共和国国民经济和社会发展第十三个五年规划纲要》明确提出要"建立绿色金融体系，发展绿色信贷、绿色债券，设立绿色发展基金"，构建绿色金融体系已经上升为我国的国家战略。2016年8月，中国人民银行等七部委联合出台了《关于构建绿色金融体系的指导意见》，进一步提出了支持和鼓励绿色金融发展的系列措施，构建多层面的绿色金融体系成为各方共识。2016年9月，G20杭州峰会上，在中国等国家的提议和积极倡导下，绿色金融被首次纳入G20峰会议题并被写入G20公报中，为全球范围内传播绿色金融理念、推动绿色金融实践起到了积极的促进作用。2017年10月，习近平总书记在党的十九大报告中指出，要推进绿色发展：加快建立绿色生产和消费的法律制度和政策导向，建立健全绿色低碳循环发展的经济体系；构建市场导向的绿色技术创新体系，发展绿色金融。

---

[1] 刘宏海，魏红刚. 绿色金融：问题和建议——以京津冀协同发展为案例[J]. 银行家，2016（12）.

(三) 发展绿色金融是实现绿色增长和绿色治理双轮驱动的强力引擎

绿色发展需要绿色增长和绿色治理并驾齐驱、双轮驱动,其中绿色增长是对经济增量形成的绿色要求,绿色治理是对经济存量绿色优化的必要选择。① 绿色发展过程中,无论是绿色增长还是绿色治理,都离不开绿色金融的支持和驱动。现阶段,要实现我国经济绿色化转型需要大量资金支持,据多项研究测算,我国"十三五"期间的绿色产业投资需求至少需要2万亿元以上,但政府财政出资只能满足10%~15%的需求,② 其余大量的绿色投资只能依赖社会资本。因此,在抑制对污染性行业投资,吸引撬动更多社会资金配置到绿色产业方面,绿色金融的职责和使命重大。绿色金融作为绿色经济的催化剂,是支撑绿色经济发展的核心力量,其发展的深度和广度关系到绿色增长;尤其在当前经济新常态时期,需要强化绿色金融的资源配置功能,不断提高绿色金融服务绿色经济的效率,推动经济的绿色化转型,最终实现经济的绿色增长。

不仅绿色增长,绿色治理同样离不开绿色金融的支持和推动。相关研究表明,我国的环境污染很大程度上与高污染的产业结构、能源结构和交通结构有关。产业结构方面,我国工业总产值约占 GDP 比重的 40%,其中重工业占 GDP 比重则高达 30%,③ 在全球主要经济体国家中占比最高,而重工业单位产出导致的空气污染是服务业的9倍。能源结构方面,我国常规煤炭占总能源消耗的比重为67%,清洁能源仅为13%,与发达国家相比,清洁能源占比很低,而同等条件下,常规煤炭造成的空气污染相当于清洁能源的10倍以上。交通结构方面,国内城市居民的出行方式选择上,公路出行占比高达93%,地铁出行仅为7%,与发达国家地铁出行70%的占比相差甚远,而给定同样的运输

---

① 俞岚. 绿色金融发展与创新研究 [J]. 经济问题,2016 (1).
② 马骏. 中国绿色金融的发展与前景 [J]. 经济社会体制比较,2016 (6).
③ 马骏. 论构建中国绿色金融体系 [J]. 金融论坛,2015 (5).

量，私家车出行所导致的空气污染为地铁的 10 倍以上。① 据有关部门测算，近年来，环境污染折算成本约占 GDP 比重的 3%，照此蔓延趋势，到 2020 年我国因环境污染导致的损失可能上升至 GDP 的 13%。② 面对如此严峻复杂的环境形势，仅靠末端绿色治理措施远远不够，需要通过财税、金融等政策工具改变资源配置的激励机制，让包括产业结构、能源结构、交通结构等在内的经济结构变得更加清洁和绿色。在众多资源配置中，金融资源配置的激励作用尤为重要，只要实现了金融资源由污染性行业向绿色产业的转移，其他生产要素资源的配置将随之优化。

（四）发展绿色金融是推动供给侧结构性改革的中坚力量

我国经济发展既存在周期性、总量性问题，又有结构性问题，但归根结底结构性问题最为突出。在当前供需结构矛盾中，矛盾也主要集中在供给侧。因此，供给侧结构性改革的主攻方向是扩大有效供给，同时减少无效供给，增强供给侧对需求侧的适应性和灵活性，以提高全要素的生产率。③ 从目标角度分析，绿色金融和供给侧结构性改革实质相通。绿色金融是以环境保护、可持续发展为出发点，强调引导资金流向资源节约和环境友好型产业，推动经济结构调整和发展方式转变，促进传统产业绿色化转型升级，加速市场对重污染落后产能的淘汰。同时，绿色金融通过加强对节能环保、清洁能源、低碳经济等绿色产业优化资源配置，提高了金融市场中要素和产品的供给质量和供给效率，使得绿色产业成为新的经济增长点，缓解了当前我国不断加大的经济下行压力，有力地推动了我国的供给侧结构性改革。

---

① 马骏. 中国绿色金融发展的十个领域 [J]. 武汉金融, 2017 (1).
② 国务院发展研究中心"绿化中国金融体系"课题组. 发展中国绿色金融的逻辑与框架 [J]. 金融论坛, 2016 (2).
③ 赵华林. 让绿色金融成为推动供给侧改革的新动能 [J]. 中国环境管理, 2016 (6).

(五) 发展绿色金融是加快新旧动能转换的重要抓手

当前，我国正处于经济"新常态"由"新"向"常"的转变过程，经济运行表现出以下特征：增长速度由高速向中高速转换是经济新常态的基本规律，经济结构由失衡向优化再平衡转换是经济新常态的基本特征，经济增长动力由要素和投资驱动向创新驱动转换是经济新常态的基本内涵。从产业结构看，我国虽然在2013年实现了三次产业结构从"二三一"向"三二一"的历史性转变，并且第三产业占比呈逐年增加之势，但多年来传统产业占工业比重、重工业占传统产业比重仍然居高不下，经济发展多年来积累的结构性问题错综复杂、根深蒂固。在此特殊背景下，2017年以来，国家启动了新旧动能转换工程，力求在转方式调结构、加快新旧动能转换、促进经济转型升级提质增效上有所突破。在新旧动能转换工程实施中，绿色金融可以通过积极发挥资金杠杆和资源配置作用，去除过剩产能，淘汰落后产能，并通过有效绿色投资，引导错配资源重置，以此来加快绿色产业等新兴产业的发展，帮助传统产业绿色改造升级，促进经济的良性循环和可持续发展。另外，绿色金融还可以通过"补资金短板"和发挥信息优势等手段，助力形成区域规模经济、范围经济、集聚经济等，对新动能的快速传导和全面提升具有积极的推动效应。总之，发展绿色金融可以培育激发我国经济发展的新动能，对实现"转方式、调结构、增效益"发挥重大作用。[①]

[①] 王波. 经济新常态背景下潍坊市产融结合发展规划研究 [M]. 北京：中国社会科学出版社，2018.

第二节 我国绿色金融发展的现实障碍

（一）发展现状梳理

1. 基于政府主导的绿色金融政策框架体系初步形成

从 1995 年中国人民银行发布《关于贯彻信贷政策与加强环境保护工作有关问题的通知》，到 2016 年中国人民银行等七部委联合发布《关于构建绿色金融体系的指导意见》。二十余年间，国家共出台财税、金融、价格、生态补偿等方面的环境经济政策多达 500 余项，政府运用经济杠杆推动环境保护的意识和力度不断增强。"一行三会"等金融监管部门也从政策上明确了金融绿色化的发展方向，并与国家有关部委、环保部门等联合搭建起发展绿色金融的政策框架体系，出台了一系列指导意见，为绿色金融的发展营造了良好的政策环境。

2. 绿色金融的市场参与主体和产品种类逐渐多元化

在国家相关政策指引和推动下，国内金融机构积极开展绿色金融业务。基于我国以银行业为主导的金融结构体系，商业银行在绿色金融领域的发展突飞猛进。以兴业银行为例，其作为我国第一家"赤道银行"，是国内最早开展绿色金融业务的金融机构之一。兴业银行成立了专门的环境金融部，把绿色金融作为该行的优势品牌和核心业务去经营打造并重点推进。截至 2016 年年底，兴业银行累计为近 1 万家企业客户提供绿色金融融资超过 1 万亿元，绿色融资余额超过 4900 亿元。[①] 除银行业金融机构外，证券公司、保险公司等非银行金融机构也积极涉足绿色金融业务，不断创新绿色金融产品和服务。随着绿色金融市场参与主体的不断扩大，绿色信贷、绿色债券、绿色保险、绿色基金、碳金融

---

① 钱立华. 绿色金融国际合作实践 [J]. 中国金融，2017（4）.

等绿色金融产品种类逐渐丰富，我国绿色金融的发展呈现出参与主体的多元化和业务产品的多样化。

3. 绿色信贷日益成熟，绿色债券发展迅猛，绿色保险等增长潜力巨大

绿色信贷在我国发展多年，政策指引和评价体系均已趋于成熟，我国也成为全球有正式绿色信贷统计的仅有的三个国家之一。截至2016年上半年，国内21家商业银行的绿色信贷余额达7.26万亿元，约占各项贷款的9%，但同期绿色投资项目的不良贷款余额为226.25亿元，不良率仅为0.41%，低于同期各项贷款不良率1.35个百分点。绿色信贷为我国绿色、循环、低碳经济的发展提供了强大的资金支持，是我国经济结构调整和产业结构转型升级的强力引擎和重要支撑。

绿色债券方面，从2015年年底中国人民银行发布公告启动中国绿色债券市场，到2016年年初我国境内首批绿色债券成功发行，绿色债券市场短时间内在我国实现了从制度框架到产品发行的实质性突破。2016年以来，我国绿色债券市场势如破竹，发展迅猛，发行债券项目涵盖节能、污染防治、清洁能源、清洁交通、资源节约与循环利用、生态环保和适应气候变化共计6大类31小类，发行量呈现爆发式增长，约占全球总发行量的一半，也让我国跃升成为世界上最大的绿色债券市场。

绿色保险方面，我国的绿色保险通常指的是环境污染责任保险（以下简称"环责险"），是以企业造成的污染事故对第三者的损害依法应承担的赔偿和治理责任为标的。我国早在2007年就曾推行环责险试点，但因缺乏法律层面支持，赔付率较低，企业投保积极性不高，发展较为缓慢。2013年，环保部联合保监会开始选择部分省市进行强制性环责险试点，虽然投保量上升明显，但总的体量依旧太小。截至2016年，我国环责险保费收入才勉强突破亿元关口，与当前国内超过3万亿元的保费市场规模不相匹配，更与美国环责险动辄40亿美元的年保费收入相差甚远。

与此同时，绿色基金、绿色股票、碳金融等业务近年来迅速崛起，成为绿色金融领域的新生力量。但由于起步较晚，制度建设滞后，发展经验欠缺，我国新兴绿色金融业务市场发育尚不成熟。以碳金融为例，我国作为全球最大的碳排放资源国，供应全球市场大约 1/3 的碳减排量。尽管随着全球碳交易市场的兴起，我国碳金融业务也随之展开，并且已经推出了碳基金、碳债券、碳配额抵押贷款、碳配额回购融资等业务，但业务水平和创新程度明显不够，跟日趋成熟的国际碳金融市场差距较大，未来具有广阔的发展潜力和上升空间。

(二) 现实障碍剖析

近年来，我国绿色金融的发展虽有了长足进步，发展的框架体系基本建立，市场参与主体逐渐扩大，产品和服务创新不断深化，但就整体而言，我国绿色金融仍处于发展的初级阶段，存在政府、市场及社会层面的一系列问题。

1. 政府方面

（1）法律政策体系不完善，约束激励机制不健全。

目前，我国绿色金融领域尚未真正建立国家层面的法律法规体系，已经出台的文件大都停留在部门规章层面，且因立法层次偏低缺乏约束力和执行力，唯一立法的环责险也仅是鼓励性劝诱而非强制性规定，这无疑加大了金融机构开展绿色金融业务的法律风险。同时，由于缺乏有针对性、可操作性的标准和规范，导致市场主体责任指向不明，各监管机构权责不清，政策执行力度、问题追责力度以及市场监管效果都大打折扣。另外，由于政府的财税政策跟进不及时、落实不到位，对开展绿色金融业务的企业和金融机构难以形成有效的激励机制，导致其开展绿色金融业务的积极性不高，绿色金融市场的活力难以有效激发。

（2）信用体系建设滞后，信息沟通机制不畅。

我国信用体系建设相对滞后，目前征信系统中涉及的企业环保信息太少，导致金融机构难以通过现行征信系统充分获取企业环保信息，大大影响了绿色信贷政策的实施。另外,绿色金融涉及的行政部门较多,既包括产业管理部门,又包括环境保护部门、金融监管部门等,各部门之间尚未建立起有效的跨部门协调和信息共享机制,导致信息披露不及时、不完整,公布的金融数据和环保数据缺乏权威性、统一性,这在很大程度上制约了绿色金融业务的开展。

(3) 利益各方博弈失衡,内生增长动力不足。

我国绿色金融近年来的发展并非源自地方政府的协同配合和市场主体的主动行为,而是主要依赖中央政府的行政力量强行推动。加之部分参与主体只热衷追求眼前的短期利益,缺乏对绿色发展理念的长远认识,使得绿色金融发展过程中各利益方博弈激烈。一方面是中央政府和地方政府间的利益博弈。一些地方政府急于发展当地经济,"唯GDP论"思想根深蒂固,致使其在大力宣传绿色发展理念、积极推动绿色产业发展的同时,为追求当地经济发展速度,仍然默许一些税收和就业贡献大的污染企业的环境破坏行为。由此,政府虽在绿色发展实践中取得一定成绩,但对既有污染企业疏于管理又使得绿色发展效果大打折扣。[①] 另一方面是政府和市场的利益博弈。基于绿色产业普遍存在前期投入大、投资周期长、风险高、收益不确定的缺陷,加之金融资本与生俱来的逐利和风险厌恶本性,绿色产业即便由政府部门依靠行政力量强力推进,也不如利润高、回报快的"两高一资"企业对金融机构更具吸引力。这也造成了金融机构开发绿色金融产品和开展绿色金融业务的内生增长动力不足。

2. 市场方面

(1) 金融机构"绿化率"偏低,中介服务体系发展滞后。

基于绿色金融业务投资大、周期长、风险高的缺陷和预期收益的不确定性,金融机构发展绿色金融业务明显动力不足。国际金融市场上,

---

① 安同信,侯效敏,杨杨. 中国绿色金融发展的理论内涵与实现路径研究[J]. 东岳论丛,2017 (6).

赤道原则作为一套旨在判断、评估和管理项目中环境与社会风险的风险管理工具，被誉为"可持续金融领域的黄金标准"，自推出以来被众多国际知名银行所采纳，目前全球共有84家采纳该标准的赤道银行，而我国大陆只有兴业银行唯一一家，这与我国世界第二的经济体量不相匹配，也从客观上反映了我国金融机构的绿化程度不高。另外，由于绿色产业属于高度依赖资金和技术的资本技术密集型产业，这就要求为其提供服务的绿色金融机构不仅要有过硬的绿色金融业务能力，也需要具备较高的技术识别和风险评估能力，同时还需要第三方认证机构、信用评级机构、资产评估机构、环境风险评估机构等专业性中介服务机构的协同和配合。然而，目前我国的绿色中介服务体系尚未真正建立起来，现有的中介机构难以满足日益增长的绿色金融业务需求。

（2）绿色金融产品创新不足，市场暗藏"洗绿风险"。

现阶段，我国绿色金融主要以绿色信贷、绿色债券两种融资方式为主，其他产品创新不足，发展相对滞后。以绿色保险为例，由于险种单一、覆盖面窄，加之经营主体专业性不强，使得产品吸引力不够，市场推广受阻。其他诸如绿色基金、绿色股票、碳金融等虽有较快发展，但目前就其体量规模和创新能力来看，与国外发达国家相比差距较大。另外，由于信息不对称以及缺乏有效的绿色金融识别机制，绿色金融市场上改头换面、非法套利的伪绿色金融屡见不鲜。伪绿色金融的存在不但增加了投资者对绿色资产的"搜索成本"，也导致绿色金融市场陷入"绿色信用危机"，面临"洗绿风险"，甚至产生劣币驱逐良币的效应。[1]

3. 社会方面

（1）绿色发展观念淡薄，绿色消费行为欠缺。

在我国，政府在传播绿色发展理念、推动绿色金融发展过程中，过多地强调金融经营活动的绿色化，忽视了对实体企业和普通民众的绿色教育和绿色引导。这也直接导致了企业经营活动中绿色发展理念的缺

---

[1] 李建强，赵大伟. 打造绿色金融体系路在何方[J]. 金融理论与实践，2017（2）.

失，使得绿色发展理念难以成为企业的核心价值观，难以成为引导企业绿色生产、绿色经营的准则。另外，由于全社会绿色理念宣传普及程度不够，现阶段，我国公民的环保意识尚且淡薄，全社会绿色消费行为习惯的养成更无从谈起，这也使得我国试图通过绿色消费倒逼企业和金融业绿色转型的构想短期内难以实现。

（2）绿色金融人才匮乏，智力支撑体系亟待构建。

发展绿色金融是一项复杂的系统工程，既需要政府引导，又需要市场运作，同时还需要全社会的积极参与和配合；而要实现全要素的有效整合以及系统工程的正常运转，需要一大批具备绿色金融专业知识的高素质复合型人才输送智慧。然而我国绿色金融起步较晚，前期发展力度较弱，没有提前启动绿色金融专业人才培养工程，这使得在当前绿色金融发展突然提速的背景下，我国绿色金融专业人才缺乏、智力支撑不够的问题充分暴露出来。加之人才培养工程实施、智力支撑体系构建非一朝一夕、一蹴而就之事，绿色金融人才匮乏的局面短期内难有大的改观，这在一定程度上也制约了我国绿色金融的发展。

第三节　我国绿色金融发展的长效机制构建

改革开放40年来，我国经济发展达到了新高度，迎来了新起点，进入了新阶段。在这种新高度、新起点的新阶段，我国经济发展面临的一系列环境、条件等制约因素都与过去有明显区别，尤其在我国经济已经全面步入增速放缓的新常态的大背景下，基于已经出现的变化和未来的发展趋势判断，我国经济新常态将表现出以下特征：增长速度由高速向中高速转换是经济新常态的基本规律，经济结构由失衡向优化再平衡转换是经济新常态的基本特征，经济增长动力由要素和投资驱动向创新驱动转换是经济新常态的基本内涵。

新常态背景下，综合分析我国绿色金融发展存在的问题发现，制约

第七章 我国绿色金融发展的长效机制

我国绿色金融发展的最大瓶颈是机制问题。目前在我国，发展绿色金融既不能过多依赖政府行政力量的强制推动，也不能完全依靠市场机制的自发调节，更无法寄厚望于社会力量的自觉参与。实现绿色金融健康发展，需要我们厘清并平衡好政府、市场和社会三者的关系，既要借助政府这只"看得见的手"完善政策激励机制，有效引导金融资本投向绿色产业；又要利用市场这只"看不见的手"引入市场化机制，构建多层次、多元化的绿色金融市场；同时还要发动全社会力量广泛参与，让社会参与成为政府引导和市场运作之外的有力补充。基于政府、市场、社会在绿色金融发展中角色定位及功能作用的不同，本文构建了"政府引导、市场运作、社会参与"的绿色金融发展的长效机制，并细化了具体的对策建议。

（一）政府引导方面

1. 加强顶层设计，健全法律法规和财税扶持体系

一是要以党的十九大提出的"加快生态文明体制改革，建设美丽中国"总体要求和习近平新时代中国特色社会主义思想为指导，秉承可持续发展的理念，遵循绿色金融发展的客观规律，[①] 立足我国国情，借鉴国外经验，从国家战略高度加强发展绿色金融的顶层设计和统筹规划。二是要建立健全绿色金融法律法规体系，在已有的《中华人民共和国商业银行法》《中华人民共和国证券法》《中华人民共和国保险法》等相关金融业法律中嵌入"绿色"元素，强化金融机构的环保意识、法律意识，明确环境破坏者的法律责任，将企业环境信息纳入金融信用信息基础数据库；同时鼓励地方政府根据当地经济发展、资源环境等实际情况，制定有针对性的、可操作的、适应性强的绿色发展地方法规。三是要健全财税扶持体系，灵活运用财税、金融等政策工具，通过"补贴改

---

① 俞岚. 绿色金融发展与创新研究 [J]. 经济问题, 2016 (1).

股权投资、补贴改融资担保、补贴改风险补偿、补贴改专项奖励、税费减免"等方式创新,引导财政资金用于对绿色金融有效供给的激励上,以确保财政资金使用效率的最大化以及实现社会环境经济效益的最大化。[①]

2. 成立政策性绿色银行和绿色发展基金,建立健全绿色担保机制

一是要学习借鉴国外经验积极筹建政策性绿色银行,通过政府公共资金的注入撬动更多社会资本,形成对绿色产业的政策性金融支持;同时成立国家及地方绿色发展引导基金,通过专业化管理和市场化运作,以"政府领投、社会跟投"的方式盘活社会资本。二是要建立健全绿色担保机制,加强与一般性担保机构合作的同时尽快建立专业化的绿色担保机构;同时建议政府设立绿色项目风险补偿基金,以风险共担的方式来支持绿色担保机构的运作。

3. 完善信息沟通机制,强化监管考核制度

一是要建立金融机构、"一行两会"等金融监管机构、环保部门、财税部门、中介机构等部门间的信息互通机制和长效联动机制,实现金融信息和企业环保信息在不同部门之间的传递畅通和资源共享,通过信息交流反馈和及时沟通,加强各部门之间的业务协同,形成绿色金融发展的驱动合力。二是要加强对绿色金融参与企业和金融机构的监管考核,对上市公司和发债企业要实行环境信息强制披露制度,同时要求金融机构定期进行环境风险压力测试,根据测试后发布的可持续发展报告实施环境风险和信用风险的综合评估,进而参照考评结果实行差别化的存款准备金率和再贷款、再贴现政策,倒逼金融机构和企业绿色化转型。

4. 建立绿色发展业绩评价机制,加快地方绿色金融发展步伐

一是要建立绿色发展业绩评价机制,加快绿色 GDP 核算体系的构

[①] 王修华,刘娜. 我国绿色金融可持续发展的长效机制探索 [J]. 理论探索,2016(4).

建和地方自然资源资产负债表的编制,将"环境表现"列为地方政府业绩评价的重要指标,并不断加大约束性环境指标在地方政府绩效考核中的权重,促使地方政府官员牢牢树立"既要金山银山,又要绿水青山"的绿色执政观和绿色发展观。二是要充分调动地方政府和地方金融机构开展绿色金融的积极性,给予必要的政策指导和财政支持,加大绿色金融地方试点的力度,扩大绿色金融的覆盖范围,尽快创造一批可复制、可推广的地方绿色金融发展经验。

(二) 市场运作方面

1. 提高金融机构绿化程度,加快培育中介服务机构

一是要鼓励我国更多的金融机构加入"赤道银行"俱乐部,成立专门的绿色金融事业部,按照"赤道原则"调整和规范业务,从组织结构、流程设计、能力建设、信息披露等方面提升开展绿色金融业务的能力和专业化水平。二是要在鼓励现有中介服务机构践行绿色金融理念的同时加快培育和发展绿色信用评级机构、绿色金融产品认证机构、环境风险评估机构等专业性中介服务机构,为绿色金融的发展提供更多技术支持。

2. 加大绿色金融产品创新,完善绿色金融市场体系

一是要通过创新抵押担保模式的方法推动绿色信贷产品的创新,不断完善商业银行的绿色信贷机制,鼓励商业银行积极开展绿色汽车贷款、绿色住房贷款等环境友好型绿色信贷业务。二是要大力发展绿色债券、绿色股票、绿色基金、碳金融等绿色资本市场,鼓励绿色企业利用主板、新三板等多层次股权市场进行直接融资,支持有条件的金融机构、企业发行绿色集合债、绿色项目收益债等多债种绿色债券,不断加大碳交易和碳金融市场的发展力度。三是要着力推广强制性环境污染责任保险制度,尽快建立以环责险为主体、多类创新险种并存的绿色保险体系。四是要适当降低绿色金融领域的准入门槛,鼓励非银行性金融机构以及其他非金融机构积极参与绿色金融的发展,不断扩大绿色金融市

场的参与主体，加快绿色金融产品和服务的创新步伐，构建平衡发展的绿色金融市场体系。

3. 积极引入国际准则，加强国际交流与合作

一是要鼓励我国金融机构与国际接轨，积极引入国际绿色金融领域的一系列原则和标准，如责任投资原则、金融机构能源效率声明、赤道原则等，通过国际准则和国际经验的引入，尽快提升我国在绿色金融领域的业务能力和风险管理水平。二是要积极利用"一带一路"战略、上海合作组织、中国—东盟等区域合作机制推动绿色金融的区域性国际合作，同时充分利用双边和多边合作机制，引导国际资金投资我国绿色金融资产，加快我国金融机构的对外绿色投资步伐，[①] 推动绿色金融全球化发展的同时积极传播绿色金融领域的中国声音。

（三）社会参与方面

1. 加强绿色发展理念的宣传教育，引导公民的绿色消费行为

一是要举全社会之力宣传绿色环保、可持续发展理念，把环保和可持续发展等绿色教育融入义务教育大纲，真正做到绿色教育"从娃娃抓起"；同时要强化对政府、金融机构、企业和公民的绿色理念灌输，引导政府树立绿色政绩观，金融机构树立绿色金融观，企业树立绿色生产观，公民树立绿色消费观，形成全社会践行绿色发展理念的良好氛围。二是要重视对消费者进行绿色环保和绿色消费理念的培养，通过绿色消费意识的强化去引导他们的绿色消费行为，进而实现利用改变消费者偏好这一因素来影响市场价格，起到倒逼企业从事绿色生产和绿色经营的效果。

2. 启动绿色金融人才培养工程，加快绿色金融专业人才队伍建设

一是要尽快启动绿色金融人才培养工程，在对现有金融从业人员进行绿色金融专业知识培训和教育的同时，鼓励金融机构与高校合作办

---

① 刘钰俊. 绿色金融发展现状、需关注问题及建议 [J]. 金融与经济, 2017 (1).

学，开设绿色金融相关专业，强化绿色金融的基础性教育，为发展绿色金融培养和储备专业人才。二是要加强绿色金融领域人才的国际交流与合作，建议采用"出国学习"与"外援引入"并行的方法尽快填补我国绿色金融专业人才缺口，打造一支适应当今绿色金融发展需求的复合型专业化人才队伍。

3. 引入绿色金融社会评估机制，鼓励地方成立绿色金融专业委员会

一是要积极借鉴国际经验，引入绿色金融社会评估机制，由金融、环保领域知名专家构成专家组作为相对独立的第三方社会机构，针对绿色金融行业的规则、条例及指引，以及绿色金融项目和投资的筛选框架进行独立审核和评估，提出科学、公正、合理的第二意见，使其成为针对金融市场提供第二意见的一站式窗口。[①] 二是要鼓励地方金融机构、中介结构以及其他行业企业积极成立绿色金融专业委员会，建立起当地金融界和绿色产业界与地区监管部门的沟通机制，使其在推广绿色金融的理念、产品和工具，推动支持性绿色金融政策的形成和落地方面发挥更大作用；同时还可以通过绿色金融专业委员会这一平台组织当地金融机构、绿色企业向监管部门献计献策，推动当地绿色金融的传播和创新。

---

① 樊明太. 建立绿色金融评估机制 [J]. 中国金融，2016（24）.

第八章　本研究的总结与不足

第一节　本研究的总结

党的十九大首次提出建设富强民主文明和谐美丽的社会主义现代化强国的目标，提出现代化是人与自然和谐共生的现代化。习近平总书记在党的十九大报告中指出：要加快生态文明体制改革，建设美丽中国。他强调要推进绿色发展：加快建立绿色生产和消费的法律制度和政策导向，建立健全绿色低碳循环发展的经济体系；构建市场导向的绿色技术创新体系，发展绿色金融。新时代，要贯彻新发展理念，绿色发展作为新发展理念主要内容之一，已经成为习近平新时代中国特色社会主义思想的重要组成部分。

改革开放40年来，我国经济长期快速增长主要依赖于传统产业，"两高一资"行业所占比重较高。这种以资源消耗和高环境成本为代价的粗放型发展模式在加强生态文明建设、追求可持续发展的今天难以为继。随着我国经济步入新常态，发展绿色经济成为破解当前资源环境瓶颈制约的必然选择，也是推动我国经济结构转型升级、加快新旧动能转换、实现可持续发展的内在需求。但课题组调研发现，我国许多地区发展绿色经济遭遇资金短缺的严重困扰，尤其是众多中小企业普遍存在融资难、融资贵的问题。要消除资金缺口，就需要发展绿色金融，调动巨大的银行资金、社会闲散资金和民间资本进入绿色新兴产业，这样既对培育绿色新兴产业具有服务作用，又对传统产业转型升级具有引领作用。另外，绿色金融还可以通过补资金短板和发挥信息优势等手段，助力形成区域规模经济、范围经济、集聚经济等，对新动能的快速传导和全面提升具有积极的推动效应。总之，发展绿色金融可以激发培育我国经济发展的新动能，对从金融层面推进供给侧结构性改革、促进金融服务实体经济以及实现"转方式、调结构、增效益"发挥重大作用。

然而，当前我国绿色金融的发展既面临着负外部性、期限错配、信息不对称、绿色定义缺失和缺乏分析能力等现实障碍,又面临着缺乏清晰和持续的政策信号、方法论和相关数据缺失、金融机构能力不足、投资条款和绩效激励不足等诸多问题,同时还存在着"金融"逐利本质与"绿色"社会责任、理论上"市场驱动"与实践上"政府主导"两大矛盾悖象。这一系列障碍问题涉及政府、市场和社会多个层面,但本质是机制问题。

本课题研究以习近平生态文明思想为指导。首先,对绿色发展和绿色金融的基础理论进行了系统阐释,对绿色信贷、绿色债券、绿色基金、绿色保险、碳金融等绿色金融工具做了详细介绍。其次,结合典型国家或地区的典型企业、典型案例对绿色金融的国际实践进行了梳理,总结了其中的经验和启示,并在此基础上结合我国绿色金融的实践经历,对我国绿色金融发展的现状、困境及经验教训进行了全面的梳理、总结与反思。最后,基于我国绿色金融发展的实践基础和面临的现实障碍,本研究构建了"政府引导、市场运作、社会参与"的绿色金融发展的长效机制。

本研究指出,要实现我国绿色金融的健康发展,需要我们厘清并平衡好政府、市场和社会三者的关系。既要借助政府这只"看得见的手"完善政策激励机制,有效引导金融资本投向绿色产业;又要利用市场这只"看不见的手"引入市场化机制,构建多层次、多元化的绿色金融市场;同时还要发动全社会力量广泛参与,让社会参与成为政府引导和市场运作之外的有力补充。

政府引导层面,要加强顶层设计,健全法律法规和财税扶持体系;要成立政策性绿色银行和绿色发展基金,建立健全绿色担保机制;要完善信息沟通机制,强化监管考核制度;要建立绿色发展业绩评价机制,加快地方绿色金融发展步伐。市场运作层面,要提高金融机构绿化程度,加快培育中介服务机构;要加大绿色金融产品创新,完善绿色金融市场体系;要积极引入国际准则,加强国际交流与合作。社会参与层面,要加强绿色发展理念的宣传教育,引导公民的绿色消费行为;要启动绿色金融人才培养工程,加快绿色金融专业人才队伍建设;要引入绿色金融社会评估机制,鼓励地方成立绿色金融专业委员会。

本研究不仅有利于完善有关绿色金融运行机制方面的研究内容,为破解我国绿色金融的发展困境提供研究方向与实现路径,具有一定的理论意义;同时也可以为我国政府部门制定科学合理的绿色金融支持政策提供决策参考,为相关金融机构创新绿色金融商业模式提供指导借鉴,对推动我国绿色金融和绿色经济的可持续发展具有积极的现实意义。

第二节 本研究的不足

第一,基于我国绿色金融标准体系建设尚处于起步阶段,体系标准的不统一、不完整、缺乏系统性成为本课题研究的最大障碍;而绿色金融标准体系既是绿色金融产品和服务创新的重要技术指引,也是绿色金融综合统计和实施激励约束政策的重要依据,还是维护绿色金融市场规范运行的重要保障,其重要性不言而喻。虽然近年来,有关绿色金融的研究不断涌现,但绿色金融标准体系建设的滞后严重制约了研究的进展与突破。

第二,现阶段我国绿色金融的实践大多局限在北京、上海等一线城市以及浙江、广东等试点省份,可供研究借鉴的地方绿色金融发展的实践样本少之又少。另外,无论是政府层面还是市场层面都缺乏系统、完整、公开的绿色金融相关数据供研究查询,这也给相关研究的深入开展造成了一定程度的影响。

第三,由于时间仓促、专业知识水平有限以及缺乏必要的研究经费,研究过程中对企业实地考察走访有限,研究大多局限在理论层面,缺乏足够的调研数据支撑本研究的深入开展。期待随着各种条件的不断完善,后续对该课题进行更深入的研究。

参考文献

[1] Bert Scholtens, Lammertjan Dam. Banking on the Equator. Are Banks That Adopted the Equator Principles Different from Non – Adopters? [J]. World Development, 2006, 35 (8): 1307 – 1328.

[2] Black J. Intussusception and the Great Smog of London, December 1952 [J]. Archives of Disease in Childhood, ProQuest Education Journals, 2003, 88 (12): 1040 – 1042.

[3] Brennan M J, Schwartz E S. Evaluating Natural Resource Investments [J]. Journal of Business, 1985, 58 (2): 135 – 157.

[4] Bresnahan B W, Dickie M, Gerking S. Averting behavior and urban air pollution [J]. Land Economics, 1997, 73 (3): 340 – 357.

[5] Brundtland G H. World commission on environment and development [J]. Environmental policy and law, 1985, 14 (1): 26 – 30.

[6] Chami R, Cosimano T F, Fullenkamp C. Managing Ethical Risk: How Investing in Ethics Adds Value [J]. Journal of Banking and Finance, 2002, 26 (9): 1697 – 1718.

[7] Chay K Y, Greenstone M. The impact of air pollution on infant mortality: evidence from geographic variation in pollution shocks induced by a recession [J]. The quarterly journal of economics, 2003, 118 (3): 1121 – 1167.

[8] Climent F, Soriano P. Green and Good? The Investment Performance of US Environmental Mutual Funds [J]. Journal of Business Ethics,

2011, 103 (3): 275 - 287.

[9] Coale A J, Hoover E M. Population growth and economic development [M]. Princeton University Press, 2015.

[10] Cortazar G, Schwartz E S. A Compound Option Model of Production and Intermediate Inventories [J]. Journal of Business, 1993, 66 (4): 517 - 540.

[11] Costello C, Gaines S D, Lynham J. Can catch shares prevent fisheries collapse? [J]. Science, 2008, 321 (5896): 1678 - 1681.

[12] Cowan E. Topical Issues in Environmental Finance [J]. Eepsea Special & Technical Paper, 1998 (43).

[13] Cowan E. Topical Issues in Environmental Finance [J]. Eepsea Special & Technical Paper, 1998, 43 (3).

[14] Crocker T D. The Structuring of Atmospheric Pollution Control Systems [J]. Economics of Air Pollution, 1966, 29 (2): 288.

[15] Daly H E. Steady - state economics: with new essays [M]. Island Press, 1991.

[16] Devas H. Green Finance [J]. European Energy and Environmental Law Review, 1994, 3 (8): 220 - 222.

[17] Ehrlich P R, Holdren J P. Impact of population growth [J]. Science, 1971, 171: 1212 - 1217.

[18] Fiala N. Measuring sustainability: Why the ecological footprint is bad economics and bad environmental science [J]. Ecological economics, 2008, 67 (4): 519 - 525.

[19] Galema R, Auke P, Bert S. The Stocks at Stake: Return and Risk in Socially Responsible Investment [J]. Journal of Banking and Finance, 2008, 32 (12): 2646 - 2654.

[20] Grossman G M, Krueger A B. Environmental impacts of a North American free trade agreement [M]. National Bureau of Economic Re-

search, 1991.

[21] Hall B, Kerr M L. 1991 – 1992 green index: a state – by – state guide to the nation's environmental health [M]. Island Press, 1991.

[22] Hoti S, McAleer M. An Empirical Assessment of Country Risk Ratings and Associated Models [J]. Journal of Economic Surveys, 2004, 18 (4): 539 – 588.

[23] Ito K, Thurston G D. Characterization and reconstruction of historical London, England, acidic aerosol concentrations [J]. Environmental health perspectives, 1989, 79: 35.

[24] Jeucken M. Sustainable Finance and Banking [M]. USA: The Earthscan Publication, 2006.

[25] King R G, Levine R. Finance and growth: Schumpeter might be right [J]. The quarterly journal of economics, 1993, 108 (3): 717 – 737.

[26] Marcel Jeucken. Sustainable Finance and Banking: The Financial Sector and the Future of the Planet [M]. The Earthscan Publication Ltd, 2001.

[27] McKenzie, George, Simon. The Impact of Environmental Risk on the UK Banking Sector [J]. Applied Financial Economics, 2004, 14 (14): 1005 – 1016.

[28] Montgomery W D. Markets in licenses and efficient pollution control programs [J]. Journal of Economic Theory, 1972, 5 (3): 395 – 418.

[29] National Research Council, Committee on Population. Population growth and economic development: Policy questions [M]. National Academies Press, 1986.

[30] Olaf Weber, Sven Remer. Social Banks and the Future of Sustainable Finance [M]. Routledge, 2010.

[31] P. Aghion and P. Howitt Endogenous growth theory [M]. MIT press, 1998.

[32] Panayotou T. Demystifying the environmental Kuznets curve: turning a black box into a policy tool [J]. Environment and development economics, 1997, 2 (4): 465–484.

[33] Pearce and Turner. Economics of natural resources and the environment [M]. JHU Press, 1990.

[34] Pfaff A S P, Chaudhuri s, Nye H L M. Household production and environmental Kuznets curves – examining the desirability and feasibility of substitution [J]. Environmental and Resource Economics, 2004, 27 (2): 187–200.

[35] Richardson R B. Building a green economy: Perspectives from ecological economics [M]. Michigan State University Press, 2013.

[36] Romer P M. Endogenous technological change [J]. Journal of political Economy, 1990, 98 (5): S71–S102.

[37] Ronald H C. The Problem of Social Cost [J]. Journal of Law & Economics, 2013, 56 (4): 837–877.

[38] S Kuznets. Economic growth and income inequality [J]. The American economic review, 1955, 45 (1): 1–28.

[39] Salazar J. Environmental finance: Linking two word [J]. Eepsea Special & Technical Paper, 1998 (43).

[40] Salazar J. Environmental finance: Linking two world [M]. 1998.

[41] Schwartz E S, Cortazar G, et al. Evaluating Environmental Investments: A Real Options Approach [J]. Management Science, 1998, 44 (8): 1059–1070.

[42] Selden T M, Song D. Environmental quality and development: is there a Kuznets curve for air pollution emissions? [J]. Journal of Environmental Economics and management, 1994, 27 (2): 147–162.

[43] Shahbaz M, Solarin S A, Mahmood H, et al. Does Financial Development Reduce CO_2 Emissions in Malaysian Economy? A Time Series

Analysis [J]. Economic Modelling, 2013, 35 (5): 145-152.

[44] Sonia, Labatt, White Rodney R. Environmental Finance: A Guide to Environmental Risk Assessment and Financial Product [M]. John Wiley&Sons. Inc, 2002.

[45] Stern D I, Common M S, Barbier E B. Economic growth and environmental degradation: the environmental Kuznets curve and sustainable development [J]. World development, 1996, 24 (7): 1151-1160.

[46] T Panayotou. Empirical tests and policy analysis of environmental degradation at different stages of economic development [M]. International Labour Organization, 1993.

[47] Thomas S, Repetto R, et al. Integrated Environmental and Financial Performance Metrics for Investment Analysis and Portfolio Management [J]. The Authors Journal Compilation, 2007, 15 (3): 421-426.

[48] World Bank. Inclusive Green Growth: The Pathway to Sustainable Development [M]. World Bank Publishing, Washington DC, 2012.

[49] Swiss Re. The insurability of ecological damage [M]. Casualty, 2003.

[50] 阿尼尔·马康德雅 (Anil Markandya), 等. 环境经济学辞典 (英汉双解) [M]. 朱启贵, 译. 上海: 上海财经大学出版社, 2006.

[51] 阿奇·B 卡罗尔 (Archie B Carroll), 安·K 巴克霍尔茨 (Ann K Buchholtz). 企业与社会——伦理与利益相关者管理 [M]. 黄煜平, 译. 5 版. 北京: 机械工业出版社, 2004.

[52] 阿瑟·刘易斯 (W. Arthur Lewis). 经济增长理论 [M]. 周师铭, 沈丙杰, 沈伯根, 译. 北京: 商务印书馆, 1996.

[53] 安德鲁斯·斯皮德. 中国能源治理——低碳经济转型之路 [M]. 张素芳, 王伟, 刘喜梅, 译. 北京: 中国经济出版社, 2015.

[54] 安同信, 侯效敏你, 杨杨. 中国绿色金融发展的理论内涵与实现路径研究 [J]. 东岳论丛, 2017 (6).

[55] 安伟. 绿色金融的内涵、机理和实践初探 [J]. 经济经纬, 2008

(5).

[56] 巴曙松,杨春波,姚舜达.中国绿色金融研究进展述评[J].金融发展研究,2018(6).

[57] 笆笆拉·沃德(Barbara Ward),勒内·杜博斯(Rene Dubos).只有一个地球——对一个小小行星的关怀和维护[M].《国外公害丛书》编委会,译.长春:吉林人民出版社,1997.

[58] 保罗·萨缪尔森(Paul A. Samuelson),威廉·诺德豪斯(William D. Nordhaus).宏观经济学[M].萧琛,樊妮,等译.17版.北京:人民邮电出版社,2004.

[59] 保罗·萨缪尔森,威廉·诺德豪斯.微观经济学[M].萧琛,樊妮,等译.16版.北京:华夏出版社,2002.

[60] 保罗·萨缪尔森,威廉·诺德豪斯.萨缪尔森谈金融、贸易与开放经济[M].萧琛,译.北京:商务印书馆,2012.

[61] 北京师范大学科学发展观与经济可持续发展研究基地,西南财经大学绿色经济与经济可持续发展研究基地,国家统计局中国经济景气监测中心.2015中国绿色发展指数报告——区域比较[M].北京:北京师范大学出版社,2015.

[62] 北美工作组调查报告.绿色金融产品和服务:北美市场目前趋势和未来机遇[R].瑞士:联合国环境规划署金融行动机构,2011.

[63] 蔡芳.环境保护的金融手段研究——以绿色信贷为例:博士研究生论文[D].青岛:中国海洋大学,2008.

[64] 曹爱红.中国经济文库——环境金融[M].北京:中国经济出版社,2012.

[65] 曹和平.绿色金融的两级市场和三重含义[J].环境保护,2015(2).

[66] 查尔斯·哈珀.环境与社会——环境问题中的人文视野[M].肖晨阳,等译.天津:天津人民出版社,1998.

[67] 陈冬梅,段白鸽.环境责任保险风险评估与定价方法研究评述[J].保险研究,2014(1).

[68] 陈光春.绿色金融发展的融资策略探析[J].当代经济,2005.

[69] 陈好孟.基于环境保护的我国绿色信贷制度研究:博士研究生论文[D].青岛:中国海洋大学,2010.

[70] 陈凯.绿色金融政策的变迁分析与对策建议[J].中国特色社会主义研究,2017(5).

[71] 陈雨露,杨栋.世界是部金融史[M].北京:北京出版社,2011.

[72] 大卫·皮尔斯.绿色经济的蓝图3——衡量可持续发展[M].李巍,等译.北京:北京师范大学出版社,1996.

[73] 戴利,等.生态经济学原理和应用[M].金志农,等译.2版.北京:中国人民大学出版社,2014.

[74] 戴相龙,黄达.中华金融辞库[M].北京:中国金融出版社,1998.

[75] 邓常春.环境金融:低碳经济时代的金融创新[J].中国人口·资源与环境,2008(18).

[76] 邓翔.绿色金融研究述评[J].中南财经政法大学学报,2012(6).

[77] 杜莉,等.低碳经济时代的碳金融机制与制度研究[M].北京:中国社会科学出版社,2014.

[78] 杜明明.赤道银行瑞穗实业银行的绿色融资实践[J].经济视角,2012(4).

[79] 樊明太.建立绿色金融评估机制[J].中国金融,2016(24).

[80] 方灏,马中.论环境金融的内涵及外延[J].生态经济,2010(9).

[81] 菲利普·阿吉翁,彼得·霍依特.内生增长理论[M].陶然,译.北京:北京大学出版社,2004.

[82] 冯馨,马树才.中国绿色金融的发展现状、问题及国际经验的启示[J].理论月刊,2017(10).

[83] 傅京燕,原宗琳.商业银行的绿色金融发展路径研究——基于"供给——需求"改革对接的新视角[J].暨南学报:哲学社会科学版,2018(40).

[84] 高建良.绿色金融与金融可持续发展[J].金融理论与教学,1998(4).

[85] 戈德史密斯(Goldsmith R W).金融结构与金融发展[M].周朔,等译.上海:上海三联书店,1990.

[86] 格蕾琴·C 戴利(Gretchen C. Daily),凯瑟琳·埃利森(Katherine Ellison).新生态经济——使环境保护有利可图的探索[M].上海:上海科技教育出版社,2005.

[87] 龚晓莺,陈健.绿色发展视域下绿色金融供给研究[J].福建论坛:人文社会科学版,2018(3).

[88] 郭丽.国外商业银行的企业社会责任及其对我国的借鉴[J].江西财经大学学报,2007(4).

[89] 郭濂.从绿色信贷到赤道原则[J].21世纪经济报道,2014-02-24.

[90] 郭濂.生态文明建设与深化绿色金融实践[M].北京:中国金融出版社,2014.

[91] 国家环境保护总局、中国保险监督管理委员会《关于环境污染责任保险工作的指导意见》,2007年12月.

[92] 国家环境保护总局、中国人民银行、中国银行业监督管理委员会《关于落实环保政策法规防范信贷风险的意见》,环发[2007]108号.

[93] 国家环境保护总局《关于运用信贷政策促进环境保护工作的通知》,环计[1995]105号.

[94] 国务院发展研究中心"绿化中国金融体系"课题组(张承惠、谢

孟哲、田辉、王刚）．发展中国绿色金融的逻辑与框架［J］．金融论坛，2016（21）．

［95］国务院发展研究中心"绿化中国金融体系"课题组．发展中国绿色金融的逻辑与框架［J］．金融论坛，2016（2）．

［96］赫尔曼·E 戴利．超越增长：可持续发展的经济学［M］．诸大建，胡圣，等译．上海：上海译文出版社，2001．

［97］赫尔曼·E 戴利．超越增长可持续发展的经济学［M］．诸大建，等译．上海：上海译文出版社，2006．

［98］华兵，路璧瑛．不断革新的长跑：赤道原则Ⅲ修订始末［J］．商道智汇，2014（1）．

［99］黄安平．关于交易所绿色公司债发展的几点建议［J］．证券市场导报，2017（3）．

［100］黄达．由讨论金融与金融学引出的"方法论"思考［J］．经济评论，2001（3）．

［101］黄晓军，骆建华，范培培．环境治理市场化问题研究［J］．环境保护，2017（45）．

［102］霍尔．绿色指数——美国各州环境质量的评价［M］．北京：北京师范大学出版社，2011．

［103］姜再勇，魏长江．政府在绿色金融发展中的作用、方式与效率［J］．兰州大学学报：社会科学版，2017（45）．

［104］蒋华雄，谢双玉．国外绿色投资基金的发展现状及其对中国的启示［J］．兰州商学院学报，2012（5）．

［105］蒋先玲，张庆波．发达国家绿色金融理论与实践综述［J］．中国人口·资源与环境，2017（27）．

［106］杰里米·里夫金，张体伟，孙豫宁．第三次工业革命——新经济模式如何改变世界［M］．北京：中信出版社，2012．

［107］金明植，张雪梅．德国复兴信贷银行的职能演变研究［J］．区域金融研究，2013（5）．

[108] 科尔斯塔德.环境经济学[M].彭超,王秀芳,译.2版.北京:中国人民大学出版社,2016.

[109] 科斯.企业、市场与法律[M].盛洪,陈郁,译.上海:上海人民出版社,2014.

[110] 匡国建.促进节能环保的金融政策和机制研究:国际经验启示[J].南方金融,2008(7).

[111] 拉巴特,怀特.环境金融——环境风险评估与金融产品指南[M].孙冬,译.北京:北京大学出版社,2014.

[112] 蓝虹,刘朝晖.PPP创新模式:PPP环保产业基金[J].环境保护,2015(2).

[113] 蓝虹,任子平.建构以PPP环保产业基金为基础的绿色金融创新体系[J].环境保护,2015(8).

[114] 蓝虹.商业银行环境风险管理[M].北京:中国金融出版社,2012.

[115] 李建强,赵大伟.打造绿色金融体系路在何方[J].金融理论与实践,2017(2).

[116] 李小燕,王林萍,郑海荣.绿色金融及其相关概念的比较[J].科技和产业,2007(7).

[117] 李晓西,夏光.中国绿色金融报告2014[M].北京:中国金融出版社,2014.

[118] 李心印.刍议绿色金融工具创新的必要性和方式[J].辽宁省社会主义学院学报,2006(4).

[119] 李志学,张肖杰,董英宇.中国碳排放权交易市场运行状况、问题和对策研究[J].生态环境学报,2014(11).

[120] 联合国开发计划署.绿色发展必选之路[M].北京:中国财政经济出版社,2002.

[121] 刘春彦,邵律.法律视角下绿色金融体系构建[J].上海经济,2017(2).

[122] 刘宏海，魏红刚．绿色金融：问题和建议——以京津冀协同发展为案例［J］．银行家，2016（12）．

[123] 刘华，郭凯．国外碳金融产品的发展趋势与特点［J］．银行家，2010（9）．

[124] 刘茂伟．英国绿色投资银行运作模式的借鉴及启示［J］．当代金融家，2015（10）．

[125] 刘勇．商业银行环境风险管理的动因思考［J］．商业银行经营与管理，2007（15）．

[126] 刘钰俊．绿色金融发展现状、需关注问题及建议［J］．金融与经济，2017（1）．

[127] 鲁政委，汤维祺．发展绿色债券正当其时［J］．清华金融评论，2016（5）．

[128] 罗杰·拍曼，詹姆斯·麦吉利夫，等．自然资源与环境资源经济学［M］．侯元兆，等译．北京：中国经济出版社，2002．

[129] 绿金委碳金融工作组．中国碳金融市场研究报告［R］．［出版者不详］，2016-09．

[130] 绿色金融工作小组．构建中国绿色金融体系［M］．北京：中国金融出版社，2015．

[131] 马骏，李治国，等．PM2.5的经济分析：减排的经济政策［M］．北京：中国经济出版社，2014．

[132] 马骏．国际绿色金融发展与案例研究［M］．北京：中国金融出版社，2017．

[133] 马骏．论构建中国绿色金融体系［J］．金融论坛，2015（5）．

[134] 马骏．绿色金融政策和在中国的运用［J］．中国金融四十人论坛，2014．

[135] 马骏．中国绿色金融的发展的十个领域［J］．武汉金融，2017（1）．

[136] 马骏．中国绿色金融的发展与前景［J］．经济社会体制比较，

2016（6）．

［137］马骏．中国绿色金融发展与案例研究［M］．北京：中国金融出版社，2016．

［138］马中，周月秋，王文．中国绿色金融发展报告（2017）［M］．北京：中国金融出版社，2018．

［139］迈克尔·格利（Michael Curley）．环境金融准则——支持可再生能源和可持续环境的金融政策［M］．刘倩，王遥，译．大连：东北财经大学出版社，2017．

［140］麦均洪，徐枫．基于联合分析的我国绿色金融影响因素研究［J］．宏观经济研究，2015（5）．

［141］梅多斯（D. H. Meadows），等．增长的极限［M］．于树生，译．北京：商务印书馆，1984．

［142］潘锡泉．绿色金融在中国：现实困境及应对之策［J］．当代经济管理，2017（39）．

［143］气候债券倡议组织、中央国债登记结算有限责任公司．中国绿色债券市场现状报告2016［R］．［出版者不详］，2017．

［144］前瞻产业研究院．2015－2020年中国清洁发展机制（CDM）产业市场前瞻与投资战略规划分析报告［R］．［出版者不详］，2015．

［145］钱立华．绿色金融国际合作实践［J］．中国金融，2017（4）．

［146］乔海曙．中国低碳经济发展与低碳金融机制研究［M］．北京：经济管理出版社，2013．

［147］切斯尼，等．环境金融与投资［M］．莫建雷，范英，译．大连：东北财经大学出版社，2016．

［148］秦凤鸣，徐冬．金融大震——全球金融角逐与金融制度变迁［M］．济南：济南出版社，1999．

［149］任辉．环境保护、可持续发展与绿色金融体系构建［J］．财政金融，2009（10）．

［150］邵汉华，刘耀彬．金融发展与碳排放的非线性关系研究——基于面板平滑转换模型的实证检验［J］．软科学，2017（31）．

［151］沈满洪．排污权交易机制研究［M］．北京：中国环境科学出版社，2009.

［152］盛馥来，诸大建．绿色经济——联合国视野中的理论、方法与案例［M］．北京：中国财政经济出版社，2015.

［153］世界环境与发展委员会．我们共同的未来［M］．长春：吉林人民出版社，1997.

［154］世界银行．国民财富在哪里——绿色财富核算的理论·方法·政策［M］．北京：中国环境科学出版社，2006.

［155］舒尔茨．论人力资本投资［M］．吴珠华，译．北京：北京经济学院出版社，1990.

［156］斯宾格勒．西方的没落［M］．沈阳：万卷出版公司，2015.

［157］汤姆·蒂坦伯格（Tom Tietenberg），琳恩·刘易斯（Lynne Lewis）．环境与自然资源经济学［M］．王晓霞，译．北京：中国人民大学出版社，2016.

［158］唐斌，赵洁，薛成容．国内金融机构接受赤道原则的问题与实施建议［J］．新金融，2009（2）．

［159］唐斌．商业银行应多践行社会责任［J］．银行家，2013（10）．

［160］特里·塔米宁．破解碳密码——实现低碳经济和可持续赢利的5个步骤［M］．张艺，译．北京：新华出版社，2012.

［161］王波．经济新常态背景下潍坊市产融结合发展规划研究［M］．北京：中国社会科学出版社，2018.

［162］王卉彤，陈保启．环境金融：金融创新和循环经济的双赢路行［J］．上海金融，2006（6）．

［163］王卉彤．应对全球气候变化的金融创新［M］．北京：中国财政经济出版社，2008.

［164］王乐祥．浅谈低碳经济与保险［J］．保险职业学院学报，2011

(3).

[165] 蓝虹. 碳金融与业务创新 [M]. 北京：中国金融出版社，2012.

[166] 中创碳投. 欧盟碳市场 2013 年走势分析 [R]. 中创碳投碳讯，2013 - 12 - 31.

[167] 陈志斌. 全球碳交易规模触底反弹 [R]. 中创碳投碳讯，2015 - 08 - 06.

[168] 周旋. 中国碳交易市场引入期货交易的必要性分析 [R]. 中国期货业协会，2014 - 09 - 04.

[169] 王周伟. 国际碳基金经营风险管理的经验与启示 [J]. 金融发展研究，2015（5）.

[170] 胡堃. 浅谈碳金融工具中的碳基金 [J]. 社科纵横，2011（1）.

[171] 蔡博峰，等. 国际碳基金对中国的政策启示 [J]. 环境经济，2013（9）.

[172] 陈胜涛，张开华. 世界银行碳基金组织运作方式及启示 [J]. 国际金融研究，2011（10）.

[173] 嫣德春. 世界银行碳基金运作模式对发展我国政策性碳基金的启示 [J]. 上海金融，2010（6）.

[174] 艾亚. 私募碳基金老大的中国动向 [J]. 国际融资，2008（5）.

[175] 胡婧薇. 英国气候变化资本集团：后京都时代的中国策略 [R]. 21 世纪经济报道，2008 - 01 - 26.

[176] 邓婧. 英国资本集团成"碳融资"大户 [N]. 民营经济报，2007 - 12 - 07.

[177] 邓明君，罗文兵，尹立娟. 国外碳中和理论研究与实践发展述评 [J]. 资源科学，2013（5）.

[178] 公衍照，吴宗杰. 论温室气体减排中的碳补偿 [J]. 山东理工

大学学报：社会科学版，2012（1）．

[179] 国家发展改革委应对气候变化司《清洁发展机制读本》，2008 年 12 月．

[180] 国家气候变化对策协调小组办公室《京都议定书的三机制及其方法学问题》，2003 年 7 月．

[181] 李雪玉．美国加州碳市日成交量破千万吨 燃料供应商入场［J］．21 世纪经济报道，2015 – 02 – 02．

[182] 张平．绿色金融的内涵、作用机理和实践浅析：硕士学位论文［D］．成都：西南财经大学，2013．

[183] 联合国环境规划署《绿色金融产品和服务》，2007—2008 年．

[184] 渣打银行：《行为准则》（Code of Conduct）．

[185] 渣打银行《2014 年可持续发展报告》（Sustainability Summary 2014），2015 年．

[186] 渣打银行：《环境和社会风险评估章程》（Environmental and Social Risk Assessment）．

[187] 王乐祥．浅谈低碳经济与保险［J］．保险职业学院学报，2011（3）．

[188] 王曙光．金融发展理论［M］．北京：中国发展出版社，2010．

[189] 王修华，刘娜．我国绿色金融可持续发展的长效机制探索［J］．理论探索，2016（4）．

[190] 王轩．欧盟〈关于预防和补救环境损害的环境责任指令〉［J］．国际商法论丛，2008（1）．

[191] 王遥．气候金融［M］．北京：中国经济出版社，2013．

[192] 王毅刚．中国碳排放交易体系设计研究［M］．北京：经济管理出版社，2010．

[193] 王宇飞．全国碳市场背景下的碳金融机制研究：硕士学位论文［D］．北京：中国人民大学，2016．

[194] 王宇飞．全国碳市场背景下的碳金融机制研究：硕士学位论文

[D]．北京：中国人民大学，2016．

[195] 王雨本．股份制的秘密［M］．北京：中国审计出版社，1999．

[196] 王玉靖，江航翔．环境风险与绿色金融［J］．天津商学院学报，2006（26）．

[197] 翁智雄，葛察忠，段显明，等．国内外绿色金融产品对比研究［J］．中国人口·资源与环境，2015（25）．

[198] 夏丹．我国社会责任投资基金的发展研究：硕士学位论文［D］．武汉：武汉理工大学，2013．

[199] 爱德华·肖．经济发展中的金融深化［M］．上海：上海人民出版社，2015．

[200] 徐铮．德国复兴信贷银行：组织架构与职能演变［J］．银行家，2014（2）．

[201] 许黎惠．市场导向型环境金融创新研究：博士研究生论文［D］．武汉：武汉理工大学，2013．

[202] 薛体伟．习近平绿色发展观的理论渊源、实践基础及时代背景［C］．山东社科论坛——环境治理供给侧改革与绿色发展研讨会论文集（上），2017-09．

[203] 严金强，杨小勇．以绿色金融推动构建绿色技术创新体系［J］．福建论坛：人文社会科学版，2018（3）．

[204] 阎庆民．构建以"碳金融"为标志的绿色金融服务体系［J］．中国金融，2010（4）．

[205] 杨小苹．金融创新支持节能减排政策的有益探索［J］．中国金融，2008（4）．

[206] 杨星，等．碳金融概论［M］．广州：华南理工大学出版社，2014．

[207] 叶勇飞．"绿色信贷"的"赤道"之旅［J］．环境保护，2008（7）．

[208] 伊恩·莫法特．可持续发展原则、分析和政策［M］．宋国君，

译. 北京: 经济科学出版社, 2002.

[209] 易兰, 等. 碳金融产品开发研究: 国际经验及中国实践 [J]. 人文杂志, 2014 (10).

[210] 尹敬东, 周兵. 碳交易机制与中国碳交易模式建设的思考 [J]. 南京财经大学学报, 2010 (2).

[211] 英国绿色投资银行《绿色投资手册(摘要版)》, 2015 年.

[212] 英国绿色投资银行《绿色投资手册》(Green Investment Handbook), 2015 年.

[213] 英国绿色投资银行《绿色投资政策》(Green Investment Policy), 2014 年.

[214] 英国绿色投资银行《英国国家医疗服务体系能效项目》(A healthy saving: energy efficiency and the NHS), 2014 年.

[215] 英国绿色投资银行《责任投资政策》(Responsible Investment Policy), 2014 年.

[216] 游春, 何方, 尧金仁. 绿色保险制度研究 [M]. 北京: 中国环境科学出版社, 2009.

[217] 游春. 绿色保险制度建设的国际经验及启示 [J]. 海南金融, 2009 (3).

[218] 于东智, 吴羲. 赤道原则: 银行绿色信贷与可持续发展的"白皮书" [J]. 金融管理研究, 2009 (1).

[219] 于晓东. 如何保证政策性银行的政策性取向——德国复兴信贷银行的经验及对我国的启示 [J]. 财经科学, 2015 (9).

[220] 于永达, 郭沛源. 金融业促进可持续发展的实践与研究 [J]. 环境保护, 2003 (12).

[221] 俞岚. 绿色金融发展与创新研究 [J]. 经济问题, 2016 (1).

[222] 袁杜娟, 朱伟国. 碳金融: 法律理论与实践 [M]. 北京: 法律出版社, 2012.

[223] 约瑟夫·熊彼特. 经济发展理论——对于利润、资本、信贷、利

息和经济周期的考察［M］．北京：商务印书馆，2011．

［224］詹小颖．绿色债券发展的国际经验及我国的对策［J］．经济纵横，2016（8）．

［225］詹小颖．我国绿色金融发展的实践与制度创新［J］．宏观经济管理，2018（1）．

［226］张承惠，谢孟哲．中国绿色金融：经验、路径与国际借鉴［M］．北京：中国发展出版社，2015．

［227］张红．论绿色金融政策及其立法路径——兼论作为法理基础的"两型社会"先行先试权［J］．财经理论与实践，2010（2）．

［228］张江雪，宋涛，王溪薇．国外绿色指数相关研究述评［J］．经济学动态，2010（9）．

［229］李晓西，刘一萌，宋涛．人类绿色发展指数的测算［M］．北京：中国社会科学，2014（6）．

［230］巩前文，严耕．"绿色生产"指数构建与测度：2008—2014年［J］．改革，2015（6）．

［231］赵昊东．从国际对比看中国环境污染责任险［N］．中国保险报，2015-03-08．

［232］白江．论德国环境责任保险制度：传统、创新与发展［J］．东方法学，2015（2）．

［233］易兰，等．碳金融产品开发研究：国际经验及中国实践［J］．人文杂志，2014（10）．

［234］刘华，郭凯．国外碳金融产品的发展趋势与特点［J］．银行家，2010（9）．

［235］张小梅．欧盟碳排放交易体系的发展经验与启示［J］．对外经贸实务，2015（12）．

［236］张秀生，李子明．"绿色信贷"执行效率与地方政府行为［J］．经济问题，2009（3）．

［237］赵华林．让绿色金融成为推动供给侧改革的新动能［J］．中国

环境管理，2016（6）.

[238] 赵峥，袁祥飞，于晓龙.绿色发展与绿色金融——理论、政策与案例［M］.北京：经济管理出版社，2017.

[239] 中共中央宣传部.习近平新时代中国特色社会主义思想三十讲［M］.北京：学习出版社，2018.

[240] 中国清洁发展机制基金管理中心，大连商品交易所.碳配额管理与交易［M］.北京：经济科学出版社，2010.

[241] 中国人民银行《关于贯彻信贷政策与加强环境保护工作有关问题的通知》，银发［1995］24号.

[242] 中国人民银行杭州中心支行办公室课题组.绿色金融：国际经验、启示及对策［J］.浙江金融，2011（5）.

[243] 中国银行业监督管理委员会《关于印发〈节能减排授信工作指导意见〉的通知》，银监发［2007］83号.

[244] 中国银行业协会《2015年度中国银行业社会责任报告》，2016年.

[245] 中国银行业协会东方银行业高级管理人员研修院.绿色信贷［M］.北京：中国金融出版社，2014.

[246] 中国银监会《关于印发〈节能减排授信工作指导意见〉的通知》，银监发［2007］83号2007年11月.

[247] 中华人民共和国商务部，中华人民共和国国家统计局，国家外汇管理局.2003年中国对外直接投资统计公报（汉英对照）［M］.北京：中国统计出版社，2014.

[248] 中华人民共和国商务部，中华人民共和国国家统计局，国家外汇管理局.2015年中国对外直接投资统计公报（汉英对照）［M］.北京：中国统计出版社，2016.

[249] 周纪昌.国外金融与环境保护的理论与实践［J］.金融理论与实践，2004（10）.

[250] 朱红伟."绿色信贷"与信贷投资中的环境风险［J］.华北金

融，2008（5）.

[251] 朱家贤. 环境金融法研究［M］. 北京：法律出版社，2009.

[252] 朱文忠. 国外商业银行社会责任的良好表现与借鉴［J］. 国际经贸探索，2006（4）.

[253] 兹维·博迪（Zvi Bodie），罗伯特·C 莫顿（Robert C Merton）. 金融学［M］. 北京：中国人民大学出版社，2000.

后　记

岁月不居，时节如流。2018年的脚步渐渐远去，伴随着新年的第一缕曙光，我推开时光之门，翘首拥抱充满生机与希望的2019年。

2018年，我过得很充实，走得很坚定。这一年，我笔耕不辍，在科研的田野里辛勤劳作，付出的汗水终究结成了累累硕果。4月，20余万字的专著在中国社会科学出版社出版；同时，论文高产，确切来说是前两年的努力在2018年形成了井喷，1月《技术经济与管理研究》，2月《商业经济研究》，4月《中国金融》《经济纵横》，6月《金融发展研究》，8月《技术经济与管理研究》《银行家》，10月《中国审计》，在中间没有成果问世的几个月竟感觉内心多少有些空落。除了著作和论文的大丰收，我在课题立项方面也算小有斩获，先后获得了山东省社科规划项目、山东省高校科研计划项目、教育部产学合作协同育人项目等多项课题的立项。基于2018年收获的"新粮"，加上2017年贮藏的"陈粮"，2018年收官前日，我正式步入了副教授行列，算是为2018年划上了一个圆满的句号。

对大多数高校"青椒"来说，由讲师跨进副教授行列算是一个槛儿，尽管我这一步迈得还算顺利和从容。当周围的祝福接踵而至时，我反倒没有分外地欣喜，不是自己达到了"宠辱不惊"的境界，而是面对前期积累的学术成果"一切清零"，多少有些失落和彷徨。头一个"两年规划"，自己干劲十足还算顺利；下一个"五年规划"何去何从些许迷茫……

大力运天地，羲和无停鞭。随新年的钟声敲响，需而今迈步从头越。新年新气象、新任务，呼唤新作为、新担当。2018年全年都在奋笔疾书的这本新专著也终于迎来了收尾和杀青之日。特殊时刻，感谢的话语、感激的情愫、感恩的心境在此表白一番。本书写作中，中国绿色金融的开荒者、先行者马骏、张承惠等专家学者的思想和观点给了我太多的启发，在此表达感谢和敬意。企业管理出版社周灵均老师给予了全程的指导和辛勤的付出，虽素未谋面，但电话言语交谈中足以感受到周老师的知性与善良，在此表达谢意，并期待今后有更多的合作。写作的过程需要心无旁骛、全身心投入，耗费大量的时间和精力，因此这段时间对家庭难免有所亏欠，在此也对家人的理解和支持表示感谢。此外，本书写作过程中，挚友张媛媛帮忙码文字、调格式，付出了大量心血，学生赵锦瑜、朱美红、孙涵、曾亚楠、丁玉凤、申国强等都给予了力所能及的帮助，在此一并表达谢意。

尽管全力以赴，但由于本人专业能力有限，本书存在一些缺陷和遗憾，希望各位读者和同行多多批评指正。本人希望在以后的研究中能够对不足之处进行弥补和改进，为学术领域尽微薄之力，为绿色金融的发展做一点小小的贡献。

王波

2019年1月